中国人民大学律师学院律师操典丛书
总主编：刘瑞起 ｜ 学术顾问：韩玉胜

公司律师

成为公司的价值创造者

苏云鹏
/
著

CORPORATION
LAWYER
BECOMING A
VALUE CREATOR

中国法制出版社
CHINA LEGAL PUBLISHING HOUSE

图书在版编目 (CIP) 数据

公司律师：成为公司的价值创造者 / 苏云鹏著. —北京：中国法制出版社，2020.5

（中国人民大学律师学院律师操典丛书）

ISBN 978-7-5216-0946-2

Ⅰ. ①公… Ⅱ. ①苏… Ⅲ. ①公司－律师业务－基本知识－中国 Ⅳ. ① D926.5

中国版本图书馆 CIP 数据核字（2020）第 038019 号

策划编辑：薛 强

责任编辑：薛 强 秦智贤　　封面设计：周黎明

公司律师：成为公司的价值创造者

GONGSI LÜSHI: CHENGWEI GONGSI DE JIAZHI CHUANGZAOZHE

著者 / 苏云鹏

经销 / 新华书店

印刷 / 三河市紫恒印装有限公司

开本 / 710 毫米 ×1000 毫米 16 开　　印张 / 20.25 字数 / 309 千

版次 / 2020 年 5 月第 1 版　　2020 年 5 月第 1 次印刷

中国法制出版社出版

书号 ISBN 978-7-5216-0946-2　　定价：69.00 元

北京西单横二条 2 号 邮政编码 100031　　传真：010-66031119

网址：http://www.zgfzs.com　　**编辑部电话：010-66022958**

市场营销部电话：010-66033393　　**邮购部电话：010-66033288**

（如有印装质量问题，请与本社印务部联系调换。电话：010-66032926）

总　序

十年树木，百年树人。中国人民大学律师学院成立于2010年4月，至今已有10年。律师学院在10年时间里累计培养了10届法律硕士（律师方向）研究生238人，面授培训执业律师2万余人次。

在10年的教学实践活动中，我们深刻认识到：律师教育应是法学教育的重要组成部分，并且具有鲜明的特殊性，其重要特征是实践性、复合性。据此，我们认为出版一套教授法学院学生和青年律师方法论及执业技能的实务教材是十分必要的。早前，律师学院为此曾出版了14本基础实务系列丛书及13本授课实录系列丛书。在此基础上，根据律师学院的教学规划，我们进一步出版《中国人民大学律师学院律师操典丛书》。之所以借用军事术语“操典”的概念，实际上体现了本丛书对律师实务操作演练中的要领和原则的典范性追求。

本丛书由在律师学院担任校外实务导师，并在律师学院长期从事教学及授课的专家、学者和律师学院若干名教师撰写，他们大多是全国各大律所的知名律师、重点企业的法务负责人、司法权威专家等。本丛书既涉及法律检索、刑事证据审查、谈判等律师执业的基础技能，又涵盖公司律师、房地产、证券、知识产权、仲裁、行政诉讼等专业领域的实务知识与办案技能，十分适合法学院学生及青年律师阅读和学习。当然，根据社会经济与律师行业的发展，律师学院日后的教学实践与需要，本丛书会继续拓展律师执业基础技能和专业实务技能分册。

本丛书旨在帮助法学院学生了解律师执业、实务工作，储备实务知识与技能，助其度过从校园走向律师执业及实务工作的各个阶段，满足其系统、深入学习各执业及实务领域的方法论和实务技能的需要。

本丛书的写作风格力求鲜活易读、生动实用，不拘泥于传统教材的固定体例，而由不同作者根据各自执业领域或工作岗位的特点撰写，既有以章节形式对行业、专业领域的探讨，亦有以专题、案例等形式对思维方法与办案技能的分析。虽然写作形式不一，但写作内容均以实务知识与技能分享为目标，并不过多展开理论研究与学术论述。

2020 年正值中国人民大学法学院成立 70 周年，中国人民大学律师学院成立 10 周年之际。《中国人民大学律师学院律师操典丛书》谨作为律师学院教研、教学成果，向中国人民大学法学院、律师学院献礼。

我们真诚地希望广大读者对本丛书给予批评指正，希望“律师教育”的理念和实践能得到全国法学院校、律师学院以及广大律师、专家、学者的关注和支持，共同丰富和推进法律实务人才的教育与培养。

中国人民大学律师学院院长

刘瑞起

推荐序　一

古训有云："法令行则国治国兴，法令弛则国乱国衰。"全面依法治国是党领导人民治理国家的基本方略。法治兴盛，不仅国家赖之以盛，企业亦赖之以强。中央企业作为关系国民经济命脉的中坚力量，必定在全面推进依法治国事业中扮演举足轻重的角色。党和政府一直高度重视企业合规，近年来，政府陆续出台的《合规管理体系　指南》《中央企业合规管理指引（试行）》《企业境外经营合规管理指引》等文件不断引导和培育企业尤其是国有企业合规文化与制度建设。我亦深知这一点，所以清华大学派遣我到校办产业工作时，我所做的第一件事就是筹建法务部，并时刻对其工作投以密切关注。

"自强不息、厚德载物"是清华大学校训，亦是同方的企业精神。同方股份有限公司（原名：清华同方股份有限公司）是清华大学出资创办的一家高科技企业（证券代码：600100），业务现已覆盖世界170余个国家和地区。同方总部法务部自2017年重组以来，用心践行古训，厚积薄发，助力公司践行产业报国使命。苏云鹏领导的法务团队始终秉持着细心、虚心、负责的态度，一丝不苟地为公司业务的开展提供法律支持，通过团队出色的表现赢得了业务部门以及公司高层的一致肯定。2020年新春伊始，新冠疫情不幸肆虐全球。面对此种严峻形势，在保障企业自身安全的前提下，同方股份积极履行社会责任，用同方科技全力驰援新冠疫情的阻击战。与此同时，同方法务部在公司党委及疫情领导小组的领导下，主动请缨在第一时间迅速建立了"同方法律支持应对小组"，及时响应业务部门各类法律咨询，并发表了数十篇专业政策、法律评析文章指引业务部门的工作，有效地保障了公司各项业务的正常展开。

“器大者声必闳，志高者意必远。”同方法务部除了为公司业务保驾护航外，还致力于向外界传递自己的声音。同方法务部于2018年开创了自己的公众号“同方法律评论”，并在法制日报社《法人》杂志等国内知名期刊发表文章数十篇，在业内有一定的影响力。如今，法务部百尺竿头，更进一步，聚焦于“公司律师”这一群体，在2019年10月助力中国人民大学律师学院成立了“公职律师与公司律师研究中心”，该中心是我国第一家以公司律师职业群体及业务为研究对象的学术机构，也是第一家以公司律师实务界为主，结合高校教学研究资源的平台。苏云鹏受托担任主编，在该中心成立大会上发布了我国第一部《中国公司律师发展白皮书（2019）》，受到了法律同行的广泛关注。除此之外，同方法务部博观约取，将这几年工作中积累的工作经验提炼精华，著成《公司律师：成为公司的价值创造者》，该书全方面立体展现了公司律师业务的全貌及企业合规要点。这些举措无疑进一步提升了同方法务团队的综合业务技能，推动了公司律师职业发展，我为他们所取得的成绩由衷地感到欣喜与骄傲。

同方股份近日来也迈入了新的发展阶段。为了响应国家“促进高校集中精力办学、实现内涵式发展”的号召，清华大学对所属校产进行了改革，2019年4月，清华控股有限公司与中国核工业集团资本控股有限公司签订了《股权转让协议》，经有关部门批准后，中核资本成为同方股份的控股股东。同方亦从教育部划归国务院国资委管理，成为颇具特色的中央企业所属上市公司，既背靠实力强劲的中核集团大股东，又继续保持与清华大学产学研及成果转化基因不变，这就意味着同方在国家科技创新体系建设以及国家创新驱动战略实施等方面将承担更多的责任。当今世界风起云涌，挑战与机遇并存，企业在全球市场中行走，恰似逆水行舟，不进则退。虽行路难，多歧路，但恒者行远，相信同方法务部继续风雨兼程，砥砺前行，在争创世界一流高科技企业的事业中取得新成就。

清华控股有限公司副董事长

同方股份有限公司党委书记

周立业　研究员

推荐序　二

2002年10月，司法部发布《关于开展公司律师试点工作的意见》，在律师事务所执业律师道路之外，开启了公司律师制度的试点工作。党的十八届四中全会明确提出，构建社会律师、公职律师、公司律师等优势互补、结构合理的律师队伍，对促进律师事业发展及加强律师行业制度建设予以高度重视。2018年12月，司法部发布《公职律师管理办法》《公司律师管理办法》，我国公职律师、公司律师的注册及管理制度正式确立。社会律师、公司律师、公职律师，分别供职于律师事务所、公司企业、政府机构，基于其不同的职业定位及服务对象，实现了律师服务的全覆盖。

本书的主题是公司律师如何更好地为公司创造价值，为我们探讨公司律师与社会律师两大律师群体相互依存、共同发展的关系，提供了一个重要的视角。

公司律师和社会律师有着共同的“出身”，毕业于各高校法学专业，接受法律学科专业化的培养和训练，通过法律职业资格考试，获得社会的认可。在中国法律服务行业从无到有、快速发展的时代背景下，公司律师和社会律师发展出了差异化的职业道路，并形成了各自的特点和优势。社会律师供职于专业化经营的律师事务所，以经年累月的执业活动，构建专业知识体系并积攒实践经验，能举一反三，将密集的工作成果快速呈现在单一客户面前，拥有突出的专业化优势。而公司律师供职于企业内部，基于为同一企业持续提供法律服务的积累，能够深入洞察企业的商业需求、所处行业领域及监管体系，实现了法律专业与行业的高度结合。

在经济飞速发展的数十年间，市场对法律服务的要求越来越高，需求亦不断细化。客户已不满足律师仅从一般的法律角度提供咨询与建议，而需要其深入企业所处的行业、情境之中，提供贴合企业深层次需求的法律服务。可以说，不熟悉企业所处行业的外部律师，甚至不具备与企业对话的能力。正基于此，社会律师应始终带着欣赏的眼光面对公司律师，提升行业基础上的专业化水平，公司律师亦是社会律师了解企业的窗口。

企业法务工作已进入一个崭新阶段，在以应对和减少诉讼风险为核心的风险控制目标基础上，增添了主动的合规运营目标。大型企业更致力于打造日常运营、财务、内审、反腐败等多维度的合规运营体系。企业风控与合规两大目标的实现，均离不开公司律师与社会律师的密切合作。企业内部扎实的法务工作和行业积累，结合外部律师面向整个市场的专业化经验，方能更好地为企业发展保驾护航。高水平的企业法务团队的发展亦会倒逼外部律师不断提升自身水平，形成大型、专业、集成的服务团队，提升立体的、专业化的服务能力，以满足企业不断升级的发展需求。

根据司法部统计，截至 2018 年底，全国已注册的执业律师为 42.3 万余人，公职律师为 3.1 万余人，公司律师为 7200 余人，这一数据仍在大幅增长。面对律师行业的发展和细化，中华全国律师协会在原有面向执业律师进行管理及服务的基础上，于 2019 年底正式成立了公职与公司律师工作委员会，统筹公职与公司律师工作及活动，为其发展提供进一步支持及保障，并加强对整个律师行业的整合。

我们亦欣喜地看到，公司律师和社会律师的职业旋转门是畅通的。伴随着专业水平的提升、职业规划和服务对象的调整，社会律师可以转变为公司律师，丰富公司律师队伍的同时，也成为公司律师和外部律师相互理解、密切联系的纽带。同样，每年亦有大量公司律师转变为社会律师，为社会律师队伍提供了来自企业内部的视角和经验。公司律师与社会律师相互欣赏、相互关爱，成为密不可分又相互依存的法律人群体。我们期待在未来与公司律师进一步合作的道路上，共同为公司和市场的发展创造更大的价值。

中华全国律师协会副会长
中伦律师事务所主任
张学兵

推荐序　三

听闻《公司律师：成为公司的价值创造者》一书即将出版，我感到十分兴奋。我和苏云鹏因仲裁而结缘，他是我颇为欣赏的既熟悉仲裁规则和程序，又业务精湛的优秀公司法律人，特别是在重大案件中，其有效维护了公司权益，成绩卓著。该书为苏云鹏多年法律经验的总结，设有公司争议解决专章，乃是心血之作，能有幸受邀为本书作序，我感到十分高兴。

仲裁制度起源于古罗马帝国时代的晚些时候，随着商品经济的蓬勃发展，它逐渐成为国际范围内被广泛认可的一种争议解决方式。仲裁制度也是当今世界多元化争议解决渠道的重要一环。近年来，我国大力发展仲裁制度，2018 年 12 月 31 日，中共中央办公厅、国务院办公厅印发了《关于完善仲裁制度提高仲裁公信力的若干意见》，在文件精神的指导下，我国仲裁行业目前稳步发展，国际影响力显著提升。以 2019 年中国国际经济贸易仲裁委员会公布的数据为例，2019 年受理案件总计 3333 件（同比增长 12.53%），争议金额达人民币 1220.4345 亿元（同比增长 20.13%），上亿元案件 211 件（同比增长 23.39%）；当事人来自 72 个国家和地区（同比增长 20%）。[①]

从事仲裁行业多年，我感受到仲裁受到越来越多像同方这样大型国有企业的青睐。相较诉讼制度，仲裁制度程序更加简便，一裁终局且当事人高度自治，不公开审理还可以在很大程度上保障公司的商业秘密。此外，因为中国已经加入《纽约公约》，所以目前中国作出的仲裁裁决可以在签署该公约的 160 多个国家得以执行。这些特点使得仲裁非常适合大型国际企业将其作

① 数据来源：《中国国际经济贸易仲裁委员会 2019 年工作报告》，网址：http://www.cietac.org/index.php?m=Article&a=show&id=16447，最后访问时间 2020 年 4 月 8 日。

为纠纷解决方式。事实上，仲裁也确实获得了很多大型国际企业的认可，仲裁已经成为企业解决纠纷的首选。

对外开放是我国的基本国策。海纳百川，有容乃大。未来的中国必定比以往任何时期都更加坚定地打开国门。企业与大局脉搏同步跳动，越来越多的企业将走向风起云涌的国际市场。企业在国际市场中航行不总是一帆风顺的，稍有不慎就可能被卷入纠纷。这就需要各位公司律师积累足够的知识与经验，为公司保驾护航。正如美国大法官霍姆斯在其著名的《普通法》一书中开宗明义指出："法律的生命不在于逻辑，而在于经验。"仲裁制度作为国际通行的纠纷解决机制，必定是今后各位公司律师不可忽视的需要攻克的领域。我作为仲裁人，在工作过程中也感受到不少像苏云鹏一样懂规则、懂程序的优秀的公司律师在不断涌现，高效率维护公司利益。未来，我期待有更多的有志之士参与到仲裁业务中，为我国仲裁事业添砖加瓦！

中国国际经济贸易仲裁委员会华南分会、
中国海事仲裁委员会华南分会秘书长
中国人民大学律师学院兼职教授
司法部"仲裁为民好榜样"称号获得者
黎晓光　法学博士 / 研究员

自　序

传统公司律师职业存在诸多不足，如该职业一直没有全国性的行业社团组织，也没有相应的职业资格准入条件，更没有权威统一的部门建设与运行机制，以至于许多中小企业从经营成本角度考虑不配置公司律师，而配置了公司律师的大中型企业领导人也因对公司律师职业认识不足，缺乏统一有效的考核及评价体系标准，普遍不知道在公司经营发展过程中如何管理和运用好公司律师资源，公司律师也因此在职务晋升和涨薪方面缺乏有说服力的数据支撑，只能被迫通过频繁的职业转换来获得相应的提升。

根据 2019 年 10 月中国人民大学律师学院发布的《中国公司律师发展白皮书（2019）》，公司律师已成为全国各大法学院校就业的主力军。2018 年底，司法部发布《公司律师管理办法》，将国有企业法务人员纳入执业律师群体。2019 年，司法部发布的 2018 年度律师、基层法律服务工作统计分析数据表明，在全国 42.3 万余名执业律师中有 7200 余名公司律师。虽然这个数据还很微不足道，但是它呈现了公司律师的职业发展新机会。在此背景下，中国人民大学律师学院“公职律师与公司律师研究中心”第一个扛起大旗，深度研究“两公律师”职业人群的群体特征，及时披露其行业特性，使广大公司律师终于有了一个可以归属的大家庭。

2020 年 4 月发生了标志性行业大事件，创始合伙人周志峰律师在创办了素有中国“红圈所”之称的方达律师事务所 27 年之后，离职到蚂蚁金服担任首席法务官，引发了法律圈的高度关注和讨论。周律师曾说：“对于中国法律服务行业而言，外部律师决定了这个行业可以走多快，内部律师则决定了这个行业可以走多远。”周律师选择由一名执业律师转型加入其服务多年的科技金融服务公司成为一名公司律师，很可能将引发更多律师跟进选择。

值此中国人民大学法学院建院 70 周年，中国人民大学律师学院建院 10 周年之际，我在中国人民大学律师学院的指导和支持下，开始尝试撰写本书。我们在写作过程中，得到了众多行业前辈、知名学者和实务专家的大力指导和帮助，我和团队较为丰富的职业经历也受益于同方多元化的产业布局。我和团队从国内和国外研究的有限数据中提取相对有价值的信息，从公司律师的概念和起源出发，探讨公司律师可能覆盖的职能职责，以期为本行业梳理思路，研究共通的职业特点，形成具有一定参考价值的框架式研究结果。本书还记述了我在不断追逐成功的道路上获得的许多经验与教训，并对如何取得成功提供了切实可行的建议。我和团队花了一年多时间思考、调研、撰写这本书，希望它所记录的我在职业发展中的观点和视角、我和团队多年来积累的知识和智慧，能够帮助读者增长经验、减少失误，踏上一条宽阔平坦的法律职业发展道路。

希望这本书能够给那些想提升个人影响力、实现自我价值，或是志在建立具有独特文化的卓越公司律师团队的人士以启迪。希望这本书能够为广大企业家熟悉公司律师职能职责，并在企业内部建立公司律师团队及工作体系提供有益的参考和帮助。希望这本书能够得到广大有志于从事公司法律职业的人士、法学院在校生、公司律师、社会律师等法律职业共同体所喜爱。

在此，我要感谢中国人民大学律师学院刘瑞起院长为本书出版提供的大力帮助和指导，感谢中国法制出版社编辑薛强不分昼夜地与我讨论出版事宜，感谢周立业书记、张学兵副会长、黎晓光秘书长在百忙的工作之余，抽出宝贵时间为本书作序，感谢法制日报社李群副总编辑为本书署名荐读，感谢三位总法名师李朝晖总、沈悦志总、孙豳总分别从知名央企、外企、民企总法律顾问视角为本书署名荐读，感谢公司法务联盟联袂推荐，最后还要感谢我亲密的战友、同方法务团队张雨涵、刘芳、张博一律师，以及我的学生中国人民大学律师学院硕士研究生王雅婷同学为本书顺利出版所作出的重要贡献。

鹏程万里云鹏举。新冠疫情以来，全球面临着巨大的挑战，也蕴藏着更大的成长性机遇。我们是新时代的见证者、探路者和开拓者，我们勇立潮头，砥砺前行，愿为全面推进中国企业法治建设而努力奋斗！

苏云鹏

目录
CONTENTS

扩展阅读信息表

章节	文章标题	页码
第一章	1.《首届中国公职律师与公司律师高峰论坛暨“中国人民大学律师学院公职律师与公司律师研究中心”成立大会成功举办》	第 2 页
	2.《中国公司律师发展白皮书》	
第二章	无	
第三章	1.《论同时 / 先履行抗辩权之义务的等价性》	第 52 页
	2.《为什么法务这么重视合同管理，看完你就明白了！》	
	3.《疫情法律风险防控指引丨疫情可能引起的合同法律风险和应对建议》	
	4.《私刻公章是刑事违法，为何盖假公章的合同有效？》	
	5.《新型冠状肺炎疫情下“不可抗力”在合同履行中的适用》	
第四章	1.《简析〈有限合伙企业国有权益登记暂行规定〉》	第 88 页
	2.《企业国有产权转让流程介绍及注意事项》	
	3.《同股不同权简析——基于优刻得科创板 IPO 获批的思考》	
	4.《“无实际控制人”的认定与变更——以启迪控股股份有限公司为例》	
第五章	1.《最高法最新通知，疫情期间诉讼案件怎么在线办理》	第 120 页
	2.《国际仲裁条款约定方法》	
第六章	1.《从黑洞照片版权视角浅谈“知识共享协议”》	第 154 页
	2.《尽快完善知识产权管理体系　贯彻知识产权管理国家标准》	
	3.《知识服务赋能智慧法治专题研讨会成功召开》	
	4.《金融界采访：知识经济时代下该如何应对侵权？》	
	5.《简评〈关于加强查处商标违法案件中驰名商标保护相关工作的通知〉》	
	6.《“新形势、新期望、新发展——2019 大成知识产权与文化科技发展论坛”在北京成功召开》	
	7.《一带一路背景下高科技企业的知识产权保护》	

续表

章节	文章标题	页码
第七章	1.《合规之我见，暨同方受邀在汤森路透 ALB 泰和泰合规论坛上的讲话》	第 194 页
	2.《跨国企业经营中不可不知的美国〈反海外腐败法〉》	
	3.《Big Story ｜ No one’s safe》	
第八章	1.《人工智能浪潮下的法律人》	第 254 页
	2.《人工智能在法律服务领域应用盘点分析》	
	3.《同方股份应邀参加阿里巴巴法律科技峰会》	
	4.《同方受邀赴大成举办“人工智能对律师业的影响及趋势分析”》	
	5.《未来，不懂得使用 AI 的律师或将被淘汰丨法佬汇会客厅第 26 期活动回顾》	
	6.《同方受邀在清华大学就 AI 产品应用及社会风险做主题演讲》	
第九章	《公司律师 BEST 沟通法则》	第 276 页
第十章	1.《【人物专访】同方威视法务部部长徐叶红：法务与企业共同成长》	第 294 页
	2.《致同方各产业本部、产业单位的一封法律风险提示书》	
	3.《总法开药方丨疫情下公司做好这几件事情就对了》	
	4.《大国博弈——中美贸易摩擦背景下中资企业应对之道》	
	5.《中国企业“走出去”70 年嬗变》	
	6.《人大律师学院专题讲座：同方，同行——公司法务职业展望》	
	7.《同方股份法务部总经理苏云鹏：法务应站在管理层和商业角度看待公司发展》	
	8.《专访苏云鹏：在清华同方做法总是一种什么样的体验》	

第一章

公司律师概述

扩展阅读 〉〉〉

文章标题	二维码
1.《首届中国公职律师与公司律师高峰论坛暨“中国人民大学律师学院公职律师与公司律师研究中心”成立大会成功举办》	
2.《中国公司律师发展白皮书》	

第一节
我国公司律师制度沿革

亚里士多德说过，法律执业者处于法治的核心地带，没有这个群体对于法律的效忠，法治是很难运作的。[①]改革开放以来中国经济一直保持高速增长态势，一方面大批企业如雨后春笋纷纷发展壮大，但另一方面涌入市场的企业多如牛毛，良莠不齐，滋生了种种失范和扭曲现象，市场乱象屡禁不止。“市场经济必然是法治经济”，依法治国离不开依法治企。这就要求企业在大量商业行为中遵循合法合规的轨道，企业需要专业化的法律人才为企业的生存保驾护航。此外，21世纪初，在经济全球化潮流的推动下，我国加入WTO，中国企业越来越多地走向世界，与外国企业间的竞争日趋激烈。国际市场风云变化、暗潮涌动，稍不留神就会“触礁”，中国企业在“走出去”的过程中面临的一大挑战就是法律风险。而单单依靠企业法律顾问和外部律师，已不能满足企业对于法律服务的需求，因此要设立兼具企业法律顾问与律师特质的公司律师作为企业内部专业化的法律服务人员，为“依法治企”战略的实施提供长足驱动力。

公司律师最初进入公众视野是在司法部2002年10月22日发布的《关于开展公司律师试点工作的意见》(以下简称《公司律师试点意见》)。这次试点工作仅仅是选择了法律事务工作基础较好的企业包括民营企业作为试点单位。《公司律师试点意见》规定，公司律师可以向所在地司法行政机关申请公司律师执业证书。公司律师应加入所在地律师协会并参加年检注册。此后，公司律师制度一直处于缓慢发展的状态。党的第十八届四中全会颁布的《中共

① See Brain Z. Tamanaha, On the rule of Law, Cambridge University Press 2004, p.59.

中央关于全面推进依法治国若干问题的决定》中指出“我国要构建社会律师、公职律师、公司律师等优势互补、结构合理的律师队伍”，提出要明确公司律师法律地位及权利义务，理顺公司律师管理机制。这是公司律师第一次被提高到国家层面的战略高度。直至 2016 年 6 月，中共中央办公厅、国务院办公厅印发《关于推行法律顾问制度和公职律师公司律师制度的意见》（以下简称《推行公司律师意见》），明确在党政机关、人民团体、国有企事业单位分类推行法律顾问制度和公职律师、公司律师制度。其中，国有企业根据需要设立公司律师，履行国有企业法律顾问承担的职责。2018 年 12 月，司法部正式发布《公司律师管理办法》（以下简称《管理办法》）。这是我国第一次对公司律师作出全国性的统一规定。《管理办法》在前面两个文件的基础上，对公司律师的任职条件、职责、监督管理等作出了详细的规定，并把民营企业纳入公司律师的推行范围。2019 年 10 月 11 日，我国公司律师制度又迈出了一大步。腾讯成为司法部批准的首家民营企业公司律师试点企业，旗下 28 位法律工作人员领取了司法部颁发的公司律师证书。据司法部统计，截至 2018 年底，全国有 7600 多名公司律师①，公司律师队伍初具规模，作用逐步发挥。在新一轮司法改革的大环境下，公司律师职业即将迎来蓬勃发展的春天。

《管理办法》对公司律师作出以下定义：公司律师是与国有企业订立劳动合同，依法取得司法行政机关颁发的公司律师证书，在本企业从事法律事务工作的员工。由此我们可以归纳公司律师的几大特点：1. 与国有企业形成劳动关系。《管理办法》仍将公司律师的范围限定在国有企业之中，但第二十四条规定，探索开展民营企业公司律师试点的，参照适用本办法有关规定。现在公司律师制度率先在国有企业施行，而后将进一步推广到民营企业中去。2. 公司律师需取得执业证书。依法取得法律职业资格或者律师资格，是取得公司律师证书的前提条件。《公司律师试点意见》和《推行公司律师意见》均规定需取得上述资格，再经过所在单位同意即可取得公司律师证书，但《管理办法》增加了对工作经验的要求，即必须从事法律事务工作 2 年以上，或者曾经担任法官、检察官、

① 《司法部 2018 年法治政府建设年度报告》，http://www.moj.gov.cn/Department/content/2019-04/04/599_232040.html，最后访问时间 2019 年 7 月 22 日。

律师一年以上。3. 工作环境具有封闭性，仅为本企业本单位提供法律服务。

第二节

公司律师与相近概念的比较分析

一、公司律师与企业法律顾问

在我国，相较于公司律师，企业法律顾问这个概念可能更为人们所熟知。《国有企业法律顾问管理办法》第七条规定，企业法律顾问指取得企业法律顾问执业资格[①]，由企业聘任，专门从事企业法律事务工作的企业内部专业人员。中国企业法务管理中心的一项关于“企业法律顾问与公司律师的关系”的调查[②]显示，有 46% 的人认为两者实质相同，只是名称不同；有 37% 的人认为企业法律顾问包括公司律师，只有 17% 的人认为两者并列，没有交集。

之所以企业法律顾问比公司律师的普及程度高，是因为企业法律顾问制度比公司律师制度起步更早，而且设立企业法律顾问的企业涵盖面更广，不只包括国有企业，还囊括了许多民营企业。1986 年国务院颁布了《全民所有制工业企业厂长工作条例》，这是我国行政法规中首次出现“法律顾问”的概念。1997 年 3 月 12 日，人事部（已撤销）、原国家经济贸易委员会、司法部颁布了《企业法律顾问执业资格制度暂行规定》和《企业法律顾问执业资格考试实施办法》，企业法律顾问被纳入全国专业技术人员执业资格。5 月，原国家经济贸易委员

---

① 2014 年 8 月国家正式取消企业法律顾问职业资格考试，但原有证书继续作为相应专业技术能力和水平的凭证，详见《人力资源社会保障部办公厅 国资委办公厅 司法部办公厅关于做好取消企业法律顾问职业资格后续工作的通知》（人社厅发〔2014〕122 号）。

② http://www.senior-rm.com/detail.aspx?nid=123&pid=123&tid=123id=29282，最后访问时间 2019 年 6 月 5 日。

会颁布了《企业法律顾问管理办法》，至此，企业法律顾问制度进入规范发展的轨道。2002 年 7 月 18 日，原国家经济贸易委员会、中共中央组织部等部门发布了《关于在国家重点企业开展企业总法律顾问制度试点工作的指导意见》，在国家重点企业全面推行企业法律顾问制度明确企业总法律顾问是企业的“高级管理人员”。2004 年 5 月 11 日，国务院国资委颁布了《国有企业法律顾问管理办法》。企业法律顾问制度一直与公司律师制度并行。①

企业法律顾问与公司律师虽然在职能、服务对象等方面大同小异，但作为不同的职业选择，对二者的差异进行辨识依然具有意义：第一，准入门槛不同。企业法律顾问原则上没有强制性的准入条件，只要由企业根据其自身条件聘用即可。而公司律师必须具有法律职业资格并取得公司律师证书。第二，管理机制不同。企业法律顾问接受企业、企业所在地的国资委及人事行政部门管理。公司律师受到所在单位、司法行政机关和律师协会的管理，更偏向于律师的管理机制。第三，享有的权利不同。在诉讼中，公司律师依法享有会见、阅卷、调查取证和发问、质证、辩论、辩护等权利，企业法律顾问不享有这些权利。除此之外，担任公司律师满 3 年并且最后一次公司律师年度考核被评定为称职的人员，脱离原单位后申请社会律师执业的，可以经律师协会考核合格后直接向设区的市级或者直辖市的区（县）司法行政机关申请颁发社会律师执业证书，其担任公司律师的经历计入社会律师执业年限。公司律师与社会律师的衔接更为紧密，这也使得公司律师在职业转换上具有不可比拟的优势。

公司律师可以说是企业法律顾问发展的一个更高阶段，从实践层面来看，公司律师的专业化程度和社会认可度更高；从制度层面来看，公司律师向其他法律职业转换渠道更为通畅。比起企业法律顾问，公司律师拥有律师执业证书，享有社会律师的大部分权利。如果已经取得法律职业资格，不妨选择做一名公司律师。

---

① 涉及企业法律顾问的有效文件还有：原国家经济贸易委员会 2002 年 3 月 27 日颁布的《关于进一步做好企业总法律顾问试点工作的通知》；国务院国有资产监督管理委员会 2004 年 5 月 14 日颁布的《关于在国有重点企业加快推进企业总法律顾问制度建设的通知》；国务院国有资产监督管理委员会 2007 年 2 月 16 日颁布的《关于进一步加快中央企业以总法律顾问制度为核心的企业法律顾问制度建设有关事项的通知》。

二、公司律师与社会律师

所谓社会律师，是指依法取得律师执业证书，接受委托或者指定，为当事人提供法律服务的执业人员。比起企业法律顾问，公司律师执业机制越来越向社会律师靠拢，两者都可以取得律师执业证书，都享有相应的诉讼权利，但二者处于两个不同的执业领域，仍然存在着清晰的边界。第一，服务对象不同。社会律师一般在律师事务所执业，为各类社会主体提供有偿法律服务。公司律师仅仅服务于本单位，不得从事有偿法律服务，不得在律师事务所等法律服务机构兼职，不得以律师身份办理所在单位以外的诉讼或者非诉讼法律事务。第二，任职条件不同。二者均需要通过国家统一法律职业资格考试取得法律职业资格。但国家统一法律职业资格制度实施前已担任法律顾问但未依法取得法律职业资格或者律师资格的人员，同时具备一定条件的，经司法部考核合格，也可以向其颁发公司律师证书：在国有企业担任法律顾问满15年；具有高等学校法学类本科学历并获得学士及以上学位，或者高等学校非法学类本科及以上学历并获得法律硕士、法学硕士及以上学位或者获得其他相应学位；具有高级职称或者同等专业水平。除具备法律职业资格外，从事公司律师工作还需要拥有一定的实务经验。依照《管理办法》第五条，申请公司律师证书需要从事法律事务工作2年以上，或者曾经担任法官、检察官、律师1年以上。而申请律师执业只要在律师事务所实习满一年即可。第三，职责不同。相较于社会律师，公司律师的责任更重。社会律师对客户负责的只是一个案件或项目，一旦代理工作完成，律师和客户的委托代理关系即告终止。而公司律师与公司之间是一种长期的稳定的内部雇佣关系，公司律师要对公司运行的全流程负责，在生产经营的各个环节，公司律师都要严格把关，担负起风险防控的职责。

从职业选择的角度来说，社会律师收入极不稳定，工作任务繁重，大部分社会律师在执业初期较难维持生计，而且面临着较高的淘汰率。公司律师的职业竞争则不似社会律师一般激烈，现如今公司律师从业者毕竟还是少数，人员还未趋于饱和，就业前景非常广阔；另外，公司律师工作时间和收入比较稳定，可以更好地平衡工作与生活。从个人价值的实现角度来讲，公司律师能接触到更复杂多样的法律事务，多产业集团公司的公司律师更是有机会一览各个行业的全貌，相较于律所的律师，做一名公司律师视野会更为开阔。公司律师有机会参与公司的战略决策过程，这是社会律师难以望其项背的（参见第二章公司律师的职能和定位）。

根据 Michael Page[①] 发布的年度薪资数据，以国内经济最为发达的城市之二北京市与上海市为例，公司律师与社会律师最低值与最高值的薪资走势如下。

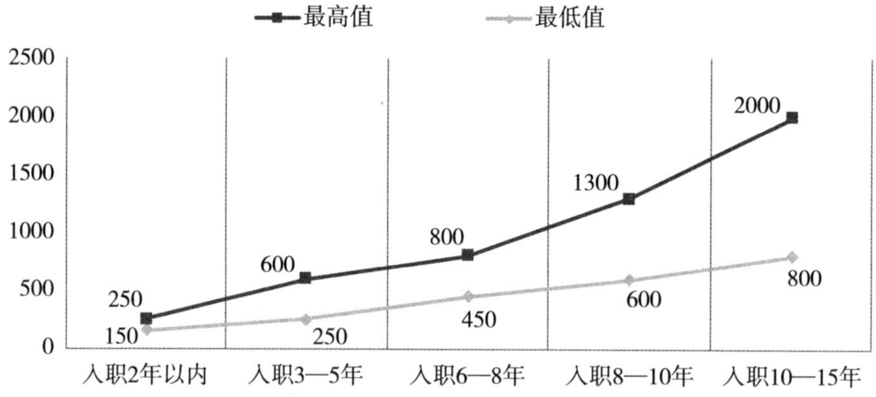

图 1　北京市公司律师年薪走势图（单位：RMB’000）

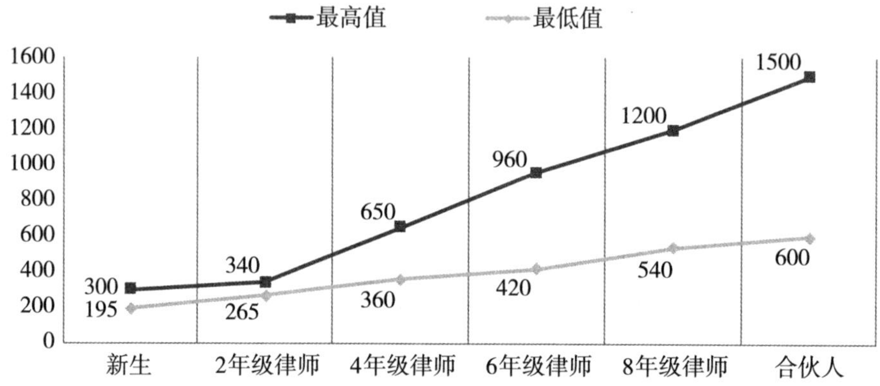

图 2　北京市主要律所律师年薪走势图（单位：RMB’000）

---

① 米高蒲志，国际招聘顾问公司，1976 年成立于英国伦敦，在 36 个国家设有 140 多个办事处。每年会发布年度薪酬报告，涵盖财务和会计、人力资源、市场营销、法律、信息技术等各个行业。

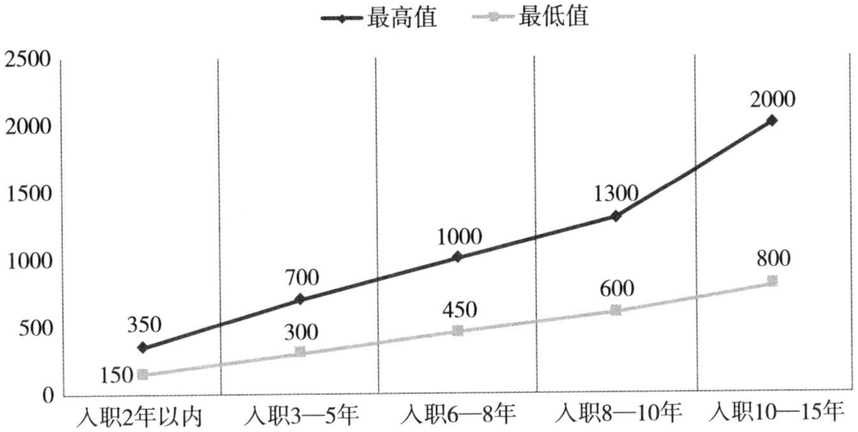

图 3　上海市公司律师年薪走势图（单位：RMB’000）

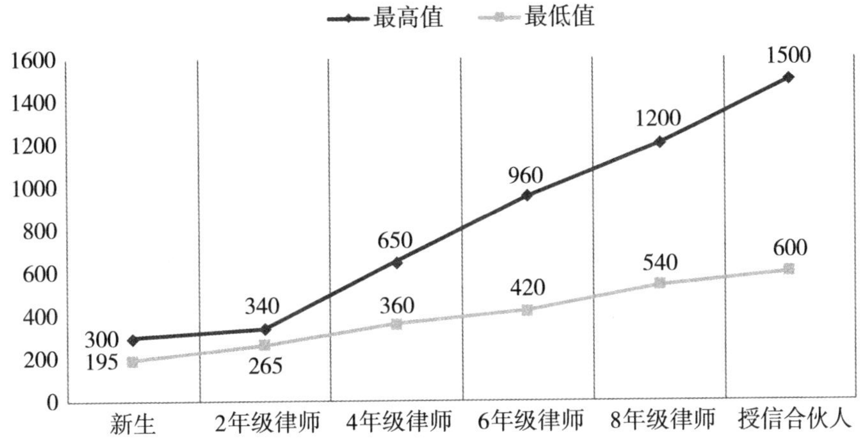

图 4　上海市主要律所律师年薪走势图（单位：RMB’000）

由上表可知，北京市与上海市社会律师、公司律师的薪酬水平差距不大[①]，可以反映国内一线城市社会律师与公司律师行业的普遍水平。总体而言，入职之初，公司律师的薪水与社会律师差距不大。在入职后的 2 至 8 年内，社会律师的薪资涨幅走势优于公司律师。但是，随着入职年份的增加，在入职 8 年左右，公司律师基本上升至管理岗，薪资水平迎来一个增

① 北京市与上海市社会律师薪酬水平完全趋同。受上海市的跨国公司数量的影响，上海市公司律师行业的最高薪酬比北京市略高，但差距不大。

长的小高峰。因大部分设有公司律师岗位的公司为大型跨国集团，故公司律师的平均薪酬甚至还会高于社会律师。可以说，在我国公司律师越来越受企业的重视。

法律猎头公司 BarkerGilmore 最新的法律顾问薪资报告[①]披露了美国 2018 年公司律师（法务）的薪酬情况。[②]从下图可以看出，公司律师的收入与公司规模挂钩，公司营收越高，公司律师的薪酬也越高，且职位越高与公司的营收越为密切，这可能与公司高层管理人员的股权收益有关。

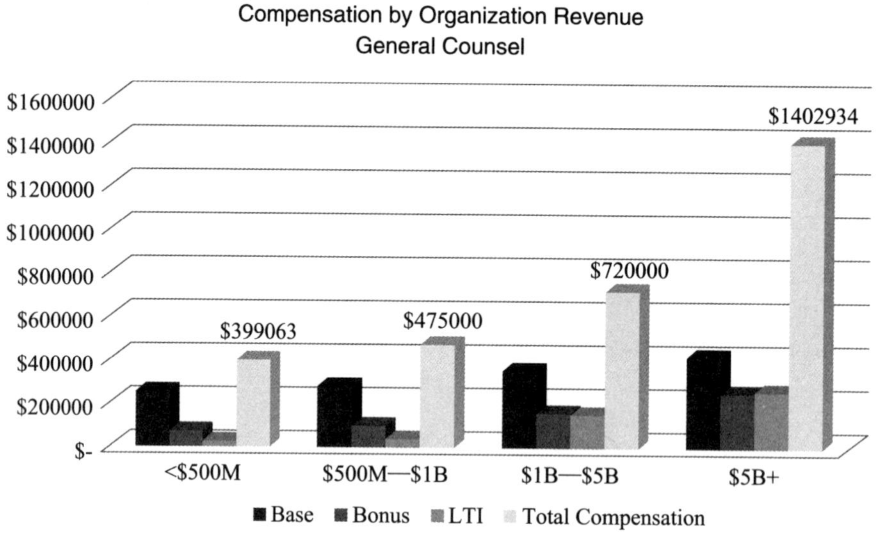

图 5　2018 年美国总法律顾问年薪水平

BarkerGilmore 的调研结果显示，年营收超过 50 亿美元的公司，总法律顾问的平均年收入超过了 140 万美元；年营收小于 500 万美元的公司，总法律顾问的平均年收入为近 40 万美元。由此可见，总法律顾问的工资会因公司盈利能力的不同而差距悬殊。

---

① 此报告针对的对象为 In–House Counsel，国内一般译为法律顾问、法务，职能与法务、公司律师相类似。严格意义上，美国没有公司律师这一概念，但从该报告可以侧面观察美国此类工作的薪酬水平。

② 《这类法律工作全面涨薪！这么看你是不是也不一定要进律所啊？》，https://mp.weixin.qq.com/s/rFwm5G3AqbXbuYQIrolL7w，最后访问时间 2019 年 9 月 25 日。

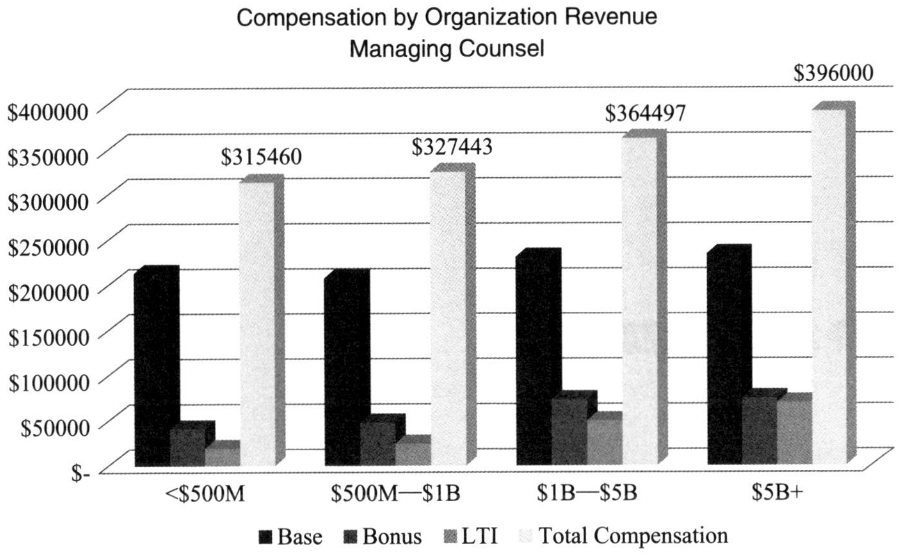

图 6　2018 年美国经理级法律顾问年薪水平

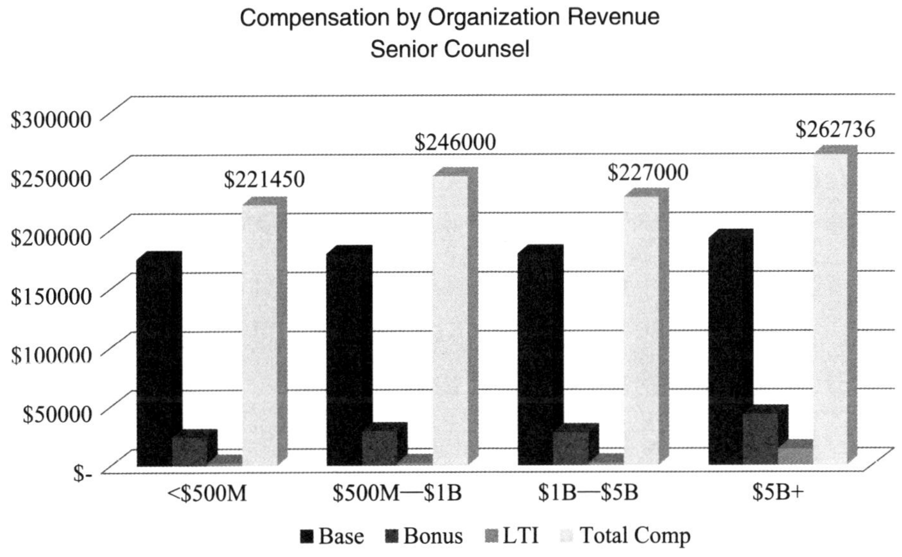

图 7　2018 年美国高级法律顾问年薪水平

以上两张图反映了经理级别的法律顾问以及高级法律顾问的薪资水平，经理级别的薪酬一般在 30 万到 40 万美元之间，高级法律顾问的薪酬在 25 万美元上下浮动。

总的来说，中国公司律师的收入与美国还有一定的差距，这是由公司律师在公司中的地位所决定的。

第三节
国外公司律师制度

与我国公司律师的制度相比，国外公司律师制度有着更长的发展历史和更加完备的发展形态。很多西方国家在一个世纪前就建立起公司律师制度或具备这一制度的基本形态。在西方，公司律师被称为“In-House Counsel”“General Counsel”“Corporate Counsel”等。被称为“CLO”（Chief Legal Officer）的首席法务官同CEO、CFO一样，侧身于公司最重要的战略成员之列。CLO和CFO对于CEO来说可谓是车之两轮、鸟之两翼，是CEO最为信赖的左膀右臂。在西方国家，公司律师是成熟公司治理体系中必不可少的重要组成部分，公司律师的工作也是企业运行的重要环节，因而公司律师也享有很高的地位，首席公司律师一般都会同时担任高级副总裁或加入董事会。在美国，有50%以上的CLO可以顺利通向公司的更高层级即成为公司高管，而这一比例在我国只有不到10%。

国外成熟的公司律师制度可以为我国公司律师制度的改革提供参考，因此我们从比较法的视角梳理了美国、德国、英国、日本、法国的公司律师制度，这五个国家的公司律师制度相对完备，而且各具特色，可以为我国提供参考范本，发挥示范效应。

一、美国

作为发达资本主义国家和公司制度高度成熟的国家，美国较早建立起较为完备的公司律师制度。在美国，公司律师在企业中的薪资、待遇和地位都很高，发挥的作用也十分重要。下面试举苹果公司一例：2016 年，Bruce Sewell（时任苹果首席律师 General Counsel）称，苹果公司非常重视公司律师团队的建设，拥有一支超过 500 人的公司律师团队。此外，苹果公司给予这支团队很高的薪资，在苹果公司，公司律师的薪资仅次于高级总监、总监和软件工程总监，排在第四位。作为苹果公司收入最高的律师之一，仅在 2012 年，Sewell 就得到了市值超过 6000 万美元的苹果公司股票。源自美国职业搜索 / 评论网站 Glassdoor 的数据也证实了苹果公司律师的高薪资状况：美国苹果公司的律师在 2013 年的平均基本薪资为 193358 美元，横向对比，这已经超过很多律所为其律师支付的年薪。此外，从金融商业类新闻网站 2018 年公布的数据来看，苹果公司的高级律师（Senior Counsel）的平均薪资为 213579 美元。

然而，美国公司律师职业形态的成熟和目前较高的薪资水平，同样是经历了漫长曲折的发展过程。1882 年，美国第一个公司法务部在新泽西州美孚石油公司设立时，公司律师无论是在薪资待遇还是地位方面都不能与现在同日而语。在当时，很多公司在遇到法律纠纷时，往往会考虑聘请外部律师。因此，当时设立法律部门的公司数量并不多，即使有一些企业出于节约成本等考量，在公司内设置专业律师为其提供法律服务，但这些服务也仅限于“处理公司日常法律事务”[①]。因此，在设立之初，公司律师在企业中所处的位置并不重要。

资本主义经济的不断发展和现代企业治理结构的建立为公司律师的兴起提供了重要契机。1929 年爆发的经济危机迫使美国的国家治理思路从自由放任变为国家干预。国家干预取代自由放任的必然后果是企业恣意发展的局面被彻底终结，合规经营成为企业发展和正常运转必不可少的条件，企业对法律人的需求日益旺盛，这也倒逼美国企业尽快完善内部架构，成立专属于企业的成熟完备的法律队伍。因此，在 20 世纪 60 年代左右，独立的公司法律部在美国的各大公司得到普遍设立。然而，当时的公司律师仍然被视为被社

---

① ［美］卡罗尔·巴斯里、欧文·卡根：《公司法律部》（第三版），法律出版社 2010 年版，第 2 页。

会律师队伍淘汰的律师，未得到企业高层的青睐。20 世纪 70 年代是美国公司律师发展的黄金时代，当时的公司法律部规模不断扩大，公司律师的地位也不断提高，以企业总法律顾问制度为代表的制度创设昭示着这一阶段公司律师发展的成就。20 世纪 80 年代，由于外部律师服务质量大幅提高，公司律师的地位受到一定冲击，然而经过了漫长的发展历程奠定的公司法律部的地位并未受到很大影响。

进入 21 世纪，以安然和世界通信的事件为导火索，美国在 2002 年颁布了《萨班斯法案》(《公众公司会计改革与投资者保护法案》)，这一法案强调政府要进一步加强监管，这使得公司开始重视合规和风险防控体系建设，公司法律部门和公司律师也因而成为公司中不可或缺的一部分。此后，随着现代经济的日趋成熟，企业价值的衡量标准发生变化，企业并不一味地追求收益和效率，而是开始将风险防控摆在越来越重要的位置。在这一背景下，公司法律部的价值日益凸显，公司律师队伍也不断扩张。从美国劳工部统计局（Bureau of Labor Statistics，BLS）的数据[①]来看，在过去的 20 年里，美国公司中公司律师的数量由 1997 年的 34750 位增长到 2016 年的 105310 位，增长了约两倍。与数量增长并行的是公司律师地位的提升。美国政府的强监管态势让企业如履薄冰，这在很大程度上使得公司律师在企业中享有极高地位。

此外，经济全球化的不断发展也为公司律师的发展提供了土壤。美国跨国公司众多且实力雄厚，跨国公司的运行和盈利都离不开对投资国法律规范的熟悉和熟练运用。在大型跨国公司的全球化经营布局中，公司律师成为摸清当地国家法律环境，为企业对外贸易和跨境投资开路的先行者。因此，公司律师的地位随着其作用的不断提升而提升，与此同时，美国也建立起完善的公司律师权利保障机制：首席公司律师可以直接参与公司的重要决策会议和重大经营活动，具有“必须让拿公司重大利益冒法律风险的人冒失业的风险”的权力，即有权查处违法经营人员。此外，对于上市公司来说，如果经营决策没有经过法律论证，股东便有权对公司提起诉讼。

---

① https://www.bls.gov/cps/lfcharacteristics.htm#emp，最后访问时间 2019 年 7 月 22 日。

在美国，成为一名公司律师只需要与社会律师一样获得执业资格，无须另外进行专门的职业资格认证，公司律师也是各个州律师协会的成员，与社会律师一样要受到律师职业道德和行业自律准则的约束。在美国，企业的法律顾问往往也被列入律师行列，原则上需要具备律师资格。律师资格会使其享有“律师客户保密特权”[①]，从而使得他们为企业出具的法律意见得到这一特权的保护。具体说来，这一特权可以使得企业的业务人员与内部法律顾问的文字来往，不会被作为呈堂证供提交给法庭，这有利于保护企业的利益。由于美国的律师享有包括上述特权在内的诸多权利，同时美国对不具备律师资格的人从事法律相关工作设置了许多限制，因此，美国企业在组建其法律顾问团队时往往倾向于选择具备律师资格的人。当然，美国企业的法务部也会雇佣一定比例的非律师员工，但由于他们不能享有“律师客户保密特权”制度带来的诸多便利，往往只能在律师的指导下开展一些辅助性工作，待遇和地位也自然都远不及律师。

与很多国家一样，在美国，通过律师资格考试是成为律师的前提条件，而只有在美国律师协会认可的法学院取得法律博士（JD）的学位才能获准参加美国各州的律师资格考试（纽约州和加州则允许获得 LLM 学位，修满特定学分的外国学生参加这两个州的法律职业资格考试）。律师资格考试分散在各个州进行，考试内容在各州存在差异。通过律师资格考试，就可以获得该州最高法院颁布的律师执照，在一个州执业达到一定年限后就可以转到另一个州执业。在多数州，获得执照以后，每位律师仍然要每年参加继续教育培训（Continuing Legal Education，CLE）并修满相应的学分。CLE 培训由各个州的最高法院下辖的 CLE 委员会负责，参加一些由“企业法律顾问协会”（ACC）组织的培训活动，也有可能获得 CLE 学分（ACC 是公司律师的专门的行业协会组织）。

在美国从事企业法律顾问工作仍然被视为处于律师序列，也是美国律师协会的成员。在美国律师协会的专业委员会上，常常会看到公司律师，

---

① ［美］理查德·L. 埃贝尔：《美国律师》，张元元、张国峰译，中国政法大学出版社 2009 年版，第 104 页。

同社会律师以及政府官员（也是律师）共济一堂探讨法律专业问题的场面。因此，从事法律顾问工作并不需要放弃已取得的律师执照。具备律师资格的企业法律顾问与社会律师的唯一区别是只服务企业雇主这一个客户，还是服务不特定的多个客户。因此，无论是社会律师转行做企业法律顾问，还是企业法律顾问转行做社会律师，其间的职业转换都非常自由。各州法院和美国律师协会负责认证律师职业资格以及对律师执业问题进行监管。州法院负责发放律师执业资格证书，作为律师行业自治机构的美国律师协会负责颁布律师执业规范，并可以对违反执业规则的律师采取包括禁止执业在内的诸多纪律措施。

由于也受到律师职业伦理和规范的约束，美国的公司法律顾问也有可能会为其不当行为承担责任。在针对大公司丑闻的诉讼案件中，因未能阻止公司高管的舞弊行为而被提起公诉或被列为共同被告的公司律师和企业法律顾问层出不穷，比如：在安然事件的政府调查和诉讼中，由于对欺诈处置不当，安然的首席公司律师被列为被告。

从目前来看，美国大型企业的成熟法务部的公司律师，基本上都具有娴熟的法律技能和扎实的法律功底，并且多数有担任社会律师的经验。这些资本使他们可以满足供职企业的多数法律需求。目前，成熟美国大型企业聘用内部律师的花费与聘用外部律师的开支比例约为 6∶4。虽然在遇到战略性大型并购交易、高案值的诉讼等关系到企业商业战略目标的重大的法律问题时，企业往往还是会聘请专业分工更细、特定领域执业经验更丰富的外部律师，但是，对于企业而言，这些活动并不是日常性的法律需求，此外，即使是在这些活动中，公司律师仍然扮演着极为重要的角色。由于公司律师在公司的地位较高，他们可以在这些事务中起到牵头和主导的作用，负责指明诉讼方向及制定诉讼策略，领导外部律师发挥其专业特长。因此，从总体来看，企业内部的公司律师已经在很多方面逐步替代外部律师，并发挥着外部公司律师所不能发挥的重要作用。

美国的首席公司律师在公司中享有很高的地位，多数首席公司律师可以直接向 CEO 汇报工作。此外，虽然 CEO 有权直接任免首席公司律师，但这并不意味着首席公司律师需要唯 CEO 马首是瞻。相反，依据律师职业伦理的要求，首席公司律师维护的是公司的利益而不是 CEO 的个人利益。不仅仅是首席公司律师，即使是一名普通的公司律师也需要首先受到美国 Sarbanes-Oxley 法案（Section 307），以及美国证监会 Part 205 规则的约束，在执业时不需要完全听从公司管理层乃至 CEO 的意愿。在发现企业有实质性的违法行为时，公司律师有向上汇报（up the ladder report）的义务，必须向首席公司律师汇报。首席公司律师则必须向 CEO 等公司高管汇报。如果首席公司律师在汇报后得不到满意的答复，则其有权越过高管直接向董事会汇报。多数时候，企业高管不会与首席公司律师发生正面冲突。除了法律和律师职业伦理外，公司制度也为首席公司律师提供了特殊保护以保障其坚持独立性。如果 CEO 决定解聘首席公司律师，则首席公司律师应当向董事会提交一项会公开并留档的书面说明，这也让 CEO 不能轻易尝试解聘首席公司律师。

二、德国

企业法律顾问在德语中被称为“企业律师”，同美国一样，他们多数都具备律师资格。

接受长时间、系统的法律职业教育在德国也是成为律师的必经之路。所谓系统教育，是指首先在大学进行为期 5 年的法律专业知识学习，然后参加由德国联邦各州司法部组织的“首次州司法考试”。考试通过后，学生一般会获得大学颁发的法律硕士学位证书。获得证书的人需要通过“第二次州司法考试”，并为此进行 2 年的法律实践学习，在这一阶段的学习中，学生需要在教学和实习两方面接受民法、刑法和公法的全面实践培训。“第二次州司法考试”通过后，学生即可获得律师资格。①

在德国，从事“法律咨询服务”有严格的限制性规定，在 2008 年以前，只有取得律师资格的人，才能在德国提供法律咨询服务。2008 年，德国修改“法律咨询法案”，考虑逐步放开这一限制。但这一规定造成了在德国历史上企业雇佣法务人员时，会优先考虑具有律师执业资格的人。此外，与美国相

---

① 邵建东编译:《德国法学教育的改革与律师职业》，中国政法大学出版社 2004 年版，第 78 页。

类似，德国企业律师在提供法律咨询服务时，也享有律师保密特权。这一特权同样使德国的企业律师在提供法律咨询服务的过程中受到保护，企业对其中产生的文件，也有权拒绝作为民事诉讼的证据使用。在刑事案件中，保密义务可以成为企业律师拒绝出庭作证的抗辩事由。企业律师可以拒绝检方对其提出的提供其保管的法律意见书的要求。但如果这些文件被公司保管，公司则不能抗辩，因此，这也是促使公司雇佣有律师资格的人作为其内部法律咨询者的另一个重要因素。

德国建立起一系列关于公司律师的制度与规范。德国律师协会专设有一个“企业律师工作组”，用以代表和保护德国企业律师的利益。德国的企业律师是德国律师协会的成员。联邦律师法是管理德国律师和为其提供执业规范的法律。德国司法和消费部是对律师服务做出管理的行政部门。

德国还建立了律师代理强制制度，即对一些符合法定条件的诉讼，诉讼双方必须派出代理律师作为当事人代表出庭。这些诉讼主要包括高额（标的金额超过 5000 欧元）的民事诉讼和劳动争议诉讼。在没有“律师代理强制”要求的小额民事诉讼和其他诉讼中，企业律师可以当事人身份出庭。在刑事领域，德国企业律师在针对企业的刑事调查中不具备律师特权。同时在刑事和行政处罚诉讼程序方面，企业律师也不能作为代理律师为雇主做出法庭辩护。

律师代理强制制度是出于保证诉讼的公平性以及提高诉讼效率的考量进行设计的。由于诉讼活动具有复杂性，当事人往往需要精通法律的律师提供法律方面的辅助，以更公正高效地完成司法裁决。同时，在实施律师强制代理的情况下，由于败诉一方将会承担双方律师费，律师费用的负担也成了一项诉讼风险。没有能力设立法务部门的个人或中小企业，诉讼时必须雇佣付费律师。而如果拥有公司律师从而不用额外支付律师费用的大企业作为他们的诉讼对手，则将影响双方参与诉讼的积极性，也会使个人或中小企业在整个诉讼中处于劣势地位。

三、英国

英国的律师分为以下两类：一是主要从事高级别诉讼业务的大律师

（Barrister）；二是主要从事低级别诉讼和非诉业务的事务律师（Solicitor）。从资格、地位和分工几方面来看，大律师和事务律师有以下的区别：

首先，在代表客户出庭时，事务律师的出庭地点一般是基层法院、县法院等级别相对较低的法院，大律师则专门在高级法院出庭。其次，在处理案件的标的方面，大律师往往处理高案值（超过 5 万英镑）的民事案件和复杂的刑事案件。事务律师只能处理标的较小的民事案件和一般的刑事案件，以及从事大量的非诉业务。再次，在准入资格方面，成为事务律师只需要在法学院学习获得正式的法律学士或法律硕士学位。而要想成为大律师，还需要进入四所大律师学院之一并完成 1 年的课程，课程内容主要是学习如何在法庭出庭诉讼。最后，在处理业务时大律师一般不直接代表客户，而是从客户的事务律师处接受业务。事务律师为大律师处理案件提供证据收集整理等协助。而大律师在事务律师工作的基础上，再开展工作。

英国没有为企业法律顾问设置特殊的职业准入资格限制。但是在英国，担任企业法律顾问通常需要具备事务律师资格，甚至有少数的企业法律顾问（2000 余人）具备大律师资格。因为大律师实习生的名额有限，一部分获得大律师称号的人没有机会成为独立执业的诉讼律师，许多人因而选择从事公司律师工作，这也是少数企业法律顾问拥有大律师头衔的重要原因。选择成为事务律师的法律专业毕业生，需加入英国律师公会（Law Society of England and Wales），成为学生会员。此后，他们还需要完成由律师公会认证的机构提供的持续 1 年的律师执业课程（Legal Practice Course）。在课程结束后，学员需加入一家以事务律师为主的律所完成为期 2 年的实习，此后才能成为正式的事务律师。英国公司的法务部通常会在有律师从业经验的事务律师中挑选公司律师。

与很多国家相同，英国的事务律师在从事企业法律顾问工作时享有“律师特权”。即其出具的法律意见以及与该意见内容相关的证人证词都受到律师特权的保护。[①] 这些文件可以不被作为证据使用，企业也有权不加以公开。

---

① ［英］格拉汗·J. 格拉汗·格林、弗雷德里克·T. 赫恩：《英国律师制度和律师法》，中国政法大学出版社 1992 年版，第 256 页。

当然，企业法律顾问提供的非法律意见，如对商务谈判策略提出的建议，则不受律师特权的保护。事务律师的自治和管理机构是英国律师公会。由于多数企业法律顾问是事务律师，因此这些企业法律顾问往往也是英国律师公会的成员，他们因而也需要接受律师公会的管理，受到律师自律和执业道德规范的约束。

根据英国“2007 法律服务法案”的要求，从律师公会中独立出来的 SRA（事务律师监管机构）成为英国专门的事务律师执业纪律管理机构，不仅负责制定和发布非诉律师的执业规范，还负责制定和发布专门针对公司律师的执业规范。具有事务律师资格的公司律师也要服从 SRA 的管理。如果违背律师职业道德和执业规范，可能受到包括警告、罚款，甚至剥夺律师执业资格在内的处罚。

与美国的企业法律顾问相类似，英国企业法律顾问整体上也都具备很高的法律专业水平和娴熟的律师职业技能。他们从事的工作往往偏重非诉业务，这一点也与专业律师相似（这是由于重大案件基本都由专做诉讼的大律师完成）。此外，与美国类似的另一点是，英国企业法律顾问数量的增长主要也是因为企业为节省聘用外部律师的开支。在英国，企业法律顾问在企业中的定位较高，也较为全面，英国企业认为法律顾问要能真正发挥顾问咨询作用，甚至应当有“企业家精神”，为企业战略决策提供有益建议。2005 年，英国大型上市公司（进入英国富时 100 指数的上市公司）的总法律顾问，发起成立了一个名叫“GC100”的总法律顾问协会。这一协会的主要宗旨是提升英国企业法律顾问的地位，让英国企业法律顾问在与上市公司治理相关的法律监管和政策讨论中发挥更大作用。

英国提出的“2007 法律服务法案”改革了传统律师执业的法律规范。根据该法案，非律师也可以拥有律所并进行经营。这条规定为公司律师转型成为公司所拥有的对外营业的律所律师提供了可能。目前，已有一些企业将自己的法务部注册成“替代性商业结构”（Alternative Business Structures），除了处理本公司的法律事务，注册成“替代性商业结构”的公司法务部还可以在社会上代理本公司以外客户的业务。这种方式可以让法务部这个传统上纯粹的成本部门为公司创收。

四、日本

一般认为,20 世纪 60 年代是日本公司律师产生的时间节点。“二战”后,日本的经济取得了飞速发展，20 世纪 60 年代日本的 GDP 已位居世界第二,高速的经济增长使得很多矛盾日渐突出，企业在环境保护、产品安全、经营合规性等方面都面临着严峻挑战，因而亟须大量法律人才为其提供服务来解决经营扩张中的难题。[①] 与上述国家不同，日本企业法务部中只有少部分法律顾问拥有律师资格，这些拥有律师资格的企业法务被称为“企业内部律师”，也是律师协会的成员。而绝大多数的企业法律顾问虽然在从事法律工作却并不拥有律师资格。由于在日本取得律师资格需要通过司法考试，这种现象从某种程度来说也是日本司法考试的高难度和低通过率造成的。统计表明，20 世纪 60 年代到 90 年代，日本司法考试通过率只有 2%—3%，每年通过人数不到 500 人，这些人中大多数都有多次参加司法考试失利的经历，只有很少人是一次通过的。[②] 通过司法考试后，只能成为所谓的律师候选人，想要正式取得律师资格还要在“国家法律培训和研究中心”接受为期一年半的法律实践学习，完成法律实践知识课程和实习课程。这一阶段的学习结束后，还要再通过法律实践方面的考试才能成为律师。因此，日本的律师非常稀缺，也就造成了企业只能更多依赖内部法务人员。与上述国家的情况不同，日本的法律未对企业是否必须从律师处获得法律咨询作出规定。因此，在日本很多人往往会直接从事企业法律工作，而非将时间和精力全部投入在司法考试上。在教育改革前，日本的法学教育以法律条文和法学理论的学习为主，在实务方面的教学较为欠缺，这也直接导致了传统企业法律顾问的法律实践能力和整体专业素质不足。2004 年，日本开始推行法律教育改革，仿照美国法学院的模式成立了 60 多所新式法学院，为学生提供法律实践教育。这一改革在极大程度上解决了日本司法考试通过率不高、实践人才不足的现

---

① ［日］裘索:《日本国律师制度》，上海社会科学院出版社 1999 年版，第 35 页。

② 日本律师协会调查室:《律师业务手册》，吴平译，中国政法大学出版社 1989 年版，第 9 页。

象。新式法学院改革大获成功，毕业生司法考试通过率接近 50%，日本律师人数也迅速增加。2005 年，日本仅有 146 名法律顾问，到了 2014 年，这一数字已经增长到 1179 名。日本组织内部律师协会（Japan In-House Lawyers Association，通称为 JILA）曾作出统计，2018 年在日本律师协会登记的律师数为 40013 名，其中公司内部律师数为 2161 名；从事公司法务的员工数约为 1 万名，律师占其中的 20%。[①] 但由于日本企业在薪酬体制上较为保守，不愿意为具备律师资格但缺乏律所工作经历的人支付超过非律师雇员的薪水，因此还是难以吸引真正有经验的律师加入。

与很多国家一样，日本律师协会也设立了“企业法律顾问委员会”这样一个对企业法律顾问提供管理与服务的组织。具有律师资格的企业法律顾问与其他律师一样，也要同样接受日本律师协会执业纪律的约束。除这一机构外，日本设立了独立于律师协会的“企业内部律师协会”，吸收拥有律师资格的企业法律顾问为其正式会员、不具备律师资格的企业法律顾问为其非正式会员。

传统的日本企业采用终身制的雇佣模式，强调雇员的稳定性和对企业的归属感。日本企业不青睐社会律师的重要原因之一就是担心社会律师过于强调职业独立性，不能够融入日本传统的企业文化中。日本企业一般采用年资的工资评定方式，对于新员工，无论其是否有法律专业技能，只要是同一年进入企业，基本都处于同样的工资水平。除了工资问题，法务工作对于专业律师吸引力较小的另一原因是职业发展路径不明确。日本企业岗位流动性较强，法务部的工作未必长期交给一批人，法务人员可能会被安排转岗进入其他部门。这会中断律师职业发展的连贯性，也成为社会律师进入企业做公司律师的重要顾虑。一般来说，专业水平不高的企业法律顾问以处理事务性工作为主，法律问题则往往交由外部律师完成。欧美跨国公司在日本的分支机构最早招募了社会律师进入企业法务部。这些公司在薪酬体制、人事制度、文化氛围等方面都对资深律师更具吸引力。日本的外向型的经济模式，也促使一批跨国公司，如索尼、松下、丰田等走出去拓展国际市场，尤其是美

① https://jila.jp/eng/，最后访问时间 2019 年 7 月 22 日。

国、欧洲等成熟市场。他们也逐步借鉴成熟欧美国家公司法务部管理经验，招纳更多的经验丰富的律师进入法务部。2001 年日本拥有公司律师数量最多的 20 家企业中，欧美公司占比超过 50%，每家公司人数都只有个位数，至 2018 年，日本公司几乎已占据这一梯队，且每家公司中公司律师有 10 至 30 人不等。[①]

五、法国

法国的企业法律顾问被称为“企业法律人”。与美日等国不同，法国的企业法律顾问既不是律师协会的成员，也不能代表企业出庭。法国的律师被称为“Avocats”。在法国要成为律师，除了需要获得大学的法学硕士学位，还要经过旨在获得法国职业律师资格证书的 18 个月 CRFPA（律师职业学）的律师职业培训。对法国律师来说，一旦转行担任企业法律顾问，就不能继续保留律师资格，也就当然不再是律师协会的成员。法国的这一规定主要旨在维护律师的独立性。根据法国律师职业伦理，律师在为客户提供法律建议或出具法律意见时，必须保持律师的独立性。与在律所执业相比，担任企业法律顾问属于企业雇员，会对企业产生依附关系，律师的独立性难以保证。因此，很多律师不愿放弃律师资格去从事企业法务工作。很多企业也愿意招收虽不需要具备律师资格，但接受过正规法学院校教育、具备较高学位的毕业生。但是近年来，随着法国大公司法务部工作对律师吸引力的加大，很多律师逐渐愿意进入法务部工作。

法国企业法律顾问协会（AFJE）是法国企业法律顾问职业的行业协会。这一协会聚集了 4000 余名企业法律顾问和 600 余名总法律顾问。AFJE 的成立目的是：推动企业法律顾问职业的发展，提高企业法律顾问群体的职业地位和社会地位。这一协会不但为成员提供职业发展辅导等服务，还组织成员间的相互交流。法国企业法律顾问协会为不受律师职业规范约束的成员设立了行业的职业行为规范，其中，促进公司合规合法文化是企业法律顾问的首要职责。

---

① https://jila.jp/eng/，最后访问时间 2019 年 7 月 22 日。

与美国相比，法国的企业法律顾问的地位较低。Jean Van Houtte 1999 年做的一项针对比利时法语区大型企业的研究表明，法国企业的法务部通常是总经理办公室的下设机构或企业运营管理部门的附属机构。法务部的负责人通常也不进入企业核心管理团队。因而，其在公司的经营中也往往处于从属地位，只享有对业务部门的建议权而非决定权。

近年来，但这一状况有所好转。法国企业法律顾问协会 2011 年的调查表明，54% 的法务部目前直接向 CEO 或总裁汇报工作；60% 的法务部负责人担任公司高管或管理委员会成员。这一现象与欧盟成员国加强对企业经营活动的监管立法有密切关系。

六、小结

美、英、德三国，企业法律顾问大多具备律师资格，法务部人员设置是律师主导模式。从世界范围来看，这样的国家还包括澳大利亚、加拿大等普通法国家。这首先是由于这些国家具有严格限制法律执业和法律服务人员资质的传统。美国有“未经授权的法律执业”的限制，德国有对“法律咨询服务”提供者资质的限制，这些规定极大地限制了不具备律师资格的人能够从事法律相关工作的范围。此外，这些国家往往允许企业法律顾问享有律师保密特权。比如在美、英、德三国，企业法律顾问只要拥有律师身份，都可保留律师特权。这些国家也没有为企业顾问设置专门的准入考试。相反地，这些国家通过放宽对法律服务提供者执业资格的限制来鼓励从业。例如德国 2008 年修改了“法律咨询服务”的限制性规定，将法律咨询服务的提供者列为非律师。英国“2007 法律执业法案”的改革规定，非律师可以与律师一起，为企业提供包含财务、项目管理等综合性服务。

美国是律师主导模式的代表。很多企业都在不断反思是否所有法务部工作必须交给专业律师。美国企业认为，合同管理等日常工作并不需要太多的法律专业技能。反而是受过一定法律知识培训，又有商务和管理经验的业务人员，可以更好地胜任这一工作。因此在实践中，越来越多的美国大公司将合同管理工作从法律部剥离，交由合同管理部门处理。此外，由于专业律师的人力资源成本高昂，许多跨国公司的法务部更愿意采用外包服务来提高工作效率。法务部下辖的专业律师便可以专注于那些关乎公司生存和发展、具有战略性价值的法律问题的处理。

作为非律师模式的代表，法国与日本将企业法律顾问与外部律师划分出明确的界限，企业法律顾问通常不具备律师资格。与上述两国相似，有19个欧盟国家都作出了企业法律顾问不是律师协会成员的规定。在这些国家中，很多企业法律顾问都没有通过律师资格考试，也不是律师协会的成员，当然也不享有“律师特权”。与法国相同，这些国家的法律职业伦理也认为，企业法律顾问与其供职的企业之间是雇佣关系，而外部律师与企业之间是客户关系，当企业的利益与律师职业规范所要求其代表的公共利益发生冲突时，企业法律顾问很可能没有能力或不愿维护公共利益。因而律师一旦与企业发生依附关系就不能继续保持律师职业身份上的独立性。欧盟法院在其 Noble 判例中也进一步明确肯定了这一理论。法律职业资格取得较难，也会导致企业内部具备律师资格的法务人员比例偏低，日本的情况就很好地印证了这一点。

在我国现阶段，法务部人员非律师居多，但在司法部将公司律师纳入律师体系之后，我国将趋向于以美国为代表的律师主导模式，可以预见，未来公司律师制度将逐渐走上专业化规范化的轨道，这无疑是企业内部法律工作者的福音。

第二章

公司律师的职能和定位

第一节

公司律师的工作职责

也许在十年以前，公司法务部还是可有可无的部门，不像生产部门那样控制着公司的生命线，也不像营销部门那样为公司创造着可观的业绩，更不像财务部门那样掌控着公司的经济命脉，只是在不断提示风险，但商人本质上喜欢冒险，像法务部门这种保守派自然不受公司高层的待见。传统的企业法律顾问的职责仅仅停留在审核合同、参与诉讼等层面，没有深入参与到公司运营的方方面面。《公司律师管理办法》（以下简称《管理办法》）在公司律师职能方面进行了一些突破。例如，第十五条规定："公司律师所在单位应当建立健全决策合法性审查机制，将公司律师参与决策过程、提出法律意见作为依法决策的重要程序。公司律师所在单位讨论、决定企业经营管理重大事项之前，应当听取公司律师的法律意见。依照有关规定应当听取公司律师的法律意见而未听取的事项，或者公司律师认为不合法的事项，不得提交讨论、作出决定。"司法部此次颁布的《管理办法》将公司律师的地位在法律层面上提高到公司决策层的高度，由顶层设计自上而下推动公司律师职能变革，这对公司律师从业者来说是重大利好。

《管理办法》第十三条列举了公司律师从事的法律事务：1. 为企业改制重组、并购上市、产权转让、破产重整等重大经营决策提供法律意见；2. 参与企业章程、董事会运行规则等企业重要规章制度的制定、修改；3. 参与企业对外谈判、磋商，起草、审核企业对外签署的合同、协议、法律文书；4. 组织开展合规管理、风险管理、知识产权管理、法治宣传教育培训、法律咨询等工作；5. 办理各类诉讼和调解、仲裁等法律事务；6. 所在单位委托或者指派的其他法律事务。企业对公司律师提供的法律服务的需求，从内容上来看有合同审核、投融资项目、风险管理、案件处理等多种，因此，公司律师的职责就是运用职业技能充分回应上述需求，对企业的法律事务提供专业咨询与辅助决策。在实践中公司律师的工作内容主要包括以下几项。

一、合同管理

这是公司律师体量最大的工作，也是最核心的工作之一。市场经济以契约为基础。公司运营的整个过程都需要大量的合同来保障交易，法务部就是这些合同的生产线。法务部的传统职能只是辅助业务部门对合同文本进行审核、修改，以及解决因合同发生的争议和纠纷，甚至是公司中最后一个知道该项交易的部门。公司律师要想充分发挥在合同管理中的作用，必须全过程、多领域、全周期地参与进来。合同的生命周期分为七个阶段：商务策略、合同起草、合同谈判、合同签订、合同履行、合同归档、后续争议处理。公司律师在各个阶段的工作要点有所不同。

在商务策略阶段，公司律师需要与业务部门洽谈，沟通交易的对象、产品、数量、价格、履行、后续产品维护等事项，向业务部门尽可能了解产品信息以及产品市场的交易习惯，为起草合同文书做好充分的准备。在合同起草阶段，公司律师可以考虑借助合同范本，既可以参照同类交易的交易习惯和交易规则，又能够节约大量时间。但需注意的是，每个交易都有其自身的特性，应从交易本身需要出发设定合同条款，避免生硬地套用模板。在合同谈判阶段，首先要明确己方的谈判目标，制定谈判策略，明确公司在交易中的需求和利益是什么，以及掌握什么样的谈判筹码。正所谓知己知彼，百战不殆，搜集有关本次交易的一切信息，要摸清对方的交易意图和底线，观察双方的优劣势，并寻找一招制敌的突破点。在合同签订阶段，实践中经常出现因为操作不规范而带来法律上的风险。公司律师应严格按照合同签订审批流程，在内部审核的每一个环节谨慎操作，严格管理合同用章，避免因无权代理等产生法律责任。在合同履行阶段，公司律师要全过程跟踪合同履行进展，而不是签完合同就万事大吉。一旦发现对方可能不履行或不能完全履行合同，就要采取相应的措施，将合同的损失降到最小。合同归档是一项看似烦琐而无用，实则必不可少的工作。一来是方便公司日后进行审计，二来是在产生重大争议时保留证据，以免因无法履行举证责任时承担败诉的后果。后续的争议处理也是合同管理的一部分，我们将在后面详细讨论。

二、对外投融资

企业运行的各个阶段都需要现金流和资金，要进行不止一轮的融资，为了调整战略布局、产生资本收益，也需要盘活资金，对外投资。[①] 投融资项目一般由公司律师牵头。在融资业务中，公司律师对融资项目进行审慎调查以及全面的法律风险评估，对融资项目进行可行性分析；就融资项目提出专业的法律意见，对可能涉及的法律事务进行法律分析；制作《项目融资方案》，设计融资框架，选择合适的融资方式；参与项目融资的谈判；起草与审查有关项目融资的各种合同文件，包括项目融资合同、担保合同等，并提供法务见证服务；办理融资所需文件的批准和登记手续；协助进行公司治理结构的改变，制定风险预防管理机制；监督融资项目的日常经营管理，及时处理相关法律问题。

在投资业务中，根据对外投资的性质和对象不同，公司律师的工作重点有所不同。在国内投资项目中，公司律师要提供投资领域的法律事务咨询；对投资项目进行尽职调查和法律可行性研究，就投资项目的立项、投资方式、商业机会、投资环境出具法律意见书；参与投资项目的商务谈判；起草与审核投资意向书、协议书等各种法律文件；协助设立企业；代理解决各种投资纠纷。在海外投资中，中国公司海外投资面临巨大风险，各个国家和地区的情况不同，潜在的法律风险也千差万别。例如，对非洲投资最大的风险来源于政治风险和人身风险，而对美国投资要考虑法律风险（如美国长臂管辖的法案）和知识产权侵权风险。因此公司律师的关键职责在于对投资地的投资环境进行综合调查，既包括对法律环境、政策环境、经济环境等宏观方面的

① 马瑞清编著：《企业融资与投资》，中国金融出版社2017年版，第3页。

调查，也包括对销售市场情况、土地成本、人力资源成本、合作伙伴的资信情况等微观方面的调查，为海外投资决策提供参考依据。在风险投资中，风险投资企业设立之初，公司律师可以协助设立企业，比如起草与审核合作协议、企业章程、办理审批和注册登记等；在投资项目确定阶段，公司律师可以对被投资企业进行审慎的调查，调查内容包括该企业的债权债务情况、知识产权情况、股权结构情况、管理层能力情况等；在项目的具体谈判过程中，公司律师可以起草与审阅风险投资协议等各种法律文件，参与制定股权结构以及投资安排等；在项目管理阶段，公司律师协助监督被投资企业按照投资协议进行经营运作，确保投资者利益不被侵害。在风险资本退出阶段，由于风险资本一般通过上市、并购等方式退出，因此公司律师可以提供上市、并购等法律服务。

三、争议解决

争议解决是公司律师的重要职能之一，包含诉讼、仲裁等常见方式。与以往不同，公司律师的职能已不仅限于“打官司”，而是对案件全过程进行主动介入与管理，具体说来，包括对案件进行事前预防、事中控制以及事后反馈。这一管理方式可以称为全周期动态管理，其目的是防微杜渐、防患未然，尽量以最小的成本实现对案件影响的可控化，使其不超过企业的承受能力。各个环节公司律师应做的与能做的事情也各不相同。

在事前环节，公司律师应当加强案件监测，可以通过整个法务部门建立较为成熟完备的案件预警制度来实现对争议纠纷多发、易发流程和环节的及时、有效监测，降低案件发生的可能性，同时也可为公司律师全面及时提供案件情况、做出客观分析、提出应对建议准备材料。此外，把握重要时间节点对及时作出预警具有重要意义，需要重点注意的关键节点有：国际国内市场环境发生变化时；法律、法规被修订、废止或新法颁布时；政策发生调整时；企业自身发展战略转型时；业务相对方经营状况严重恶化，转移财产、抽逃资金，逃避债务，丧失商业信誉，以及有丧失或者可能丧失履约能力的其他情形时等。在上述情况发生可能导致风险产生时，公司律师应根据不同情况和各种变化及时向企业高层及相关业务人员作出预警并根据自身职责与技能作出有效的诉讼风险预防管理。

在争议和纠纷已经发生时，公司律师应做到充分准备、积极应诉。这首先要求公司律师制定合理的诉讼策略并在各个诉讼方案中进行选择。要做好证据收集、材料整理等工作，主要包括，调查案件当事人基本情况，收集整理与案件有关的证据材料，查询相关法律规定，了解对方当事人背景等，为分析案情提供依据，并在认真分析案情的基础上，对法律和商业的平衡作出考量，综合分析庭外因素，预判案件走势及胜诉概率，分析企业基于战略原因可承受的败诉风险，判断案件的后果会给企业造成经济、声誉和经营秩序的影响，通过对诉讼成本、胜诉率、可能的责任及结果等方面的充分比较制定合理诉讼策略，选择最优诉讼方案。在庭审工作中，公司律师应当密切配合外部律师共同做好工作。具体说来，在开庭之前，公司律师应当配合外部律师核实证据，确定主要论点，共同或协助准备应向法院提供的法律文书，为发表代理意见以及质证做好准备，做好行使管辖权异议、回避或鉴定申请、诉讼保全等程序性权利的准备。同时，应当仔细阅卷，对于案情中存在的那些不利于企业的环节，要做出尽可能多的假设和应急预案。在最后的执行跟踪方面，由于逾期申请执行、未按时缴纳执行申请费用、被执行人下落不明、无财产可供执行等原因，胜诉企业往往无法通过执行环节来维护企业的权益。因此，公司律师应当重视对执行风险的防范，充分行使权利、积极履职尽责，督促执行机构第一时间启动执行工作，并且主动收集被执行人的财产线索，积极配合执行工作。此外，应高度关注被执行人是否有抽逃出资、转移资产的行为，必要时即刻申请财产保全。如果被申请人为受聘公司一方，公司律师应当审查有无申请再审、撤销裁决或不予执行裁决的法定情形，如有，则应当主动与申请人达成执行和解，以减少损失。

在上述工作完成后，公司律师还应当及时总结与反思，并对有待改进之处作出针对性改进。一些企业并不重视这项工作，在一起案件处理结束后往往只是将案件资料归档或仅另附处理情况报告，但是，从成熟的企业管理和公司律师执业的角度来看，这类工作十分重要，从防止案件风险并为以后的案件处理提供借鉴的角度出发，应当按照全流程闭环管理的要求进行已处理案件的复盘，分析案件起因，分析处理方略，总结经验教训，并对造成问题的运营管理中的薄弱环节进行整改，及时排除风险隐患，做到源头治理、规避风险。公司律师更应当利用专业技能，对合同文本、担保审查、交易方式等各方面的疏漏作出总结并提出改进措施。

四、知识产权管理

知识产权管理属于专业性很强的领域，包括知识产权的取得、运营、纠纷处理等多个环节，在某些时候还可能涉及较为复杂的技术问题，因此，对于这一方面的工作，公司律师经常需要同研发部门、运营部门等合作。但合作并不意味着公司律师不能主动作为。在商标权领域，公司律师可以主动进行商标检索，对竞争对手的商标注册情况作出统计分析，以企业的核心商标为战略目标，找出需要进行注册的商标，然后可以委托商标注册代理机构代理申请注册。在专利权领域，公司律师应当提高专利申请和专利保护意识，对于企业研发部门研发的新产品或产品原型，公司律师应当及时进行专利检索，并尽早委托专业代理机构进行专利申请。在知识产权的取得方面，尽早申请注册至关重要。公司律师并不需要亲自做好所有事情，因为在每一个知识产权领域，都存在数量庞大的可以提供专业服务的注册代理机构。公司律师可将很多专业事项外包交由他们处理。因此，公司律师只需要选取优质的注册代理机构，尽量以低成本来获取优秀的注册代理服务。

知识产权的取得并不是一劳永逸的，在取得知识产权证书后，持续不断的证书维护工作是专利持有者的经常性任务。在这方面，公司律师应当联合履行知识产权管理职责的企业内部其他员工，将专利证书、商标证书、版权证书等知识产权凭证制作成数据库，详细列出每项知识产权的注册日、到期日、续展日，并在条件许可的情况下设置自动续转提示功能。在大型企业中，由于持有的知识产权数量庞杂，对权属证书维护工作的工作量也不可小觑。而因维护不当可能导致的专利失效、商标过期等事件的后果也较为严重。因此，企业的知识产权法务工作，不仅仅是法律相关工作，更是一项统筹管理工作。由于维护专利有效性的成本巨大，放弃不能产生任何价值的知识产权是必要的，因此在知识产权管理中，哪些知识产权值得保留，哪些应该放弃也是作为管理者之一的公司律师应当考虑的问题。

与仅仅取得知识产权相比，将已取得的知识产权投入运营并创造效益，发挥其经济价值，将知识产权资本化才是知识产权管理追求的终极目标。知识产权资本化的具体形式包括：授权他人使用收取许可费；知识产权出资；知识产权担保融资；知识产权信托；知识产权证券化等。

在这些方面，公司律师通盘考虑产业、市场、产品和法律因素，将自身专利有机结合，构建严密的专利保护网，形成对企业有利的专利组合，形成严密的专利防御布局。严密的布局可以使竞争对手或后来进入者在其面前望而却步，只能缴纳专利授权使用费或只好放弃相关领域市场。如美国高通公司布局 CDMA 的基础专利，使得无论是 WCDMA、TD-SCDMA，还是 CDMA2000 的 3G 通信标准，都无法绕开其基础专利。专利布局涉及企业的管理层、研发部门、市场部门以及法律部门（或专门的知识产权管理部门）。其中法律部门（或知识产权管理部门）应当在整个过程中起到主导作用。因此，公司律师应当充分了解专利的分布、布局的策略以及关键技术点，同时协助做好企业商业秘密的保护工作。

知识产权的纠纷处理具有较强的专业性，一般需要外包给外部律师代理，但是公司律师仍可以对这一过程进行主导。公司律师的主导体现在对知识产权纠纷的预防和对外部专业律师的管理上。在纠纷预防方面，需要在企业内部建立预警机制，以避免或降低办公、生产设备及软件侵犯他人知识产权的风险；定期监控企业产品或服务可能涉及的侵犯他人知识产权的状况，分析可能发生的纠纷及其对企业的损害程度，向决策层发出警示性信息，并提出防范预案。

五、合规管理

世界各国都加大了对公司合规体系建设的监管力度，合规管理日渐成为凸显公司律师价值所在的重要领域。2018 年 4 月，美国商务部工业与安全局（BIS）判定中兴通讯具有出口管制违规行为，对其作出激活拒绝令的决定，禁止美国企业在 7 年内向中兴通讯销售电子技术或通信元器件。受这一决定影响，中兴的主营业务无法开展、股票一度停牌。后经中美经贸磋商，中兴通讯以缴纳 10 亿美元的高额罚金、4 亿美元的保证金、改组董事会的巨大代价换取了禁令解除。这一事件使企业的合规性再次受到广泛关注。[①] 从严格意义上来讲，法律部门和合规部门是两个不同的概念，2018 年 11 月 2 日，国务院国有资产监督管理委员会印发《中央企业合规管理指引（试行）》（国资发法规〔2018〕106 号）。其中明确了中央企业法律事务机构或其他相关机构为合规管理牵头部门，总法律顾问是合规管理的负责人。合规管理是对公司律师职能外延的扩大，公司律师在企业合规管理中的职能主要有：研究起草合规管理计划、基本制度和具体制度规定；持续关注法律法规等规则变化，组织开展合规风险识别和预警，参与企业重大事项合规审查和风险应对；组织开展合规检查与考核，对制度和流程进行合规性评价，督促违规整改和持续改进；受理职责范围内的违规举报，组织或参与对违规事件的调查，并提出处理建议；组织或协助业务部门、人事部门开展合规培训。

表 1　企业合规管理的具体制度清单

<table>
<tr><th></th><th>管理内容</th><th>具体制度</th></tr>
<tr><td rowspan="9">行政管理</td><td rowspan="3">基础行政管理</td><td>制度管理办法</td></tr>
<tr><td>会议管理办法</td></tr>
<tr><td>工作计划管理办法</td></tr>
<tr><td rowspan="3">对外信息管理</td><td>对外信息管理办法</td></tr>
<tr><td>公关形象管理办法</td></tr>
<tr><td>企业宣传管理办法</td></tr>
<tr><td rowspan="3">文档印章管理</td><td>档案和发文管理办法</td></tr>
<tr><td>收文和流转管理办法</td></tr>
<tr><td>印章管理办法</td></tr>
</table>

① https://baijiahao.baidu.com/s?id=1601801714272200541&wfr=spider&for=pc，最后访问时间 2019 年 6 月 8 日。

续表

	管理内容	具体制度
人力资源	个人行为规范	商业秘密管理办法
		法定代表人授权委托管理办法
		经营活动回避制度
		利益冲突管理制度
	招聘管理	员工招聘管理办法
	培训管理	员工培训教育管理办法
	薪酬与绩效管理	薪酬与绩效管理办法
	劳动合同管理	劳动合同管理办法
		员工离职管理办法
		退休返聘人员管理办法
	日常事务管理	员工考勤休假管理办法
		员工出差管理办法
		员工奖惩管理办法
	奖惩福利管理	奖惩管理办法
		福利制度
战略投资	战略投资管理	投资管理办法
	项目投标管理	项目投标管理办法
	尽职调查管理	并购项目、涉外投资尽职调查操作细则
监审法务	内部审计管理	内部审计管理制度
	内部监察管理	内部监察管理制度
	法律事务管理	法律事务管理办法
		合同管理办法
		合同履行管理办法
		诉讼、仲裁案件管理办法
生产运行	安全生产管理	安全生产管理制度
		事故调查管理规程
	环境保护管理	环保管理制度
	生产运行管理	管控平台操作规程
		垃圾库房管理制度
	技改扩项目管理	技改扩项目管理办法
	企业报告管理	企业报告管理制度
		重大事项报告管理制度

六、政府关系处理

与我国将政府公关视为不正当的权钱交易不同，在很多国家，政府游说是合法的商业活动。公司律师通过媒体宣传等游说方式对政府人员施加影响，使其制定的法律和政策更有利于公司利益。对 IBM 这样拥有强大专利储备的公司来说，建立更强的专利保护更利于维持其优势地位。因此，IBM 高度重视通过影响专利审批和专利保护的政策来实现对软件专利的强保护。IBM 的首席专利顾问兼副总法律顾问曼尼·舒克特（Manny Schecter）曾撰文指出，IBM 支持专利强保护制度。IBM 的副总裁兼知识产权部长大卫·卡波斯（David Kappos）曾担任过美国专利和商标局局长，他担任局长前曾在 IBM 工作 25 年，主管公司知识产权事务，实施积极的专利战略，鼓励研究人员申请专利，使 IBM 在美国专利和商标局授权专利排行中高居榜首。2009 年其就任时，采取了强化专利权保护的执政措施，包括：强化专利权的保护，特别是对软件的专利保护；对专利流氓持容忍的态度。IBM 的专利强保护制度可以归结为两点，一是提高专利质量，严格适用专利法，将低质量专利拒之门外；二是专利的强保护制度应具有适应新技术的灵活性，避免技术歧视。再如，迪士尼为了使“米老鼠”在超过著作权保护年限后可以继续为其创造收益，不断游说美国国会，对版权法进行修改，使得企业的著作权保护年限延长至 95 年。自 1997 年以来，迪士尼在游说国会上就已花费了 8700 多万美元。这些公司都是通过推动迎合公司需求的法律和政策出台，形成其在市场竞争中的优势地位，使政策反哺其商业需求。

公司律师还可以通过改进公司股权治理结构，使企业享受政策红利。例如，我国对外商投资给予了优渥的政策优惠，许多境内企业通过在境外设立离岸公司，利用 BVI 架构争取税收等优惠。此外，企业的生产经营活动时时刻刻都要受到来自政府各个层面的监管，如果企业能够参与监管政策的制定，引导政府监管的方向，那么企业就站在行业的前列，具有较同行竞争对手更大的优势。

对于跨国公司，尤其是在美国开展业务的公司，政府游说是必不可少的。在美国，“游说”已形成一项巨大的产业，大量说客和游说公司聚集在华盛顿

K街上。许多大公司都在内部设立政府公关部门。跨国公司的公司律师既精通法律又了解政策，应当与公关部门和游说公司一起代表本公司与政府谈判。

七、危机处理

企业发生危机事件的情形多种多样，大多都会触及法律问题，一旦处理不好，就要承担相应的法律责任。例如，企业高管的个人违法行为被媒体披露导致公司形象受损，发生重大生产安全事故导致员工伤亡，出现食品安全问题危及公众的生命健康，因证券市场违法违规操作遭到相关部门调查和处罚。公司律师在企业遭遇危机时要从法律的角度出发，运用合法的手段帮助企业化解危机，常用的法律手段有以下几种：1. 发布法律声明。通过各种媒体表示本公司的法律立场，澄清相关法律问题，以免公众受到不法之人的误导。2. 发律师函。用律师函对某一事实进行法律评价和风险估计，其目的在于以法律尺度和律师的判断，对送达对象晓之以法律事实，动之以利弊得失。3. 达成协议。在产品大规模出现质量问题时，可以与当事人协商解决并达成协议，快速安抚公众的情绪，避免事态扩大。4. 举报投诉。有的对公司不利的不良言论是竞争对手故意为之的，此时可以向政府部门举报，要求行政机关介入调查，给对方有力的反击。5. 提起诉讼。如果因侵权人的侵权行为造成公司经济损失或者形象受损，应通过诉讼追究其法律责任。

【Facebook 危机处理案例】[①]2018 年 3 月 17 日，美国《纽约时报》（The New York Times）与英国《卫报》（the Guardian）同时报道，一家名为剑桥分析（Cambridge Analytica）的政治分析公司未经授权收集并滥用脸书（Facebook）用户的个人数据为特朗普（Trump）选举服务，这一行为涉及 5000 万名用户。《卫报》在报道中将这一事件称为“数据泄露”（data breach）。此后，以美国联邦贸易委员会（Federal Trade Commission）为代表的各有关部门展开调查。在调查中，FTC 表示，由于 Facebook 曾在 2011 年与其签订用户隐私保护协议（Consent Decree），这一协议对 Facebook 的隐私保护政策提出具体要求，因此，若是此次 Facebook 被证实违反 Consent Decree，可能会面临高达 2 万亿美元的

---

① http://www.lifanglaw.com/plus/view.php?aid=1670，最后访问时间 2019 年 6 月 8 日。

罚款。

在事件发生后的几天，Facebook 公司一直在舆论场上保持沉默，似乎未有任何行动，股价也一跌再跌。直到 3 月 21 日，Facebook 的创始人 Zuckerberg 才在其个人的 Facebook 页面上发表了书面声明，并接受了 CNN 的采访。他表达了对这一事件发生的歉意并重申 Facebook 保护用户数据的责任，列举了 Facebook 采取的相应措施，并对如何进一步加强对第三方应用的管理和用户数据的保护作出了说明。此后，Facebook 的高管针对“数据泄露”的说法向《卫报》作出反击，他们认为在本事件中并未涉及系统被渗透或密码被盗，相反，所涉数据均是公开的，与一般意义上的数据泄露不能混为一谈。Facebook 的律师向《卫报》发出了律师函，对其使用数据泄露一词表示抗议。3 月 25 日，Facebook 在几家报纸上刊登了整页的 Zuckerberg 的个人信函，再一次表明其对剑桥分析事件的认知，也重申自己承担的责任。在应对政府部门的询问和调查方面，Zuckerberg 信守声明中的承诺，接受出席 FTC 听证会的邀请。3 月 28 日，Facebook 宣布将终止与几家大型数据公司的合作，这很好地表明其采取行动的决心，也最终暂时结束了其股票不断下跌的状况。

在这一事件中，Zuckerberg 发表的个人声明对于争取公众信任、平复公众情绪具有重要的意义。但更为关键的是要应对美国联邦贸易委员会的调查，一旦 Facebook 被证实违反隐私保护协议就将面临天价罚款。因此 Facebook 的行为是否构成“数据泄露”，是首先应当界定的问题，必须尽快向调查机构和公众出具法律说明。同时，针对《卫报》发出律师函的举措可以起到压制不当言论，表明自身立场的作用。

八、参与公司决策

成功的公司律师并不能仅满足于防控风险，还应当有企业家精神，学会用管理逻辑和经营逻辑来考虑战略制定、经营等领域的问题。由于具有熟悉国内外法律法规的专业优势，公司律师可以通过跟踪分析国家有关政策法规的制定动向，及时发现企业发展面临的法律风险，并主动在公司决策前进行法律论证和风险评估，在权衡可能存在的风险与获得的收益后，提出优化方案。在每一项重大决策作出前，公司律师都需要围绕商业目的对涉及的法律法规和政策进行专门研究，对外部律师提出支持意见，并提出专业意见，唯其如此，才能保障适用法律更为准确、全面、客观，商业方案更为有效、可行。在对决策事项进行充分调查和法律分析的基础上，公司律师要勇于在公司重大会议上对公司战略规划提出自己的见解。积极参与可以让公司律师在企业中拥有更多的话语权。从 2010 年起，苹果、三星和谷歌三巨头的 CLO 们操盘发动了专利世界大战，牵动了全球 TMT 行业的神经，整体诉讼的金额已经超过千亿美金，这些公司律师以专业的法律能力和敏锐的商业判断帮助其雇主赢得了一个个战役。这也使得美国 CLO 不仅仅扮演法律顾问一种角色。

九、外部律师管理

公司律师是统筹全盘的通才，律所是某个领域的专才。现在大部分的公司律师都考虑将企业遇到的专业化法律问题交给外部律师处理。从某种程度上说，公司律师和外部律师的客户都是企业，因此他们有一个共同的目标，那就是维护企业的利益。公司律师长期为企业服务，熟悉企业的行业、业务、发展状况，应当让外部律师了解更多企业的相关信息和商业目标，以便外部律师制定最适合公司的法律策略。公司律师与外部律师应当建立一种同行之间真正的合作关系，芝加哥著名律师事务所 Bartlit Beck Herman Palenchar & Scott 的创始合伙人 Fred Bartlit 认为，“真正的合作关系”就是当一个外人闯进会议室，他应该无法分辨哪边是法务部的团队，哪边是外部律师的团队。

基于节约沟通成本和金钱成本的考量，公司律师应积累一定的律师资源，建立长期的战略合作关系。“现在，大部分公司的法务部都拥有一个非常稳定的‘首选外部律师库’，并与这个网络里的律师事务所保持着长期的合作关系”，英克隆公司（ImClone Systems）前总法律顾问 Erik Ramanathan 说，“很多公司 CEO 的更换频率比‘首选外部律师库’的更新频率都要快。因此，我们必须去‘拥抱’与外部律师之间这种长期稳定的合作关系，并想办法去加强、优化我们之间的合作”。律师资源库的储备通常包括投融资方面的，知识产权方面的，诉讼 / 仲裁方面的，所属行业 / 产业方面的，还要根据公司的业务发展和组织架构，考察和储备各区域事业部所在地的律所，有境外业务的要储备选聘境外所。

为了减少合作中的摩擦，公司律师要明确界定要达成的目标，并阐明外部律师的角色和职责。公司律师在必要的时候也要给予外部律师协助，如初步的查找、证据搜集、与有关业务部门沟通等。公司律师不是把案件或项目交给外部律师后就可以高枕无忧，要尽可能多地参与到其中，时刻跟踪案件或项目进展情况，与外部律师保持密切沟通。公司律师还应建立外部律师的评价考核机制，并听取相关部门的意见，综合衡量外部律师的专业能力、实践经验、工作态度、响应速度和收费价格，并以考核结果作为续聘、解聘的主要依据，保证外部律师的优质化和专业化。

第二节

跨国公司中公司律师的工作内容

21 世纪的全球化发展更为迅猛，公司的国家边界也越来越模糊，众多的中国大企业都已开展了广泛的海外业务，也不可避免地需要处理许多涉外法律事务。国际市场上的交易各方有着不同的语言文化背景、不同的法律制度、不同的商业环境，都对跨国公司的公司律师提出了更高的要求。这首先要求其具有国际视野，充分了解涉外业务中的法律风险，并且对国外司法裁判制度较为了解。

对跨国公司的公司律师来说，工作中涉及的法律事务包括：

1. 公司基本法律事务。熟悉公司所在地的公司法相关规定，厘清公司总部与各分支机构的关系和各关联公司的股权控制架构，帮助建立合乎当地法律规定的公司组织架构，明确公司各个机构的权力分配和职责所在。

2. 劳动关系。了解当地的劳动人口政策，劳动合同的订立、终止、集体和结构性裁员的法律规定，工会相关事务。

3. 税务筹划。税收是公司运营中的重要问题，通过股权架构设计、交易结构安排尽可能减少公司的税负，必要时考虑设置离岸公司以寻求税收等政策优惠。

4. 财政。包括资本外逃、当地银行规范、货币管制、外汇风险、跨国贷款、股本红利的分配和汇回、技术服务收费、本国和国际通用会计准则的总体平衡考量等。

5. 海关规定。包括货物、服务进出口规定和协议，技术许可证规定，海关纳税等。

6. 知识产权。商标、专利注册及管理，专利协议、域名保护、许可证和特许经营安排、经销商协议、知识产权保护及相关诉讼事项。

7. 海外反腐。处理与海外官员和政府之间的关系，遵守当地反腐败法律规定。

8. 国际商务争端解决。处理国际诉讼、仲裁及执行事项。司法活动中涉及不同国家地区甚至不同法系的司法制度，保证送达、应诉、执行等程序顺利进行。

9. 反垄断。包括在不同国家进行并购、重组等商业活动。

10. 环保。在企业生产经营活动中要考虑到当地有关环境保护的法律，据以采取相应的环保措施，以免因达不到环保标准而面临行政处罚。

第三节

公司律师的商业价值

公司律师的工作虽然具有法律类服务的表征，但本质上是为企业经营管理服务的，这意味着其工作需要立足于企业运营的商业逻辑。这也是公司律师和外部律师在为企业提供法律服务的工作中最大的差异所在。在企业面临一个重大商业项目需要进行法律论证分析时，企业对外部律师和公司律师的期望迥然不同。外部律师只需要从法律专业的角度，谨慎地完成尽职调查，论证法律风险，出具法律意见书，最后决策权在企业，只要律师尽到勤勉尽责的义务，风险完全由企业承担。公司律师却不仅需要识别并提示法律风险，还要对项目可行性进行分析，作为公司利益的代言人，公司律师要考虑如何设计交易结构才能让公司利益最大化，这进一步要求公司律师对公司所处行业环境、商业运行模式、政策导向、交易对手等全局把握、通盘考虑，否则就不可能站在统筹层面上把控和推进项目进程。如果公司准备与其他开发商合作开发一块新的土地，公司律师至少需要了解项目业态及开发规划，操盘与并表安排，资金投入与收回渠道及计划，运营管理安排，项目终止与退出安排等；同时，公司律师要了解公司希望达成的商业及财务目标，例如追求高 IRR 还是追求高毛利率等。换言之，公司律师的工作要立足于公司现实逻辑的客观诉求，而不能脱离公司的经营实践。如果一项交易是公司经营战略之必需，那么公司律师就对促成交易负有不可推卸的义务。以建设工程黑白合同为例，最高人民法院曾作出明确的司法解释。因此，如果只是以防范风险的逻辑来处理，往往只能提出避免签订黑白合同，或者简单用补充协议、备忘录来约定黑白合同效力问题等无关痛痒的建议。然而，房地产行业普遍存在着项目开发节点以及业主方控制建设工程成本等方面的需求，往往需要签署黑白合同。因此，有效的方式是，把精力放在黑白合同条款及实质性内容设计以及合同无效的应对措施等方面，在满足业务需求的同时，让黑白合同的风险显化或可被预见。当然这不是倡导公司律师逃避法律规制，而是在法律的条框中灵活地设计交易方案。

基于这样的工作路径，我们就可以理解为何有人把公司律师称作“企业的守夜人”，他要承担起风险衡平的职责，使所在的企业走得更稳、走得更远。[①] 出色的公司律师的职业属性远不只是本分的“守夜人”，作为“公司”和“律师”的结合体，应当成为法律人中最懂商业运营的，商人中最懂合规风控的。企业的运营固然需要严格防范风险，但更要创造利润，这是商业和

---

① 健君：《公司首席法务官：企业的守夜人》，法律出版社 2017 年版，第 4 页。

资本的天性，公司律师要想提高在企业的地位，取得话语权，就必须为企业的盈利作出贡献。一个成功的公司律师可以在法律人和商人的角色之间转换自如，法律人是本色，商人是进阶，但这两种职业特质在公司运行的纵向的时间轴线上所占比重不同。在企业发展的成长期，公司律师会对公司的业务和盈利有直观的感受，不会出具一些不切实际的法律意见，而是更多地以法律的思维考虑商业的可行性。而在公司业务的成熟期，分工越来越细，各部门离业务却越来越远，公司律师考虑问题时，更多的是首先考虑法律问题及风险控制。

企业的活动是围绕获取增量收益以及预防存量减损展开的。[①] 公司律师首先要做到预防存量减损，主要是把控法律风险，避免企业在经营过程中因为触犯法律法规而受到处罚、因诉讼而支付赔偿或者因交易过程中的违约行为而遭受经济损失。获取增量收益主要是通过各种法律手段为企业带来价值增值。公司律师只做好风险防控、纠纷解决等本职工作是无法拥有重要话语权的，要想在企业中占有一席之地，还要为企业创造效益。公司律师要能够利用各种合法有效的法律手段，打击竞争对手，提高企业的市场竞争力，实现自己的商业价值。法律竞争手段十分多样，常见的有商业秘密、专利许可和诉讼、反垄断、反倾销反补贴等。

一、商业秘密

所谓商业秘密，是指不为公众所知悉、具有商业价值并经权利人采取相应保密措施的技术信息和经营信息。侵犯商业秘密严重的可能构成犯罪，打击力度重于一般的民事案件，因此如果发现竞争对手侵犯本公司的商业秘密，则可通过刑事手段给予其制裁。即使对方不构成犯罪，一旦法院认定对方侵犯商业秘密，公司也会获得相应的经济赔偿。《法制日报》把商业秘密案评价为“杀伤力最大”的知识产权保护手段。

在商业秘密侵权案件中，如果主张对方为侵权人，则己方需要承担举证责任。在民事案件中，原告方必须提供证据证明诉请事项是商业秘密，侵权

① 陶光辉：《公司法务部：揭开公司法务的面纱》，法律出版社 2016 年版，第 274 页。

人通过非法途径获取并实施了相关侵权行为，造成了损害结果，一般要举证证明侵权造成的经济损失金额等，还要证明侵权行为与结果之间存在因果关系。首先，认定是否是商业秘密，就要进行一系列的举证。其次，在一般情况下，除非有确切证据证明诉请的金额系侵权行为造成的直接经济损失，法院不会全部支持。因此在这类案件中，原告要耗费大量人力物力搜集证据，而最后却不一定能够获得理想的结果。刑事司法程序也存在同样的问题。在侦查阶段，搜集证据要经过权利人举证、商业秘密司法鉴定、经济损失认定等诸多环节，甚至要召开专家研讨会，对其中涉及的商业秘密界定等内容出具专家意见。没有足够证据证明对方符合侵犯商业秘密罪的构成要件，就无法迫使侵权人停止侵权行为，在历时许久的刑事程序中，原告可能会因为侵权人的持续侵权行为遭受更大的损失。

作为公司律师不应当为企业增加诉讼负担，而应设法通过最高效的方法为企业争取最大的可视化的利益。行政监管的处罚对市场主体具有强大的威慑力。工商行政管理或者市场监督管理部门虽属行政机关，但内设的反不正当竞争科室拥有法定的立案调查、行政处罚的权力。权利人在提供商业秘密侵权行为存在的相关证据后，上述部门即可进行立案调查，相比司法程序，行政执法反应速度快、执法效率高、调查手段丰富，能够有效控制己方成本支出，并且行政机关作出的行政处罚决定会大大影响对方的社会形象，削弱其市场影响力。

二、专利许可和诉讼

随着社会从简单商品生产向现代市场经济转型，知识产权的地位变得越来越重要。在知识经济时代，知识产权扩张呈现加速的迹象，专利更是成为一个企业的核心武器，决定着企业产品是否在市场上具有竞争力。为了配合公司的商业战略，公司律师应当制定配套的专利战略，谋划专利布局，积极行使专利权利。在公司专利储备的基础上，通过专利许可、转让获得收入；达成专利交叉许可，允许相互利用彼此的技术来制造、销售自己的产品，而无须担心专利诉讼或版权诉讼，从而实现业务行动自由。专利转让、许可获得的收益，是持续稳定的，而且后期无须成本投入，此类纯收益可以再度投入到产品研发中，保证可以源源不断地申请专利，形成良性循环。

20 世纪 90 年代，在 IBM 的有效专利组合中，大量与其业务不相关的专利闲置而不产生效益，后来 IBM 制定了专利运营策略，对于很少使用或者需要剥离相关业务的专利，IBM 一般转让给其他公司赚取专利费，据统计，2017 年 IBM 从其授权业务中创造了约 12 亿美元的收入。在 IBM 的大量有效专利组合中，有很大一部分因与其业务不相关而闲置的专利。IBM 直接转让很少使用或者需要剥离相关业务的专利，同时免费让他人使用未获专利保护的技术发明。

专利转让、许可的专利战略使 IBM 获得可观的营业外收入，IBM 成为专利运营的鼻祖。IBM 的专利运营战略可以达到兵不血刃，坐收渔翁之利的效果。在 2011 年，谷歌安卓阵营与苹果、微软阵营对垒，谷歌在竞购北电专利失败后（以苹果、微软为主的阵营出价 45 亿美元购得），为后续专利诉讼的需要，斥巨资向 IBM 购买 2369 件高质量专利。2012 年，Facebook 在 IPO 时遭遇雅虎专利侵权指控，为了抵御雅虎的专利诉讼，Facebook 以 8300 万美元的价格从 IBM 收购了 696 件专利。2013 年，IBM 指控推特侵犯其 3 件专利权，要求协商解决，但推特否认侵权，不同意协商。IBM 在推特 IPO 之前向法院起诉，推特被迫和解，向 IBM 购买 900 多项专利，耗资 3600 万美元。

此外，公司律师可以主动调查是否存在侵犯本企业专利权的不法行为，进而寻求专利转让或许可机会，若协商不成，则通过向法院起诉获得经济赔偿。IBM 就采取了此种专利进攻战略。IBM 与 Groupon 就专利许可协商未果，于 2016 年 3 月将 Groupon 告上法庭，主张 Groupon 侵犯其 4 件专利权，要求赔偿 1.665 亿美元。2018 年 7 月，美国法院作出判决，Groupon 赔偿 IBM 8300 万美元；2018 年 10 月，两公司达成和解协议，赔偿额降低到 5700 万美元，并达成了一项长期专利交叉许可协议。在起诉华硕侵权的专利案件中，美国国际贸易委员会驳回了 IBM 的请求，在此案中 IBM 本已略占下风，然而华硕仍自愿达成和解并签署专利交叉许可协议，同意终止所有正在进行的专利侵权诉讼，原因是 IBM 拥有大量的专利储备。

众所周知，爱立信也在专利运营方面首屈一指。其主要策略是与全球约 100 家企业达成专利许可协议或将部分标准必要专利出售给诸如 Unwired

Planet（无线星球）等 NPE 专利机构，后者通过专利的授权、转让获得收入并与爱立信分成，此举可以规避 FRAND 条约标准必要专利许可的约束。自 2011 年开始，爱立信每年专利授权收入约高达 10 亿美元，至今总计达 97 亿美元。中国信息通信研究院发布的《通信企业 5G 标准必要专利声明量最新排名》① 显示，截至 2018 年底，爱立信在欧洲电信标准化协会（ETSI）声明的 5G 标准必要专利为 1444 件，占全部 5G 公开声明专利的 12%。

三、反垄断

在经济全球化进入白热化的今天，各国政府为了保护本国市场，对大型跨国公司在反垄断方面毫不留情，大多会施以巨额罚款，此前不乏大型垄断集团遭受被肢解的厄运。一般来说，反垄断调查可以由执法机构主动发起，也可以由因垄断而受到损害的企业申请发起。对于一些非处于行业垄断地位的企业来说，反垄断是对抗劲敌、为自身争取公平的营商环境和广阔的发展机遇的有力武器。“走出去”智库（CGGT）的一份报告 ② 显示，自 2000 年来，欧盟有 20 多次开出 10 亿元以上的反垄断罚单，大多数为同一竞争市场的企业举报发起。例如，2010 年 2 月，德国比价网站 Ciao 联合多家同类公司向欧盟委员会发起对谷歌的控诉，认为谷歌利用其搜索引擎优势推广自己的比价购物服务，损害了竞争对手的利益。同年 10 月，欧盟委员会正式开始对谷歌的反垄断调查。2017 年 6 月 27 日，欧盟委员会发布决定，认定谷歌滥用其在搜索引擎市场上的支配地位，并因此对其进行如下处罚：罚款 24.2 亿欧元；要求谷歌在 90 天内停止滥用市场地位的行为，给予同类竞争者平等待遇，并保证不再采取类似措施；如果在整改的过程中违反欧盟委员会的决定，其母公司（Alphabet）将被征收最高每日全球营业收入 5% 的罚款；任何受害者可以向法庭提起诉讼，要求谷歌给予赔偿。2018 年 7 月，谷歌因滥用安卓操作系统在移动领域的市场支配地位，被欧盟判罚 43 亿欧元。截至 2019 年 3 月，谷歌因欧盟反垄断执法已被罚款约 82 亿欧元（约 93 亿美元）。

---

① http://www.sohu.com/a/286455151_505812，最后访问时间 2019 年 6 月 10 日。

② http://www.cggthinktank.com/2014-08-18/100072933.html，最后访问时间 2019 年 6 月 10 日。

遭到反垄断调查的大公司除了会被处以高额的罚款，还可能因反垄断处罚被拆解。美国反垄断历史上就曾发生过多起垄断巨头被肢解的事件。曾长期垄断美国长途和本地电话市场的美国电话电报公司 AT&T 被依法拆分为 7 个大型的区域性电话控股公司，其只保留了长途电话业务以及贝尔实验室和西电公司，规模和销售额均被削减了 80%。洛克菲勒的标准石油公司由于垄断在 1911 年被“肢解”成了 37 个地区性石油公司。

四、反倾销反补贴

作为贸易保护的工具，反倾销反补贴是东道国公司阻止外来公司进入本地市场的有效手段。对竞争对手提起反倾销调查是发达国家企业抢占市场的一大武器。它的威慑力不只在于被加征关税的多少，还在于社会影响力的下降。除此之外，遭到反倾销的商品，容易引起各国的连锁反倾销，面临丧失全部海外市场的风险。公司律师需要一方面加强企业内部管理，对企业海外业务所在国的法律有充分的了解，在对外贸易中合理定价，降低本企业被调查的风险。另一方面如果发现外国公司存在倾销和补贴的行为，要主动启动调查，保护本地市场。

第三章

合同审核

扩展阅读 〉〉〉

文章标题	二维码
1.《论同时 / 先履行抗辩权之义务的等价性》	
2.《为什么法务这么重视合同管理，看完你就明白了！》	
3.《疫情法律风险防控指引丨疫情可能引起的合同法律风险和应对建议》	
4.《私刻公章是刑事违法，为何盖假公章的合同有效？》	
5.《新型冠状肺炎疫情下“不可抗力”在合同履行中的适用》	

合同承载着公司绝大多数经济活动，合同管理可以说是公司律师最日常也是最重要的工作之一。本章内容主要围绕合同全生命周期管理展开，因合同制度相关法律规定与制度学术性研究不是本书想要阐述的主要内容。故笔者将弱化这一部分，仅就合同的历史起源、广义与狭义的合同概念以及合同法律关系的构成等可能涉及合同审核的基础问题作出一定阐述。随后依照实践顺序，详细介绍合同审查、合同履行监管跟踪以及合同归档三个环节公司律师应该做什么、注意哪些要点以及有哪些技巧。

第一节

合同概述

一、合同的定义

合同是现代社会最重要的法律概念之一，合同在当今社会中可谓无处不在。有人说，在商业时代里，财富多半是由允诺组成的。

大陆法系中合同的概念应起源于罗马法。合同（contract），罗马法上为contractus，由 con 和 tractus 二字组合而成。con 由 cum 转化而来，有“共同”的意义，而 tractus 则有交易的意义。二者叠加意为：共同交易。依罗马法合同定义，合同为双方当事人间发生债权债务的合意。中文译为合同、契约。法国民法典继受了这一概念，法国民法典中，“合同为一种合意，依此合意，一人或数人对于其他一人或数人负担给付、作为或不作为的债务”。这一定义是大陆法系民法中经典的合同定义。这一定义包含三个要素：其一，合同为双方行为；其二，合同为双方的合意；其三，合同为发生债的原因。[①] 英美法系，近些年来合同的概念与大陆法系趋于相同。美国《布莱克法律词典》（第六版）在解释“合同”时，即谓：“发生做或不做特定事情之债务的双方或多方当事人之间的合意（agreement）。”[②] 我国对于合同的定义也与此大致相同，《民法通则》第八十五条规定：“合同是当事人之间设立、变更、终止民事关系的协议。依法成立的合同，受法律保护。”

此外，民法理论上对于合同的概念有广义与狭义的区分。广义的合同是指以发生民法上效果为目的的一切合意，包括以发生物权变动为目的的物权合同（例如设定抵押的担保合同），以发生债权债务为目的的债权合同，以发生身份关系的变动为目的的身份合同等全部私法上意思的合意。狭义的合同仅指债权合同。[③] 由前文可以看出，在大多数大陆法系国家与英美法系国家，合同的概念一般限定于债权合同。与其他国家不同的是，德国法中，合同一词不限定于债权合同，还包括物权合同、身份合同等一切意思的合意。对于我国合同的概念究竟是采纳狭义合同概念抑或广义合同概念，以及我国民法体系是否承认物权合同在学界一直有争论。[④] 但这种争论主要目的为完善民法体系，对实务影响不大。本书讨论的是公司律师实务操作问题，此处不宜展开讨论。但本书探讨的合同不单指《合同法》所调整的合同，还包括抵押合同、担保合同等其他法律调整的合同。

二、合同的构成要件

合同是民事法律关系的一种。根据民法理论，在民事法律关系中有主体、

---

① 参见梁慧星：《论我国民法合同概念》，载《中国法学》1992 年第 1 期，第 52 页。

② 参见韩世远：《合同法总论》，法律出版社 2011 版，第 10 页。

③ 参见韩世远：《合同法总论》，法律出版社 2011 版，第 10 页。

④ 我国部分学者认为我国民法体系不承认物权合同，且根据体系解释，我国《民法通则》第八十四条规定，“债是按照合同的约定或者依照法律的规定，在当事人之间产生的特定的权利和义务关系”。可见第八十五条也应为狭义解释。且我国民法体系不存在物权合同这一概念。另一部分学者则认为，第八十五条规定的合同概念是民事合同，即确立、变更、终止民事权利义务关系的合同，并不限于债权合同。相关文献参见梁慧星：《论我国民法合同概念》，载《中国法学》1992 年第 1 期，第 52 页；王利明、崔建远：《合同法新论·总则》（修订版），中国政法大学出版社 2000 年版，第 4—5 页。

客体以及内容。

（一）合同关系的主体

合同是双方或多方法律行为，并以两个意思表示之一致为要素。因此在合同关系中，需要有两个以上的民事主体参与其中，且具备相应的行为能力。这意味着自己契约或双方代理行为无效。合同的主体构成债权债务关系，合同内容虽然有时会涉及第三人的利益，但该第三人并非合同关系的主体。

（二）合同关系的客体

合同关系的客体，亦称合同的标的，实质为合同关系中权利义务所指向的对象，即债的内容所要求的债务人的行为。此外，与合同客体容易混淆的一组概念为合同标的物。合同标的物是债务人行为的具体作用对象，例如房屋租赁合同的标的物为房屋。

（三）合同关系的内容

合同关系的内容，即合同债权债务关系的内容。在合同关系中，享有权利的一方为债权人，承担义务的一方为债务人。当然，现代法律体系中，当事人的权利义务不仅局限于合同约定的内容，还包括根据法律规定或者诚实信用原则而产生的附随义务。

第二节
合同风险与合同管理

一、合同风险

合同风险是企业风险的一种。企业风险是指企业作为市场主体在经营管理过程中，因受到企业内外各种不确定因素的影响，使企业蒙受损失或产生其他不利影响的可能性。企业风险可以划分为自然风险、商业风险和法律风险。自然风险是不可控的，但后两种风险企业可以通过有效的手段进行避免。而企业法律风险是指在法律的实施过程中，由于行为人做出的具体法律行为不规范而导致与企业的期望目标相违背的法律不利后果发生的可能性。①2005年路伟国际律师事务所发布的《中国企业100强法律风险报告》，对中国企业的法律风险进行了系统调查与研究。该报告认为，企业法律风险是一种商业风险，是指违反有关法律法规、合同违约、侵权或怠于行使公司的法律权利等而造成经济损失的客观危险。② 在众多法律风险中，因为合同承载着企业大量的经济活动，所以合同法律风险的管控是企业需要关注的重点。

二、常见的合同风险类型

企业合同法律风险，是指企业在订立、履行合同的过程中，未来实际结果与预期目标发生差异而导致企业必须承担法律责任，并因此而给企业造成损害的可能性。常见的合同法律风险主要分为以下几种：

第一，合同签订时隐藏的法律风险。这类法律风险不会表现在合同的具体条款中，一般为对方的主体资格和履约能力有瑕疵。因为合同审核时没有对合同对方做必要的调查和了解，与主体资格有瑕疵的当事人或代理人签署合同，最后导致合同无效或合同效力待定；或与履约能力有欠缺的当事人或代理人签署合同，最后导致合同无法履行。

第二，合同条款中存在的法律风险，合同内容是合同风险的主要来源。这种法律风险有多种表现形式，常见的有合同内容违反法律强制性规定而最终导致合同无效。例如，甲公司要建设某项目，该项目按照规定必须履行招标程序，但甲公司未经招标直接与乙公司签订《建设工程施工合同》，所签合同依法应归于无效。抑或在起草合同时，由于公司处于市场优势地位，片面强调自身权利而忽略义务，导致合同条款违反了等价有偿、诚实信用的

---

① 参见徐向国：《企业合同管理法律风险识别与防范》，吉林大学2014年硕士学位论文。

② 江山：《中国企业100强法律风险报告》，载《法人》2005年第4期，第40页。

原则，成了倚强凌弱的“不平等条约”，最终导致合同条款无效。除此之外，还可能出现合同具体条款表述上存在法律用语不规范、有歧义等这些看似低级但却十分容易发生且后果严重的问题。

第三，合同履行过程中的法律风险。这类法律风险主要是指企业在履行合同过程中，对方违反合同约定或遇到不可抗力影响等造成企业的经济损失。表现在企业疏于合同履行管理，不注意合同相对方的动态变化，未能及时发现问题，采取有效措施，造成不应有的纠纷和经济损失发生；或者对违约反应滞后，决策迟疑延误，追究不力或举措失当导致企业权益受损；又或者，结算不及时，债务催讨不力，错过诉讼时效，同样也会造成损失。该类法律风险也包括在合同履行过程中因己方生产经营发生突发事件或投资战略发生重大调整而可能发生己方违约需要承担违约责任的风险。这就要求公司律师不仅要在合同签订时对合同内容进行审查，还需要在合同履行阶段对履行情况进行实时跟进。

第四，合同产生时所导致的法律风险。这类法律风险主要是指在公司如果不在合同中明确约定违约责任以及合适的争议解决条款，那么一旦就合同履行产生纠纷，己方可能在日后争议解决中处于相当被动的境地。争议解决条款包括纠纷解决方式、诉讼管辖地等内容。如果不在合同中对这些内容进行明确的约定，很容易在纠纷中被对方“牵着鼻子走”①。

三、合同管理体系——全生命周期管理

西方有谚语道，“财富的一半来自合同”，揭示了合同在市场经济中所扮演的重要角色。在全球市场经济飞速发展的背景下，公司任何的经济活动均离不开合同。毫不夸张地说，当今“市场经济”就是“合同经济”，谁能寻求到更多订立合同的机会，谁就能占据更多的市场份额，进而在竞争激烈的市场竞争中取得更大的优势。既然合同充斥在公司经济活动的方方面面，那么合同管理对于公司来说是必不可少的。企业合同管理的重要性和必要性表

---

① 参见王然：《论企业合同管理及其法律风险的防范》，华中科技大学2010年硕士学位论文。

现在：从市场角度来说，企业合同管理能够兑现企业对市场的承诺，提升企业的诚信度、树立企业的品牌和形象，实现企业的可持续发展，使企业更加牢固地立足市场；从企业的角度来说，一方面使企业在从合同订立到履约直至合同失效的全过程中维护自身的合法权益，确保企业经营活动顺利开展；另一方面使企业的经营活动与市场接轨，满足市场的需求，提高企业对市场的适应和竞争能力。企业合同管理是当今市场经济条件下企业管理的一项核心内容，根据路伟律师事务所 2006 年发布的《中国 500 强企业法律风险管理需求调查报告》，合同管理在企业所有的法律风险管理需求中排名第二。该报告还显示，“对国际业务依赖程度高”的 500 强企业最为重视合同的法律风险管理需求。同时，其所调查的公司高管以及法务人员关注的培训中，合同风险的管理培训需求排名第一。[①] 由此可见，合同法律风险管理是公司法律风险管理的重要组成部分。

那么什么是合同管理呢？合同管理实际上是一个包括多环节在内的复杂的动态管理过程，需要公司多个职能部门进行合作，它包括相对人资信调查、合同谈判、制作合同文本、审核审批、合同签署、依约履行、维护监督、合同归档和纠纷处理等环节。公司要想对合同风险进行全面把控，就要做到对合同进行全生命周期管理。笔者以时间为线索对合同全生命周期管理进行梳理，大体分为三个阶段：

首先，合同起草拟定与审核阶段，其是企业合同管理的初始阶段，但也是合同管理中最重要的一环。这个阶段包括合同的草拟、修改并报告有关部门审核以及签署。公司律师在这一阶段已经介入，积极与业务部门沟通后了解基本商业情况，审核、完善合同条款细节，在纠纷发生前有效预测和报警，从而及时、从容地面对突发情况，将风险扼杀在摇篮里。

其次，合同签订以后，合同管理进入履行阶段。合同管理部门将合同交付执行部门执行，办理交接手续。同时执行部门应将执行中的情况反馈给管理部门，以便管理部门及时发现问题，采取相应的措施。强化合同交付执

---

① 路伟律师事务所：《中国 500 强企业法律风险管理需求调查报告》，https://max.book118.com/html/2018/0216/153459554.shtm，最后访问时间 2019 年 5 月 24 日。

行及履行情况的确认程序，对于克服合同管理脱节，及时有效地保障企业权益具有重大意义。在本阶段，要建立合同履行的监控机制，督促企业各相关部门和对方按合同约定全面适当履行，使合同履行中的各项信息和问题能得到有效的搜集和反馈，进一步预防纠纷的发生，并在合同履行中及时发现异常信号。对于不适应具体情况需要变更的合同条款要及时按程序办理变更手续，对于已不需要标的物的合同要依法进行合同权利义务的转移，可通过行使合同履行抗辩权、合同保全、合同变更、合同权利义务转让等方式来消除隐患。

最后，合同归档阶段。合同归档不仅包括合同原件，还包括双方洽谈时的会议纪要、邮件。这些都是在发生纠纷时非常有利的证据。合同归档是合同管理的最后阶段，也是合同管理的必要阶段。之所以必要主要是针对企业而言，合同的良好履行是企业合同追求的最佳结果，也是合同的最终目的。但是由于企业生存环境复杂，存在着许多潜在的风险，尤其是法律风险的估计不足或者企业主要管理人员的法律意识的淡薄必然会导致合同纠纷出现，因此企业合同出现问题后的归档和整理总结经验显得尤为重要。发生纠纷的合同很可能是多年前签署的，如果该企业合同归档制度不健全，涉案合同的相关材料丢失，会使企业陷入不利地位。因此，对于合同全生命周期的管理，必定涉及合同的归档环节，企业最好形成一套归档制度，建立自己的合同档案中央存储库。

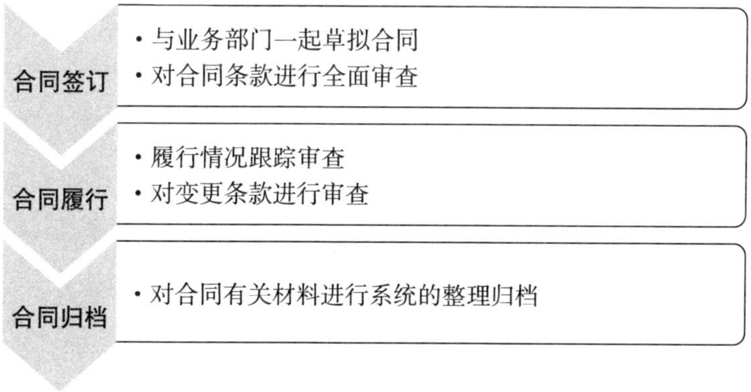

图 8　全生命周期合同管理流程

较为遗憾的是，即便公司合同管理地位如此重要，但我国很大一部分企业欠缺对法律和法律风险的充分认识，甚至还持着逃避法律监管的侥幸心态。根据统计，美国企业平均投入总收入的 1% 用于法律风险防范的支出，而中国企业实际投入法律风险防范的支出只有 0.02%，中国企业这方面的投入仅仅是美国的五十分之一。[①] 中国绝大多数企业家只有在“打官司”时才可能想到法律，公司律师在公司扮演的是一个“消防员”的角色，往往在项目末端才开始介入。这显然是不利于企业发展的，浪费资源的同时也降低效率，稍有不慎企业甚至可能“全盘皆输”，濒临破产。因此，公司律师的职能应该从事后补救向事先补救不断推进。具体至合同管理，合同签订阶段需要协商确定当事人双方权利义务的内容，作为合同业务的起点阶段，如果不能妥善处理，其产生的风险会对后续环节产生极大的影响。因此从合同签订时就应开始对法律风险进行有效管理，对合同进行审核，建立一个成功高效的合同风险防范体系。

第三节
合同审核

一、合同审核概述

在企业中，如图所示，合同审核是多个部门根据自身职能对合同条款等内容进行审核。例如，财务部门负责审核合同财税方面的问题，法务部门作为法律风险防控部门自然负责对合同法律方面是否合规进行审查。

① 参见徐向国：《企业合同管理法律风险识别与防范》，吉林大学 2014 年硕士学位论文。

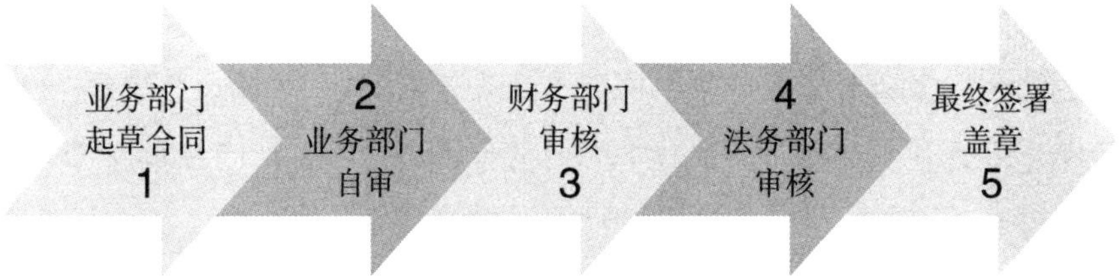

图 9　公司合同审核一般流程

但这不意味着公司律师在合同审核时仅局限于就已有的条款判断是否存在法律风险，还需要从商业角度修改、补充适当的条款，促成公司商业目的的实现。合同审核分为两部分：合同形式审核与实质审核。

（一）合同的形式审核

大型企业往往重视合同管理，就此设置了一系列的管理制度。在对合同内容进行实质审核之前，公司律师一般先对合同进行形式审核。合同的形式审核一般是指对合同前置审批流程、文本形式是否符合公司内部规定进行审核，在这一流程中不涉及合同的实质内容。形式审核的内容较为烦琐且不具备技术含量，是很多公司律师容易忽略的部分。但是，这些内容是进行合同实质审核的基础，如果合同连形式上都不符合公司规定，也没有必要进行下一步的实质审核了。

1. 是否符合企业前置审批规定

实践中，常见的前置审批规定包括：是否通过企业立项审批或具备上级企业相关文件；供应商的选择是否符合公司规定；合同是否选择了公司规定的模板合同；前置审批程序是否完成等一系列规定。

2. 合同的文本形式是否存在瑕疵

合同形式是指合同内容之外的形式方面，包括合同框架、合同编号、合同名称、合同格式、合同签署。

公司律师在审核合同时，可以首先确认合同形式是否完整。一般合同的结构包括：① 合同标题；② 主体信息；③ 合同首部；④ 主要事项；⑤ 费用或其他利益约定；⑥ 各当事方权利与义务；⑦ 违约责任（含免责事由）；⑧ 特别约定（如保密责任、知识产权等）；⑨ 争议解决；⑩ 附则。[①]

合同名称实际上是在合同审核中容易被忽略的一个问题，合同法分则只规定了十五类有名合同，而实践中的无名合同名目繁多，错误的合同名称不仅仅是“文不对题”的问题，更有可能导致权利义务的变更。比如买卖合同和加工承揽合同不同，《合同法》第四百一十条规定：“委托人或者受托人可以随时解除委托合同。”而买卖合同一旦成立，想随时解除合同很可能是根本违约了。再比如把租赁写成承包、借款写成投资，都有可能造成法律风险。所以，在起草、审核合同时，要考虑名称是否符合交易内容，一旦合同争议诉诸法律，受理机关在审核合同过程中要对合同的类型和适用法律进行判断，合同名称则是重要的判断依据之一，不同的合同在适用法律方面可能有很大的差异。为避免发生类似的风险，拟一个适当的名称至关重要，当然如果拿不准，或者不想受合同法中有名合同的影响，干脆就命名为“合同”或“协议”也未尝不可。[②]

此外，还需审核合同当事人在文本中的称谓是否前后一致，数字区间的表述是否明确，合同条款序号是否连续；合同格式是否规范、整齐，合同签署部分当事人签章是否正确；授权代表的签字是否与授权书上受托人的名字一致，前述部分的签章及日期是否有缺漏，合同文本及附件是否在主页签字且加盖了骑缝章等一系列相对琐碎的事项。有些公司律师可能会认为检查这些事项没什么技术含量，对此嗤之以鼻。当然，这些事项确实非常简单，很多没有学过法律的普通人都可以完成，但是如果存在以上问题，却会使合同存在重大瑕疵，引发法律风险。

（二）合同的实质审核

1. 合法性审核

合同的合法性审核主要针对合同主体资格、资质的合法性、合同形式、

---

① 参见李航杰：《律师新人必备：合同审查“三进阶”与“六步法”》，https://mp.weixin.qq.com/s/I89L9d9Sd6FgSDbptrcT_g，最后访问时间 2019 年 5 月 27 日。

② 刘成惠：《浅谈合同风险防范和程式化合同审核》，山东大学 2012 年硕士学位论文。

合同订立手续及合同内容，即针对合同现有的条款是否合规进行审核。首先，要对合同主体进行审核。合同主体是否合法关系到合同的效力，要区分合同相对人是企业还是个人，如果是企业，主要是审核该企业的主体资格，如营业执照是否年检，同时要审核与主体资质相关的各种证照，如营业执照经营范围、特许经营资质、税务登记等方面是否齐全、合法有效。其次，要对合同形式进行审核。法律、行政法规明确规定应采取书面形式的合同，在实践中必须采用书面形式，例如，法律规定建设工程合同应以书面形式约定。除此之外，如果当事人约定采用书面形式，那么也要采取书面形式。一般来说，只要不是即时清结的，应当尽量采用书面形式。再次，要对合同的订立手续进行审核，是指那些国家法律法规有特许的审核或批准要求的合同，是否已履行了前期的批准程序。审核合同订立手续是否合法，要注意以下几点：第一，需要经过有关机关批准或备案的合同是否履行了审批手续；第二，缔约双方事先约定应当经过公证机关公证才能生效的合同是否履行了公证的程序；第三，附期限、附条件的合同，是否期限届至或条件达成；第四，合同缔约双方是否在合同上签字或盖章，签名或者印章的企业名称是否和当事人姓名或者名称一致，签字人是否是企业法定代表人，即注意审核合同签署的有效性。如其中一方是代理人签字，就要对代理人的代理身份和代理权限进行审核，即是否有被代理人签发的授权委托书，其代理行为是否超越了授权范围。最后，要对合同内容的合法性进行审核，主要依照以《合同法》为主的各类法律规定，从当事人意思表示的真实性和合法性等多个角度进行分析，判断合同条款中是否存在直接导致合同无效的约定，如存在无效条款则应立即进行修改，如合同已经生效，则应根据合同无效的具体情况分析解决方案。当然对于合同审核需要注意的法律问题，因为涉及的具体内容较多，本节仅就几个典型的内容举例进行说明，具体内容将在下文详细展开，此处不再赘述。

2. 商业完备性审核

在对合同进行合法性审核的基础上，公司律师要对合同条款中双方权利、义务的分配和平衡进行分析规划，立足于公司商业利益与目标，把握各当事方之间权利与义务关系平衡、利益均衡从而促成合作。这种审核方式是建立在对公司商业布局、交易习惯及合同相关法律、法规掌握的基础之上的。合同的完备性审核不仅仅是对合同条款的合规性进行审核，还要对合同条款中规定的权利和义务进行商业上的考量，对合同的完备性，尤其是对合同履行阶段的各类突发情况是否有明确且可行的约定。人们常说“合同仅在发生纠纷时发生作用，否则即为一纸空文”。合同履行阶段的合同审核是对合同的监督，在合同履行过程中，由于合同实际执行人对合同的理解把握能力有限，需要对合同履行过程中的关键节点进行审查，如合同付款，我方若作为买方则需要注意合同是否明确约定了发票开具的具体条件、银行账户名称是否与合同相对方一致、所付价款是否包含税费。合同履行往往需要较长的时间，当内外界环境发生变化，原有的合同条款已经不适应合同履行现状的时候，合同变更、转让、终止就可能发生。各种各样的情况公司律师需要全部考虑到。合同纠纷中的审核，是合同在履行过程中出现了合同违约等情形，此时应当审核相关争议解决条款，使公司在纠纷中能够处于比较主动的位置。这些都不只是合规的问题，而是如何利用法律将合同设计得更好，更能够实现企业的商业目的。

二、合同审核中的风险识别方法

早在2006年国务院国有资产监督管理委员会发布的《中央企业全面风险管理指引》中，法律风险被列为未来不确定会影响公司实现经营目标的五大风险之一。[①]公司律师的工作始终离不开法律风险的管控，在合同审核中自然也不例外。在合同审核中，公司律师通过自身专业素养以及相关业务知识，识别法律风险并进行分析，对法律风险进行量化的评估并采取有针对性的预防措施，做好事前防范、事中处理以及采取事后措施。但是实践中，交易结构往往比较复杂，可能会出现一些公司律师容易忽视的盲点。下文将提供一些合同审核中公司律师识别法律风险可供参考的有效方法，帮助公司律师更好地把控合同的法律风险。

---

① 《中央企业全面风险管理指引》（国资发改革〔2006〕108号）第三条：本指引所称企业风险，指未来的不确定性对企业实现其经营目标的影响。企业风险一般可分为战略风险、财务风险、市场风险、运营风险、法律风险等；也可以能否为企业带来盈利等机会为标志，将风险分为纯粹风险（只有带来损失一种可能性）和机会风险（带来损失和盈利的可能性并存）。

（一）法律规定梳理法

作为法律人，掌握相关法律规范是最基础的能力。也许是因为这项能力太过于基础，以至于很多公司律师常常会忽略这一点，没有及时更新自己大脑中的“法律规范库”。但对于一个企业来说，一份合同可能涉及我国法律体系中各种形式的法律渊源。无论是具有绝对效力的、法律人十分熟悉的法律、行政法规，还是只具备相对效力的国务院各部门颁布的部门规章、决议，甚至是行业规定，在现实交易中这些法律规定都可能涉及，并且这些法律规定还会随时更新或废止。为了避免因不懂相关法律规定使公司承担负面法律后果，公司律师应该定期对已经生效的相关法律规定进行梳理、分析与归类。这样有利于公司律师深入、系统地认知相关法律规定，为合同审核工作打下基础，正所谓“巧妇难为无米之炊”，如果连相关法条都一知半解，后续相关工作是很难顺利展开的。同时，熟知法条可以使公司律师敏锐地发现合同内容是否违规，避免出现因为违反法律规定导致企业承担法律风险的情况；另外，如果交易中出现了意外情况，公司不得不面临风险时，也可以较为顺利地找到降低法律风险的路径，化解危机。

（二）历史事件分析法

历史事件分析法着眼于已经发生的法律风险事件，包括来自企业内部或外部的纠纷、诉讼、索赔以及执法事件等，这些给企业带来不良后果的历史案例，可以帮助企业认识经常遭遇的风险类型以及自身法律风险管理方面的不足。对于公司律师来说，定期回顾公司过去在交易中遭受的负面风险事件，深刻剖析酿成风险的原因，更清晰地了解在交易中哪些环节容易出现风险，吸取经验教训。这能够使法学出身的公司律师迅速提升自身的商业素养，了解行业实际情况，正所谓“前车之鉴，后事之师”。一个懂商业、懂业务的公司律师在合同审核中能够提出有价值的意见，而非提出一些不切实际的法律意见。[①]

---

① 陶光辉:《公司法务部：揭开公司法务的面纱》，法律出版社 2016 年版，第 62 页。

（三）流程分析法

流程分析法以企业的生产、经营和管理活动的进程为思维路径，按照企业活动的内部结构及其顺序，依据牵涉到的现行法律法规体系，对产品制造、销售、交易等整个生产经营过程中的各个环节进行全面分析，找出可能出现法律风险的环节。在合同审理中，这种思维方法可以让公司律师迅速、全面地认清公司在交易中心可能面临的风险以及这些风险所处的环节，形成一个从交易开始到结束的法律风险流程图，不容易遗漏风险。

三、从宏观角度把握合同审核

如前文所述，合同审核对于公司律师来说是十分常规但又很重要的工作。很多刚入职的公司律师可能会认为合同审核并不是一个具有挑战性的工作，只要掌握好《合同法》等相关法律即可出色地完成这一工作。这样的想法未免“天真”了一些，对于公司律师良好的法学功底只是基础，是否具备其他综合能力才是能否更上一层楼的关键。对于法律层面的具体问题，受篇幅限制本书不做重点讨论，笔者在下文着重讨论公司律师在合同审核中从宏观上应该注意把握哪些要点，又有哪些特殊之处。

（一）做一个有商业头脑的法律人

实际上，合同审核并不是公司律师独有的工作。很多律师的日常工作也是为客户审查合同。但公司律师与普通律师的区别就在于：公司律师是公司的员工。公司是以盈利为目的从事商事活动的法人组织。当你成为公司这艘大船的船员时，无论你原来是律师、会计还是税务师等专业服务人员，你都应该忘记你原来的身份，成为一个商人。法律是成就商业目的的工具，工作是完全围绕商业目的展开的。有些公司律师喜欢在处理业务上的某个问题时从各个角度进行法律分析，夸夸其谈的同时自负地认为自己展现了超高的专业能力；但实际上却往往起到反效果，很多非法学专业出身的人根本没有耐心去听，认为其提出的意见不符合实际，全是纸上谈兵。如果公司律师只具备法学素养，那和外部律师相较，则完全失去了竞争力。因为如果只解决法律问题，公司完全可以选择求助于在某些领域更加专业的律师。

在合同审核中，如若公司律师不具备商业思维，无法理解企业的商业框架和布局，那么可能只能拘泥于合同文本提出一些“干巴巴”的法律意见。面对瞬息万变的商业战场，这种程度的合同审核是远远不够的。一个优秀的公司律师一定要带着敏锐的商业嗅觉，尽可能多地从商业角度去考虑合同整体框架的把握以及具体条款的设计。合格的合同审核一般包括两个方面，除了审核已有的条款，更重要的是跳出现有空间，从宏观角度来审查合同是否有漏洞。公司律师应该考虑合同该怎样设计才能够达成最终的商业目的，从项目前期就开始助推项目直到顺利完成。这些工作需要公司律师具备商业知识与经验。

（二）一定程度上通晓业务

公司律师普遍具备法学教育背景，对于合同审核中可能涉及的《合同法》等一系列一般性法律早已熟练掌握。真正的难点在于了解合同背后的业务知识。合同确定的权利义务关系，用通俗语言来说就是确定公司的商业业务该如何展开，双方该做什么。这些需要公司律师懂业务，懂在交易过程中需要重点关注什么，可能出现哪些意外，出现意外后又该如何补救，把损失降低到最小。这些都需要公司律师掌握一定的业务知识。例如，对于建设施工合同，如果公司律师完全不懂具体工程造价业务，有些合同单从条款上来看确实“天衣无缝”。但是，因为合同设计的具体工程业务不明确，最终履行后还是给公司带来了损失。如：变更联系单的计算口径合同条款不明确，该项目完工后，变更后的计价施工方就会以高价向公司结算。

正因如此，公司律师在审查合同时只懂法、只谈法是不够的，要用更宽的视角去把握这项任务。当然，这也不意味着公司律师需要对业务的各种细节全部掌握。不现实也不需要。对于公司律师而言，需要主要了解业务法律风险有关的事项，包括业务中适用哪些法律法规，有哪些主管部门、行政许可事项、内外办事流程、合同类型、法律关系、常见的纠纷类型，等等。那么如何增加自己对业务相关的知识储备呢？首先，作为法律工作者，了解业务知识的第一步也应该是了解相关法律规定。很多年轻公司律师虽然法学功底十分扎实，但对于很多具体的部门规定、行业规定可能会有些陌生，这些细枝末节的规定在法学课堂上是很少涉猎的。因此，公司律师一定要去研读相关业务所涉的法律法规。从法律、行政法规到部门规章和地方法规、地方规章、规范性文件都检索出来，逐一研读。其次，在某些公司，公司律师可能扮演一个比较边缘化，甚至是"出气筒""背黑锅"的角色。这时候就需要公司律师更积极一点，以更主动的姿态参与到公司商业项目之中。与业务部门多交流，了解公司所面临的实际情况以及该合同希望达成的商业目标，帮助其设计相关交易合同，从项目前期就开始助推项目直至其顺利完成，而不是像以前那样被动地去审查业务部门已经制定好的合同。通过加深与业务部门的合作，久而久之，公司律师对于公司相关业务情况自然有了更深刻的理解，能够提出切实可行的兼顾法律与商业的专业意见。随着其他部门对公司律师的工作认可程度的提升，公司律师在企业的地位自然也相应上升。

（三）切忌形成依赖心理

如上文所述，在一个完善的合同审核体系中，各个职能部门都会参与该工作。在大型企业集团中，可能还会出现子公司法务部审核合同后，提交总部法务部二次审核的规定。公司这样做是为了层层把关，将风险控制到最低。但这样有时会滋生依赖心理，自以为一些问题会被其他流程中的人员提醒、发现、负责。公司律师切忌产生这样的心态，一定要本着对公司负责的态度，做好全方位的审核工作，这样的责任心对于公司律师来说是十分重要的。

（四）有时需要勇敢地"拥抱"风险

在审核合同时，公司律师可能会敏感地发现该项目涉及法律风险。但面对风险，优秀的公司律师不应当轻易地直接"毙掉"这个合同。美国可口可乐欧洲公司首席法务官 Chris Barnard 曾说："公司律师必须面对商业和风险充满好奇和兴趣。"[①] 公司运营时常会面临一些法律的灰色地带，从律师角度

---

① 健君：《公司首席法务官：企业的守夜人》，法律出版社 2017 年版。

来看，这些不确定因素会使公司游走在危险之中，稍有不慎公司就会面临诉讼罚款。因此面对这种情况，律师一般会持谨慎的态度，作出否定性的回答。律师的职业性质决定了律师厌恶这些风险，但商人却恰恰相反。高风险意味着高收益，在实际的商业活动中无风险可套利的交易几乎不存在，正所谓“富贵险中求”。法律政策的滞后性是无法避免的，法规的空白不一定就意味着违规，很有可能未来就变成合法的，但商机转瞬即逝，等到法规出台后再行动，大部分商业机会也已经被敢吃螃蟹的那批人分食掉了。[①] 此外，一个只会简单否决交易方案却提不出任何解决方案的“不”先生在公司必定是不受欢迎的。公司律师在审理合同时不应该盲目地“杀死”交易，而是借助自己的专业知识去把控风险，为其他部门尽可能地设计可行的合同以促成交易。识别风险只是公司律师的初级阶段，把控风险，帮助公司实现商业目的才能够真正体现自身的能力。

作为公司律师，我们需要站在商业决策者的角度去思考哪些风险是可以承担的风险，而哪些风险是对公司交易有着重大影响需要规避的风险。笔者认为部分外国律师的做法值得借鉴。在国外部分公司律师会对风险进行筛检，他们提出的风险清单会对这个合同中所涉及的风险进行排序，分为高中低三档，提示管理层哪些风险可以忽略，哪些风险需要注意，很大程度上降低管理层决策的工作量，也能够获得他们对公司律师工作的认可。对于公司律师来讲，在合同审理中识别风险只是一个基本能力，最终要学会对风险做判断、做取舍，如果见到风险就只会提出全盘否定的建议，不仅不利于公司利益，也会影响公司律师在企业的地位。

（五）合同签订不意味着公司律师相关工作的结束

经过各部门的努力，一份令各方满意的合同签订后，并不意味着公司律师的工作就此结束了。从某种角度而言，对于企业来说合同的履行比合同起草签订更加重要。市场的情况千变万化，再加之业务部门对于法律风险可能没有那么敏感，因此在实践中经常会发生合同实际履行与合同约定或法律规

① 健君：《公司首席法务官：企业的守夜人》，法律出版社 2017 年版。

定不一致的情形。比如，《合同法》确立了合同的履行应当全面、及时和适当的原则。而除了《合同法》等法律外，各类行政法规、行业规定等下位法可能对各类合同的履行有更细致的规定。但在实践中，业务部门因法学背景的欠缺可能意识不到已经出现了履行瑕疵，会给公司带来一定的风险。同时，合同双方不可能预测到一次交易的所有情形，因此合同在履行过程中经常出现实质变更、解除，或者形式变更与不可抗力，这要求双方必须及时作出反应，签订相关的补充协议或发送有效的通知。

正因为合同履行时如此容易出现风险，因此需要公司律师与合同执行部门保持密切的沟通，随时跟进合同履行情况。有的公司规定公司律师与合同执行部门定期召开会议，听取合同履行情况，包括履行中出现的违约、权利的保障、义务的落实等问题。合同的法律风险防控不是一个仅依靠公司律师的努力即可完成的任务，它需要其他部门的配合，但受到财力人力的限制，从而我国企业没有条件做到每个项目都有律师全程跟进。因此，在合同签订后，公司律师可以结合实际情况向其他部门提出一些合同履行需要注意的事项，也就是一些“小贴士（Tips）”。“小贴士”的存在可以帮助其他部门更好地理解合同的履行，提高风险防范意识；同时为其他部门遇到突发情况及时提供解决方案。“小贴士”的存在可以使公司律师不用“事必躬亲”，从整体上提升公司律师与其他部门的交流效率。

四、合同审核中具体需要注意的要点

公司之间的各类交易多数由合同承载，可以说合同的本质就是交易，管理好合同就意味着管理好交易。根据上文所述，合同审核可以按照交易流程的思维路径比照相关法律规定对各个环节逐一进行分析，并根据企业以往的交易，重点关注那些容易出现法律风险的交易环节。因此，笔者将在下文按照交易主体、交易内容、争议解决的思路依次探讨合同审核中需要注意的细节。

（一）交易主体

审核交易主体即合同主体的合法性是合同审核的第一步。这是其他内容审核的基础，如果连交易主体都不合规，那么后续其他事项也就失去了审核的意义。交易主体审核主要包括以下几个部分：

首先，需要审核交易主体是否具备相应的交易资质。根据《民法总则》第一百四十三条规定，民事法律行为有效需要行为人具备相应的民事行为能力。因此，交易主体是自然人的，应当要求对方提交本人签名的身份证件复印件，确保该自然人具备相应的民事行为能力。交易主体若为法人，公司律师应该要求对方提供其依法经过年检、加盖公司印章的营业执照副本复印件，以确认交易主体的经营期限、范围以及住所。如果该交易涉及分公司，则需要关注该交易是否在总公司的授权范围内进行。对于非大陆地区法人，需要了解各国不同的公司注册登记要求。例如，在香港注册的公司，需要同时具备开业许可证明与营业许可证明；在 BVI 注册的公司，要有开业注册证明，又名公司注册誊本；在日本注册的公司，往往只有公司章程的誊本证明。[①] 此外，若该交易内容涉及法律或行政法规规定的需要当事人经有关部门审批的特殊资格，例如建筑、银行、航空运输、保险、药品生产、经营等，还需要交易主体提供相应的资格证书。

其次，公司律师还需要注意审查交易主体的真实性，避免卷入冒名顶替、无权代理的风险之中。真实性的审核可以从以下两步入手：交易涉及代理关系的，应要求对方出具合法有效的授权委托书；冒名顶替一般都伴随着证件造假，因此公司律师还需要确保复印件与原件一致，可以要求交易主体在证件复印件上注明“与原件无异”，并在复印件上签名或盖公司印章。

最后，公司律师还需要关注交易主体的资信情况。一个信誉低下，财务状况堪忧的交易主体就像一颗定时炸弹，会使整个交易充斥着风险。为了了解交易主体的资信情况，公司律师在有条件的情况下应当考虑要求对方提供财务报表、注册会计师出具的验资报告、开户银行出具的资信证明等相关资料。大公司甚至可以考虑建立自己的公司信用库，将有交易往来的公司信息输入数据库，进行评级，发现信用不佳的公司可以将其加入“黑名单”。

---

① 蔡世军、苗奇龙、黑长保：《合同法律问题与实务操作》，中国法制出版社 2010 年版，第 41 页。

（二）交易内容

1. 标的

交易标的即合同标的，是合同权利与义务的指向对象。一项交易必然需要明确的标的，它亦是合同成立的必备条款。从法律角度而言，合同标的还可以界定合同的性质。合同标的审核是合同审核中非常重要的一环。为避免合同标的出现歧义而给公司带来法律风险，合同标的的类型、数量、计量单位、质量在合同中都应当有明确、详细的约定。

首先，公司律师需要确定交易标的数量，在合同订立时标的数量难以确定的，应当约定计数方法，根据标的不同的特点以及行业习惯，市场中可能存在着各式各样的标的计量单位或计量方式来确定。例如，对于一般货物一般使用净重表示，但对于低值商品，交易习惯使用毛重表示，即货物本身的重量加包装物的重量；对于某些按固定规格生产和买卖的商品，每件重量大体相同，则可以从件数推算出总重量，可以考虑使用理论重量计量。[①] 因此，公司律师还需要注意选择有助于公司实现自身商业目标的计量单位。这就需要公司律师具备一定的商业头脑与相关行业知识，知晓哪种计量方式最有助于促成本次交易目标的实现。

其次，需要对合同标的的质量进行详细的标注。质量通常是指产品质量，即国家有关法规、质量标注以及合同约定的对产品使用、安全以及其他特征的要求。[②] 合同中关于质量的条款是合同的核心内容，也是最容易引起争议纠纷的条款，因此在合同审核中一定要对其高度重视。合同质量的相关条款一般包括标的质量标准条款、质量验收条款、质量异议条款。

第一，对于标的质量标准条款，一定要清楚明确。当前，我国有关产品质量的相关标准有三种，分别为国家标准、行业标准以及企业标准。我国法

---

① 蔡世军、苗奇龙、黑长保：《合同法律问题与实务操作》，中国法制出版社 2010 年版，第 57 页。

② 当然除了产品，服务质量也有好坏之分，同样需要在合同中详细约定对于服务的要求，但本文主要探讨的是物品的质量标准。

律规定，对于产品质量，双方当事人在合同中没有约定或约定不明的，先按照国家标准执行，如果没有国家标准的则依照行业标准执行，国家标准与行业标准均没有的，则按照企业标准执行。

第二，要根据合同标的的性质选择合适的表示质量的方式。合同标的的质量标准通常以样品、规格、标准、说明书等形式进行表现。不同特点的产品用不同的方式表示产品质量。例如，一般来说，对于机电、仪器等技术密集型产品，选择说明书这类涉及标的物设计图纸、分析表等能够说明产品的具体性能和结构特点的表示方式最为合适。

第三，质量验收方式的约定也是合同中不可或缺的条款。质量验收的条款应该包括验收方式、验收时间与地点。验收方式一般包括说明书验收、样品验收以及抽样调查。不同的合同标的，所使用的验收方式也不一致。例如，在建设工程承包合同中，建设工程的竣工验收一般通过施工图纸、国家有关施工质量标准作为验收依据。而对于买卖合同，买方对于合同标的的验收一般以抽样调查的方式验收。

第四，设置清晰明确的质量异议条款。验收发现标的物质量不合格是十分常见的现象。发现合同标的存在瑕疵，买受人应该立即提出异议，因此合同最好约定具体的质量异议提出期限与方式。根据我国《合同法》规定，买受人应当在发现标的物数量或质量不符合约定的合理期限内通知出卖人，买受人在合理期限内没有通知或自标的物收到之日起 2 年内未通知出卖人的，视为标的物质量合格。此外，还需要明确当标的物存在瑕疵时，供货方应该承担何种责任。质量条款总是和违约条款紧紧联系在一起，标的不符合要求的情况下，应该采取什么补救措施，承担怎样的责任，这些都应该在合同中有相关约定。

2. 价款或报酬

价款是取得标的物所应该支付的对价，是合同的重要组成部分。在司法实践中，价款分为狭义的价款与广义的价款。狭义的价款只包括标的物本身的价款；广义的价款除了标的物本身需要支付的对价以外，还包括运输费、保险费、包装费等一系列交易产生的关联费用。

首先，公司律师在审核合同中有关价款的条款时需要留意合同中的一切价款是否清晰地规定了由某一方承担，没有遗漏。对于合同标的物单价、总价确定的合同，只需在合同条款中进行约定即可；若合同标的物的单价是浮动定价，则要在合同条款中明确约定浮动的范围及确定价格的标准，最好在合同中约定浮动价格的上下限，避免因外部环境等因素导致价格偏高或偏低，致使企业权益受损。

其次，要注意价款报酬是否合理公平，符合国家有关法律规定。对于特定的需要执行国家指导价格的物品，定价不得超过规定的幅度；而对于实行市场调节价格的，应该符合等价有偿、合理公平的原则且不逾过有关部门规定的最高或最低的价格线。

再次，明确规定价格的计算方式、货币种类以及支付时间和方式。正如上文所述，优秀的公司律师除了能够判断合同已有的条款是否合规以外，还能够在合法的框架下选择最有利于实现公司商业目标的合同条款。而在合同价款的结算上，公司律师应该尽量选择能够促使公司利益最大化的价款结算方式。首先，如果我方为采购方，尽量采用先发货后付款的方式；如果我方是供货方，则采用先付款后发货的方式，如在成品油批发采购过程中，由于油品的特殊性，成品油采购合同的标的金额往往超过千万元甚至破亿元，付款风险较大，这时，我们可以采用先让对方供货，或根据对方企业实力、信誉及合作情况，支付一定的预付款，让对方发货，验货后支付余款，这样可以有效防范付款风险。其次，对于一些服务类合同，我们可以采取进度付款的方式保证对方依照合同约定履行，如在工程施工合同中，如果我方作为业主，可以在合同中约定，按照工程进度进行付款，工程结束后，扣留一定的工程保证金，以此限制对方，防范合同结算风险。

最后，在合同中需要明确具体的收款账户。如果合同中供应商提供的账户并不属于供应商本身，公司律师在审理合同时应该引起注意，必要时可以要求对方说明情况甚至更换收款账户。

（三）合同履行

由于交易的客观情况比较复杂，在交易过程中可能会出现各种事先难以预测的特殊情况，因此在合同履行时往往还会出现当事人双方签订补充协议的情况。也正因如此，我国法律为了促进交易，《合同法》规定合同的履行条款不是合同成立的必要条款，并且规定合同中没有约定或约定不明确的，可以依照《合同法》第六十二条进行推定。

合同审核中，首先，应该关注的是合同的履行期限。合同的履行期限是指合同中双方当事人约定的履行义务的时间。履行期限是确定合同是否按时履行的时间标准。履行期限可以是即时履行，也可以是定时履行；可以是在一定期限内全部履行，也可以是分期履行。因此公司律师需要关注合同中是否约定了明确清晰且符合交易需要的履行期限。有些履行期限看似明确，但实际上可变动性相当大。例如，在工程施工合同中，双方约定“工程竣工后付款”，这样的条款看似约定了付款时间，但实际上没有对竣工标准作出具体的规定，具体的付款时间是不确定的，对方可以找各种理由拖延付款。[①]除了注意履行期限是否明确以外，公司律师还应该注意付款期限应与公司内部支付流程相匹配，对于很多大型企业，一笔款项可能需要好几个部门审批才能够最终完成，因此在设计合同条款时，应该为支付价款留出合适的履行期限。如果该交易为跨境交易，需要使用外汇付款，则需要将外汇审核程序和银行结算所需要的时间考虑在内。

其次，值得注意的是，如果企业在该合同中扮演的是提供货物或服务的一方，即日常生活中人们常说的“乙方”，那么需要对付款的履行期限的相关条款密切关注，因为付款期限所导致的交易风险主要由乙方承担。尤其是在实际经济环境中，一般为甲方市场，乙方迫于市场竞争压力，任由买方在付款条款中设置一些苛刻的条件。例如，很多企业要求供货商上交所有的供货凭证与增值税发票，方可领取未签章的领款顺序号，然后再等待买方付款，在整个交易过程中供货商都处于一个相当被动的局面。

再次，履行期限审核完毕后，公司律师还需要关注交易的履行地点。履行地点是指合同当事人双方实现权利与义务的地点。履行地点涉及三个问题：一是履行地点与履行费用相关。履行地在卖方所在地，那么一般为买方

---

① 朱绍明、苗超：《企业非诉讼类法律实务操作指南》，清华大学出版社2015年版，第87页。

自行提货，卖方不承担运输费用。如果是送货上门，那么卖方还需要承担运输费用。二是涉及履行风险的承担。例如，在买卖合同中，交付意味着所有权和毁损灭失风险的转移，特别是在途运输货物或需要运输的货物，前者毁损灭失的风险自合同成立时即发生转移，后者在出卖人将货物交给第一承运人后发生转移，买受人将承担相关风险。而交付是否完成与履行地点有直接关系。三是牵扯到发生争议后的诉讼管辖问题。根据《民事诉讼法》第二十三条规定："因合同纠纷提起的诉讼，由被告住所地或者合同履行地人民法院管辖。"因为涉及法院管辖问题，企业履行应当联系争议解决条款进行考虑。

最后，公司律师还需要注意合同的履行方式，履行方式是指当事人履行义务的方式。由于交易种类以及实践生活的复杂性，履行方式是多种多样的。因此，公司律师需要在合规的前提下选择最安全快捷且符合交易习惯的履行方式。例如，如果对方资信状况较差，可以约定要求对方尽快一次性履行义务，防止出现对方履行不能导致不良应收债权的情况。

（四）违约条款

违约条款是指关于合同当事人不履行或者不适当履行合同的规定的义务时，根据法律的规定或者合同约定应当承担法律责任的条款，是保证合同顺利履行的重要条款。违约条款能够维护公司利益，对违反合同义务的行为进行有效的制约。公司订立合同是为实现一定的商业目标，合同能否顺利履行直接与公司商业战略布局挂钩，稍有不慎很可能为公司带来极大的损失。因此，完备的违约条款在督促对方履行合同的同时，也能够在合同履行出现意外时一定程度上弥补自身遭受的损失。反过来说，事先约定好违约条款使违约方在约定的范围内承担责任，从而控制自己的违约成本。

公司在起草违约责任时要注意以下几点：第一，有义务就应该具备相应的违约条款。有一项义务就意味着可能有一项违约，就需要规定一项违约责任。没有违约责任容易纵容当事人违约，一旦发生违约或纠纷也不好及时补救和处理。第二，违约责任的设计不可以笼统，必须清晰明确。违约责任约定不明，一旦发生争议，就会导致对具体的损失难以计算且举证困难，部分违约责任难以确定、行使合同解除权存在困难等风险。第三，违约责任要与义务相适应。违反主要义务，违约责任应该相应较重，违反次要义务，违约责任应该相应较轻。

关于违约金的约定方式，通常将其分为一般违约金与专项违约金。合同约定之违约金应“以补偿性为主、以惩罚性为辅”。设置违约金条款时，可建议委托人根据其商务经验，就对方可能发生的特定违约行为可能使委托人遭受损害的范围及金额进行预估，并在此基础上略作增加。非金钱债务之违约所造成的损失普遍存在证明困难，约定相应的违约金条款更显重要。司法实践中，法院认定约定的违约金过高并予适当减少时，认定“过高”之标准及“减少”之幅度极不平衡。当事人约定的违约金超过造成损失的 30% 的，一般可以认定为《合同法》第一百一十四条第二款规定的“过分高于造成的损失”。合同可就负有金钱支付义务一方迟延履行该义务约定“逾期付款违约金”，如合同约定的逾期付款违约金过高，违约方有权请求法院或仲裁机构适当减少。合同没有约定逾期付款违约金或者没有约定该违约金的计算方法的，可以中国人民银行同期同类人民币贷款基准利率为基础，参照逾期罚息利率标准计算逾期付款损失。结合司法实践情况，合同约定“每日万分之五”的逾期付款违约金的计算标准，通常可被裁判机构接受。逾期付款违约金的起算时间通常应为付款义务一方相应履行期限届满之次日。如果履行期限约定不明，将会给逾期付款违约金计算起始时间带来不便。

（五）争议解决条款约定

争议解决条款一般包括争议解决的方式、诉讼管辖权的选择。

1. 仲裁

在仲裁制度下，当事人双方高度自治，可以自主选择仲裁机构、仲裁庭人员的构成，并且还具有保密性。因此，商事主体之间一般倾向于选择仲裁这一方式解决纠纷。国际商务合同中，选择仲裁是一把“双刃剑”，我国承认国际仲裁机构仲裁裁决书的效力，因此国际仲裁机构作出的裁决书也可以在国内执行。由于纠纷发生后，各方再想要达成一致意见存在一定的困难。

因此，在起草合同时就应当将仲裁条款明确约定在合同中，否则一旦争议发生，公司容易失去主动地位。

一个完整有效的仲裁协议应该设计以下几点：第一，具备明确提交仲裁的意思表示。第二，对于仲裁范围进行约定，切忌只在条款中使用“因本合同产生的任何争议都提交仲裁”这类泛泛表述。这类表述范围过广，难以界定，反而容易出现争议。比较好的表述为“因本合同的存在、效力、解释、履行或违约产生的相关争议应提交仲裁”。第三，对于仲裁机构的选择，应尽可能选择有利于减少仲裁成本的仲裁机构。尤其在国际贸易中，不熟悉的法律环境与语言，以及聘请外国律师的高额律师费用都会增加公司的仲裁成本。约定提交国际仲裁机构仲裁的，一定要注意约定的仲裁机构是否为正式的仲裁机构。国际知名的仲裁机构包括国际商会仲裁院（ICC）、瑞典斯德哥尔摩商会仲裁院（SCC）、美国仲裁协会（AAA）、香港国际仲裁中心、北京仲裁委员会等。第四，公司律师还应该注意不要出现仲裁机关名称有误的低级错误，如在合同文本中将“北京仲裁委员会”写为“北京市仲裁委员会”，或者想当然地约定“本合同一切争议均提交至北京市的仲裁机构裁决”，以上表述均会导致合同的仲裁条款无效。第五，作为主合同附件的其他合同，如果需要适用仲裁，则要单独重新约定仲裁协议，主合同的仲裁条款对从合同没有效力。例如，买卖合同中约定在香港仲裁，相关担保合同作为从合同如果发生纠纷，不当然适用主合同的争议解决条款。

2. 诉讼管辖

合同当事人可以书面协议选择被告住所地、合同履行地、合同签订地、原告住所地、标的物所在地等与争议有实际联系的地点的人民法院管辖，但不得违反法律对级别管辖和专属管辖的规定。因不动产的权利确认、分割、相邻关系等引起的物权纠纷，由不动产所在地法院专属管辖。农村土地承包经营合同纠纷、房屋租赁合同纠纷、建设工程施工合同纠纷、政策性房屋买卖合同纠纷，按照不动产纠纷确定管辖。

第四节

合同的履行

新人公司律师往往会陷入一个误区：认为合同审查是合同管理的全部内容，合同签订之后公司律师的任务就基本结束。合同订立与合同履行是完全不同的两个概念，合同履行是对合同内容的执行。对于公司而言，履行是交易目的实现的过程，只有把控好过程中的风险，才能达成交易。而合同履行环节又是十分容易出现变数的环节。就最常见的买卖合同而言，履行过程中常见的问题有：卖方因交货时货物价格上涨而不愿按原定价格交货；卖方因第三人出价较高而将货物转卖至第三人；买方因货物销路不好或其他原因而拒绝提货等。因此，合同履行风险管理是合同管理中非常重要的一环。但是，现实中比较遗憾的是，受财力物力的限制，公司律师对于合同履行环节参与较少，合同的实际履行一般由业务部门全权推进，公司律师往往“鞭长莫及”。而业务人员的法律意识相对淡薄，再加上履行过程中实际情况往往比较复杂，因此在履行环节常常出现各种问题。出现问题后又没有及时与法务人员沟通，对于相关法定权利没有及时行使，证据也没有进行系统保留，最后使公司陷入不利境地，损害公司权益。

为了改善这种情况，从公司角度来说，完善的、全生命周期的合同管理制度是每个公司必备的制度；而从公司律师的角度来说，一份看似“天衣无缝”的合同签订完毕不代表公司律师工作的结束，合同履行环节同样需要公司律师的密切关注。因此，笔者将在本节详细介绍合同履行中常见的法律风险与制度建设。

一、合同履行法律风险概述

合同履行过程中，最常见的风险就是履行瑕疵。合同履行不适当又叫合同的不完全履行或履行有瑕疵，主要情况包括合同的部分履行、提前履行、迟延履行、加害履行等。根据瑕疵履行的种类不同，公司律师需要关注的方向也不相同。对于部分履行，其法律风险可能来自违约责任的承担；对于提前履行或迟延履行，其情况的复杂性也导致了法律风险种类较多，通常的难点在于如何判断债务人的行为是否损害债权人的利益，提前或迟延方需承担相应的法律责任（如滞纳金）。对于合同履行不适当的法律风险治理，可采用的方式为尽可能按约定履行合同、实现合同目的，如需提前或延迟履行，应与债权人沟通，对合同作出变更。加害履行，是指债务人的履行有瑕疵且因其瑕疵而导致债权人受到履行利益以外的损害。因此，加害履行在一般履行瑕疵的基础上，还对合同内容以外的利益造成了损害，是违约与侵权行为的竞合。加害履行的风险治理手段一般是事后补救或追究违约责任，如主张赔偿除合同本身利益外的间接损失等。[①]

二、合同变更的法律风险及应对

合同是明确当事人权利义务的重要文本，这也是其成为经济交易的一种重要手段的主要原因，因此，合同保持其相对稳定性很有必要。但是，在实践中，合同履行是复杂、动态的过程，因各种原因合同内容不可避免地会发生变化，制订条款时当事人不可能穷尽合同每一项工作内容，对合同履行过程中可能遇到的问题一一赘述。因此，根据现实情况的变化已经约定的条款可能需要变更。合同变更是指在合同成立以后，尚未履行或尚未完全履行以前，当事人就合同的内容达成修改和补充的协议。合同变更不仅在实践中司空见惯，也是我国合同制度的重要内容。我国《合同法》第二条规定："本法所称合同是平等主体的自然人、法人、其他组织之间设立、变更、终止民事权利义务关系的协议。"第七十七条规定："当事人协商一致，可以变更合同。法律、行政法规规定变更合同应当办理批准、登记等手续的，依照其规定。"我国《合同法》对合同变更采用狭义的定义，即不包括对合同重要内容和主体的变更。否则，变更后的合同关系和原来的合同关系就不再属于同一法律关系，而是原合同消灭后新成立的合同关系。合同变更分为法定变更与约定

---

① 参见郭强：《企业合同法律风险管理与控制——基于国有企业的实证分析》，西南财经大学 2012 年法律硕士学位论文。

变更。根据《合同法》以及相关法律规定，在不可抗力、情势变更以及合同订立时意思表示不真实的三种情况下，合同当事人有法定变更权。约定变更是指合同当事人协商一致针对原有合同的非实质条款，遵循法定的程序与方式进行变更。合同变更对双方当事人来说都意味着风险的产生。合同变更是一种增量的法律风险，其导致的直接后果是原合同履行的法律风险增大。那么，企业如何合法有效地进行合同变更，以及防控合同变更给企业经营带来的风险也是公司律师需要研习的“必修课”。

在合同变更情形下，公司律师需要注意的几种常见风险有：首先，公司律师可能面临变更事项约定不明确，极易产生违约与纠纷。合同变更时，即使采用书面形式，如果措辞不严谨，有可能事实上并未产生合同变更的效力，而如果当事人继续按照自己理解的变更意思去履行合同，就很容易造成违约。同时，合同变更的成功也意味着新的合同条款的签订，需要公司律师再度进行合同审查，确认该变更条款是否存在法律风险。其次，合同变更原则上都应该采用书面形式。虽然，合同首次订立一般采用书面形式，合同订立之后，履行时为了提高效率，或者是经办人经验不足、风险意识不强，变更合同约定时就容易出现随意变更的情况，大多不是以正式签订合同的形式，而是通过电子邮件、短信、微信等方式就对合同内容进行了变更。合同变更形式多样、随意，就会导致企业掌握的合同履行信息不全面、不对称。而且随着企业人员的流动以及电子邮件、微信等信息记录的丢失，一旦发生争议，企业在举证证明自己的主张时就会陷于被动。最后，公司律师还应注意，有时实际履行被视为变更合同，已经增加了合同风险。《合同法》第三十六条规定：“当事人未采用书面形式但一方已经履行主要义务，对方接受的，该合同成立。”换言之，如果当事人在合同履行中，虽然未签署书面的变更协议或者保存书面的变更信息，但如果当事人双方以实际行动变更了原合同的约定，也有可能带来合同变更的效力，增加合同履行的风险及不确定性。因此，公司律师一定要叮嘱实际负责履行合同的人员注意及时、严格验收合同履行情况，并对合同履行情况实时跟进。

三、合同拒不履行的法律风险及应对

在实际生活中，商场变幻莫测，有些原本互惠双赢的交易也会遇到交易

对方拒不履行的状况。需要注意的是，拒不履行不一定是违约行为，也可能是行使不安抗辩权，所以需要公司律师根据实际情况进行细致分析。

交易对象可以履行合同却违反约定对债权人表示不履行合同，这种表示既可以是明示的也可以是默示的。公司律师需要注意，默示违约不可与不能履行相混淆。例如，买卖合同缔约后，标的物被烧毁，属于嗣后不能履行，与当事人主观意思无关，此时为不能履行；但若出卖人将标的物出卖给第三人，并已经交付，出卖人不能履行的原因不是由于客观原因，而是由于出卖人的主观意思，则为默示拒绝履行。“默示违约”在实务操作中存在较大争议，考虑到维持契约的稳定性，尊重双方意思自治，对于“默示违约”的判定宜采用严格条件。

不安抗辩是指对于双务合同先履行的一方发现后履行的一方有丧失或可能丧失履行债务的能力，例如经营状况严重恶化、转移财产逃避债务的情形。根据《合同法》第六十八条、第六十九条的规定，应当先履行债务的当事人行使不安抗辩权首先要有确切证据证明对方存在法定的几种有丧失或者可能丧失履行债务能力的情形。在司法实务中，合同先履行方行使不安抗辩权采取外部表象的举证标准，即在主张不安抗辩权时仅需提供基本证据证明对方存在财产明显减少或商业信誉显著受损的情形，才产生中止履行的法律效力。此外，要尽到及时通知对方的义务，公司律师应当尽可能地保留快递单、签收记录、电子邮件等证据，证明自己已经尽到了通知义务。需注意的是，对于合同成立之前所发生的事由，当事人不得行使不安抗辩权。

四、合同履行的跟踪监管

既然合同履行环节如此重要又如此容易出问题，公司建立完善的合同履行跟踪监管制度的必要性更是可见一斑。公司律师应该配合公司建立合同跟踪监管制度，因为合同履行大多都是持续推进的一个过程，公司律师需要随时跟进、把控法律风险，才能保障交易目的的达成。

首先，负责实际履行的业务部门定期向有关部门汇报合同履行所处的阶段，公司律师根据不同的履约阶段分析履行合同将面临的重点和难点，进而提示业务部门在该阶段需要注意的风险以及应对措施，保障自身的合法权益。其次，提示业务部门随时调查了解合同相对方的经营情况、资信状况，对合同履行的态度，为随时可能发生的意外情况做好充分准备。对于合同来说，对方当事人的现状能否满足合同履行的需要是直接关系到交易是否成功的决定因素，建立长期有效的监管机制及相应的预警机制，对合同当事人的经营状况、财务状况、信用情况等有可能丧失履行能力的情况进行监管可为企业避免损失筑起有效的“防火墙”。当然，在现实生活中，公司律师受精力限制不可能做到时时跟踪调查合同当事人的履行能力。因此，有些公司例如中粮集团将这一工作交给具体履行合同的业务部门来执行，一旦发现异常情况，及时向公司律师反映，公司律师积极采用相关的应对措施；严格按照合同约定的标准验收标的，对于不符合标准的应在合同约定期限内及时提出书面异议，涉及合同变更的，还需要上报至财务部门与法务部门，对变更后的合同条款进行审核，以防出现不必要的法律风险；仔细收集履行进度中与合同相关的证据，为未来合同归档甚至处理诉讼纠纷打下基础。[①] 最后，建立合同管理责任制度。合同履行主要还是由相关业务部门来推进，通过该制度的建立，将责任具体落实，提高相关工作人员的法律意识以及责任心，随时留意合同履行动向，发现问题及时处理与反馈，否则，造成合同履行不能的，要追究有关人员的责任。

第五节

合同归档

合同归档是合同管理制度的重要组成部分，是维护企业合法权益的重要手段。合同归档能够为企业解决诉讼纠纷提供保障，律师圈非常流行一句话：

① 参见陈晓峰、陈明昊：《企业合同管理法律风险管理与防范策略》，法律出版社 2009 年版，第 274 页。

“民事诉讼主要打的就是证据。”通过合同归档，妥善整理保存合同相关材料，一旦发生纠纷，企业掌握大量有利证据，不至于使自身陷入被动。合同归档这一项工作实际上较为烦琐。在很多大型公司中，由专门的档案管理部门负责这一项工作，但公司律师也有必要了解这些工作，以便更好地配合其他部门的合同归档工作。

合同归档制度的主要内容有：完善的合同依法签订后，承办人员要将合同正本上缴本单位合同管理人员保管，自留副本备用，必要时抄送有关部门；合同管理人员对生效合同进行编号整理，与合同有关的文书也附在合同后归档，包括但不限于：往来邮件、传真、电子聊天记录以及送货、提货验收的有关凭证、货物销售发票、产品质量标准、样品说明书等。

第六节 合同管理的几点建议

一、合同管理是多部门配合的一个动态过程

合同管理不是一个部门独立完成的工作。它需要各个部门之间互相配合，协同工作。公司合同的起草、签订与履行一般主要由企业具体的业务部门负责牵头主导，根据市场交易的具体要求以及方便操作的角度拟定合同的内容和条款，法律部门和财务部门提供专业支持，从法律性和经济性的角度考虑合同的合法合规性，促进交易目的的达成。这样的配合一直持续到合同履行完毕，如果日后出现纠纷，还需要各部门进一步配合。这就意味着各个部门之间大量的沟通和协调是无法避免的。合同管理效果极易受到信息渠道的影响，如果各部门信息渠道受阻，交流不畅，则会极大程度地影响到合同管理的效果。有效沟通也有助于公司律师工作效率的提高，让工作更有针对

性。不僵化的动态合同管理有助于提高企业员工的积极性，提高工作效率。企业是一个整体，各个部门之间并不是独立的，只有进行适当的沟通，合理分工，不相互推诿，才能将合同管理这一工作做好。

二、提高企业整体合同法律风险防控意识

如前文所述，合同管理是一个长期的需要多部门多角度配合的工作，公司律师做不到面面俱到、事必躬亲。因此，提高公司整体的法律意识，特别是与公司息息相关的合同风险防控意识尤为重要。合同法律意识亦是企业可持续发展的基本保障。从企业合同管理方面分析，合同法律风险的发生大多是由于企业的管理者、工作者缺乏法律意识。此外，笔者这里所述的培养合同法律风险防范意识所指的不仅仅是表层的意识状态，并不是说企业知道签合同会有风险就等于有法律风险防范意识。此处的法律风险防范意识还包括识别法律风险、分析法律风险、规避法律风险等一系列能力。基于此，企业需要制定科学、有效的学法机制，积极组织企业所有职员参与法律知识培训活动，在企业决策时把合同法律风险作为重点考虑要素，从而提高企业全体人员的合同法律意识。

三、加强合同信息化管理

我国企业发展迅速，经济活动日益活跃，合同数量及复杂程度呈上升趋势，原有的合同风险管理依靠的是人工整理合同资料并进行归档，其滞后性和操作复杂性已经严重影响合同管理水平的提升。当今社会，网络技术的高速发展和企业信息化程度日益加强，企业合同风险管理信息化已成为未来合同管理的必然趋势。

合同信息化建设简单地说就是要建设一个适应本企业特点的合同管理信息系统，即采用现代企业的先进管理思想，利用现有的网络、信息技术，为企业提供从合同准备到合同订立、履行直至终结的全方位、系统化的合同管理平台。其优势体现在：第一，合同管理信息系统将合同前期准备，合同文本的选择、合同审查、合同签署备案、合同履行及合同电子存档有机地融为一体，实现了对合同发起、审核、生效、履行进度、结算、变更、转让、终

止及合同履行完毕等合同各个环节的实时跟踪和资料的归档。第二，合同管理信息系统彻底解决了手工查询和归档的难题，合同相关人员可以直接从系统中查询合同签订、履行情况，同时可以将系统存在的数据根据要求生成统计信息，帮助企业了解合同管理的总体状况，起到了决策参谋的作用。第三，在系统中建立合同标准文本库，根据需求在合同管理信息系统中选择合同标准文本，大大减少了合同审核、修改所耗费的时间和精力，同时也避免了资源的浪费。

第四章

投资并购

扩展阅读〉〉〉

文章标题	二维码
1.《简析〈有限合伙企业国有权益登记暂行规定〉》	
2.《企业国有产权转让流程介绍及注意事项》	
3.《同股不同权简析——基于优刻得科创板 IPO 获批的思考》	
4.《“无实际控制人”的认定与变更 ——以启迪控股股份有限公司为例》	

2011年3月，百度以收盘460亿美元的市值登顶中国互联网公司市值，腾讯所保持的5年互联网市值第一的位置首次被人超过。而刚刚结束“3Q大战”的腾讯开始反思自己的商业战略，最终确立了“开放与分享”的转型策略。2011年，腾讯成立产业共赢基金，投资业务正式确立。从2014年到2018年，腾讯的投资版图从国内扩张到全世界。[①]2016年，腾讯完成了最大的一笔收购案，以86亿美金收购手游厂商Supercell，巩固了其在全球游戏行业的领导地位。2017年，腾讯投资的数量达到了113笔，几乎每个月投资10家公司，根据Crunchbase整理的数据，腾讯仅在一级市场上的投资达到72笔，为全球第二。2018年，腾讯整体投资数量超过600家，投资规模超过千亿元，所涉领域已经渗透至电商、出行、医疗、教育、金融、零售等能与互联网发生关系的所有可能的垂直领域，其中包括100余家估值超过10亿美元的独角兽企业。[②]腾讯2018年上半年财务报告显示，今年上半年腾讯花在投资和并购上的金额达到794.6亿元，所支出的金额是其总收入的53%，可见投资并购已经成为腾讯的主要业务之一。[③]这似乎是大型跨国企业集团发展的一种趋势。谷歌的母公司Alphabet旗下有三支基金，有数据显示，2017年Alphabet在一级市场上共进行了103笔投资，为全球之最。谷歌自己也进行一些投资并购，据CNBC 2016年8月的报道，谷歌风投计划每年向初创公司投资5亿美元，投资的范围包括软件公司，消费品牌以

---

① 参见《今天的腾讯投资并购部已经不是6个月前的样子了》，http://www.sohu.com/a/270503181_264439，最后访问时间2019年6月1日。

② 参见《“腾讯没有梦想”刷屏了！马化腾刘炽平亲自回应！一文看懂腾讯的“梦想”到底在哪？》，http://baijiahao.baidu.com/s?id=1599701245935527784&wfr=spider&for=pc，最后访问时间2019年6月1日。

③ 参见《腾讯晒出投资成绩单，规模上千亿，是满分还是不及格？》，http://www.jpm.cn/article-62422-1.html，最后访问时间2019年6月1日。

及尖端的机器人公司等。日本软银集团创立之初的主要业务是推销套装的软件，如今已经转型成为全球最大的投资公司之一，是阿里巴巴最大的股东，持有35%的股份。可以看出，投资并购对于公司，尤其是跨国大型企业集团来说是非常重要的业务版块。公司律师需要对其有一定的了解，帮助公司规避其中的风险。

根据数据显示，2019年一季度并购市场发生440起交易，所涉交易金额达到2371.81亿元，第一季度超过100亿的并购交易有四项，收购方均为上市企业。虽然近些年来我国并购市场有降温的趋势，但依旧是无法忽视的活跃市场。因此，本章将就公司并购的概况、具体流程、尽职调查以及国有企业与上市企业并购中需要注意的问题进行介绍。

第一节 公司投资并购概况

一、投资并购的含义

投资并购的内涵非常广泛，一般是指兼并（Merger）和收购（Acquisition）。兼并，又称吸收合并，指两家或者更多的独立公司合并组成一家公司，通常由一家占优势的公司吸收另一家或者多家公司。兼并实际上与我国公司法中提出的新设合并、吸收合并类似，通常会使目标公司的法人资格形成“A+B=C”或“A+B=A”的模式。

收购则是指一家企业用现金或者有价证券购买另一家企业的股票或者资产，以获得对该企业的全部资产或者某项资产的所有权，或对该企业的控制权。收购方式又衍生出股权收购和资产收购两种基本模式。收购资产可能是购买某一组动产、不动产或者知识产权，也可能是对一个企业整个营业资产的收购，即企业合并。收购股权是指获得控制权的收购或者未获得控制权的收购。前者构成企业收购，后者只是企业参股。

兼并与收购都可以实现对目标公司的控制，二者合称“并购”，但是二者也存在一定的差异。最主要的差异则是兼并后的目标公司在法律上不再存续；而收购完成后，原目标公司仍具备法人资格。也正因如此，二者主要存在以下几点差异：第一，兼并公司需要完全承担目标公司的先前债务，而收购公司仅需在出资份额范围内承担债务。第二，采用收购方式的公司产品销售和业务开展的起点高，更加方便。这是因为在收购情况下，公司名称不变，公司主体不变，仅仅是公司股东变化，产品销售的市场主体不变，仍是目标公司。公司投资后很容易就继承了目标公司原有的产品销售渠道和市场份额以及业务关系，产品销售和业务开展无须从零开始，可以节约大量的新企业、新产品、新市场、新渠道的宣传费用和开发费用。第三，因为兼并使原公司消亡，故需要绝大多数股东同意；而收购仅需取得一定比例的股权即可完成，只需部分股东同意即可。因此，在收购活动中，双方一般友好协商完成交易，不存在敌意收购的问题。

二、投资并购的意义

当企业发展到一定规模，进行投资并购就是其主要经营活动之一。我国最大的电商企业集团阿里巴巴在最近的十年里，不断通过投资并购的方式提升自身的实力与影响力，所涉企业包括一拍网、中国万网、美团网、新浪微博、优酷土豆等。据不完全统计，在 2013 年至 2014 年近两年的投资并购中，阿里巴巴花费近 80 亿美金，被投资企业跨越金融、电商、社交平台等多个行业。为什么大型企业如此重视投资并购呢，这是因为投资并购对企业的商业战略布局有着重大的意义。

首先，适当的投资并购可以给企业带来丰厚的收益。企业通过投资那些尚处起步阶段但潜力巨大的公司，若该公司发展良好或者成功上市，企业就可以获得十分可观的收益。这是公司利润组不可忽视的一环，即我们常说的金融性并购。PE 基金、投资银行所做的并购以金融性并购为主。

当然有的企业做并购时也有一部分金融性并购，一些多元化发展的企业和混合型并购的企业，所做的并购大部分是金融性并购。金融性并购以捕捉投资机会为宗旨，也就是说做金融性并购不会考虑产业发展问题或者企业发展问题，而是考虑什么样的企业收购能够给公司带来利润回报。既然是以投资回报为核心目的，那么其核心命题即是估值，金融性并购关注的不是产业、行业或商业布局，而是投资是否能够带来收益，实现资本投入的兑现。

其次，投资并购还可以给企业带来规模经济效应。企业可以通过并购公司，对企业产业结构进行补充和调整，达到最佳经济规模，降低企业的生产成本。投资并购还可以使企业能够针对不同的顾客或市场进行专门的生产和服务，满足不同消费者的需求；集中经费用于研究、设计、开发和生产工艺改进等方面，迅速推出新产品，采用新技术。企业规模的扩大也使企业的融资相对容易。[①] 同时，还可以迅速获取靠内部资源无法获得的产品、技术、人才等特殊资源。吉利并购沃尔沃、联想收购 IBM 都是典型的案例。

再次，投资并购能够提升企业的市场竞争力。企业通过纵向并购上下游关联的企业，控制大量关键原材料和销售渠道，有力地控制竞争对手的活动，提高企业所在领域的进入壁垒和企业的差异化优势，甚至直接收购竞争对手，将“敌人”变为“自己人”。

最后，投资并购可以促使企业实现多元化发展，帮助企业向新行业扩张。企业在某个行业发展到一定程度时，可能会陷入瓶颈期，需要进军新的市场与行业。而对于大型企业集团来说，如果想进入一个新的领域，用太长的时间进行前期准备工作，包括开发相关技术、招募人才、市场调研，是会被瞬息万变的市场淘汰的。因此，企业集团在进入新产业或新业务时，一般更倾向于用并购的方式快速实现企业的多元化经营。

---

① 《公司并购有什么重要意义》，https://www.66law.cn/laws/190283.aspx，最后访问时间 2019 年 5 月 30 日。

第二节

投资并购常见风险

一、可能遭遇的一般风险

“投资并购有两个关键词，一个是‘价值’，一个是‘风险’。只有创造和保持价值的同时，又能规避和防范风险，并购交易才能够成功。”[①] 公司并购是一项非常复杂的交易，其中会遇到各式各样的风险，笔者在下文将介绍并购中常见的一些风险。对于国内的并购，一般来说宏观环境是稳定的，主要风险来自目标企业。企业内部风险又可以分为战略风险、财务风险、经营风险、反并购风险以及文化整合风险。

（一）战略风险

前文提出战略并购能使企业整合资源、产业，进入某一市场，达到优化企业资源配置的目的。并购对于绝大多数公司来说，都是一项十分重大的交易，它会消耗公司大量的物力、财力，甚至有可能成为公司业绩的转折点。因此，从宏观上来看并购战略的制定就尤为重要了。如果并购战略出现错误，选择的并购对象或者加入的产业市场并不适合本公司的发展，即便交易顺利完成，也会导致公司商业失败的结局。公司盲目扩张最终导致负债累累，葬送公司前景的事例比比皆是。近日遭遇退市危机的乐视网，就是因为公司战略制定错误，盲目向手机硬件、汽车、体育等行业扩张，最终导致公司资金流断裂。昔日市值千亿的上市公司，如今已经“千疮百孔”。

---

① 徐萍:《跨境并购重大法律风险和提示》，https://www.chinalawinsight.com/2013/10/articles/corporate-ma，最后访问时间 2019 年 8 月 11 日。

（二）财务风险

并购是一项复杂而重大的交易，其成功与否会对公司的财务状况造成巨大的影响。具体来说，财务风险可以分成三类。

一是对目标公司价值评估不当可能造成公司陷入财务危机的评估定价风险。对标的公司价值评价过高，在并购中支出太多价款，超出公司的承受能力，继而让公司在财务上背负很大压力。2016 年，暴风集团曾经计划以 10.8 亿元收购稻草熊影业公司 60% 的股份。这家影视公司当时成立还不到两年时间，暴风集团就给出了 18 亿元的整体估值。该交易后来因未通过证监会的批准被迫“搁浅”。实际上，该估值确实存在不小的问题。同年年底，海南阿里巴巴影业文化产业基金入股了稻草熊公司，仅仅以 176 万元认购了其 15% 的股份，意味着稻草熊的整体估值只有 1173 万元。由此可以看出，对标的公司的估价偏差会给公司带来极大的财务负担。

二是支付方式选择不当会使公司的现金流受到影响，造成资金链断裂的风险。公司采用现金支付的方式，会占用公司的流动性资产，从而降低公司对外部环境变化的反应和调节能力，增加公司运营风险。如果公司采用股票支付方式，使用收购方自身的股票或者第三方股票向标的公司支付，就必须持有一定的股票。此时公司可以使用两种方式获得股票：在二级市场用现金购买股票，那么公司的现金流可能会遭受影响；通过发行新股票并向并购公司支付，那可能会造成股权稀释，损害现有股东的利益。

三是公司并购所需金额往往较大，靠公司自有资金很难支撑，往往需要融资，造成融资风险。融资风险则是指公司按时足额筹集到资金并保证并购顺利进行的可能性。公司的主要融资方式有贷款、发行债券与股票。其中贷款与发行债券的资金成本较低，但需要按时偿还本金和利息，以免使公司负债率上升。发行股票免去了债务风险，但是手续复杂，筹资时间长且成本高。因此，公司在融资时一定要综合考虑自身盈利能力、资本结构，在保证不出现融资危机的基础上，尽量降低资金成本，维持合理的资本结构。[1]

（三）反并购风险

并购行为根据被并购方的动机可分为：善意并购和恶意并购。较之正常的合法并购，恶意并购或敌意并购可能会导致公司控制权的颠覆，原公司发起人及管理层会采取相应的反并购行为积极抵制并购行为。防御行为是多种多样的，从原则上来说，就是使目标公司对并购方缺乏吸引力，使其难以接管。这不仅使并购方的并购成本大大增加，还增加了并购后的整合难度，甚至可能导致并购失败。

（四）经营风险

公司在并购结束后，生产规模必然会扩大，通过重新分配各种资源使其得到有效利用，从而提高生产效率，实现规模效应。但是，这是最理想的情形。在现实生活中，经营环节一体化的过程中却面临许多风险，主要有以下几种表现形式：一是并购完成后使原来的客户对产品或服务产生怀疑，用户忠诚度降低，给原有的竞争对手可乘之机，市场份额被挤占。二是并购结束后，公司需要投入的成本必然增加。

（五）企业文化冲突风险

并购界有一条著名的“七七定律”，即70%的并购都没有实现预期的商业价值，而其中70%的失败是由于并购后企业文化的整合。由于公司在发展过程中有不同的经历、定位以及高层个人理念，不同的公司必然会形成自己的习惯和传统，不同的价值理念和行为规范，最终形成自身风格独特的企业文化。并购是不同公司之间的结合，如何将原来的企业文化有机纳入新的企业文化之中，这对于公司无疑是不小的挑战。

---

① 参见中伦文德律师事务所：《公司并购实务操作与法律风险防控》，中国法制出版社2017年版，第54页。

二、可能遭遇的海外风险

近些年来，我国企业响应国家号召频繁地“走出去”，拓宽海外市场，在《财富》杂志发布的2018年世界500强榜单中，中国企业入榜高达120家，仅次于冠军美国126家。投资并购是中国企业“走出去”战略布局的重要一环，因此，中国企业到境外投资并购越来越频繁，交易规模也越来越大。在中国企业“走出去”的浪潮中，有很多成功的案例，但是，值得各位警惕的是，失败的案例举不胜举，令人难以忽视。上汽集团收购韩国双龙汽车，遭遇金融危机和工会抵制，最终被迫退出；平安保险在欧洲收购富通集团，由于金融危机富通集团被国有化，导致亏损23亿美元；中国海外工程有限责任公司承建波兰高速公路，由于合同缺乏工程发生变更时的调价机制，被索赔2.7亿美元。一项针对1986年至2006年间213项中国企业海外并购项目的研究结果表明，有67%的海外并购项目是失败的。也就是说近三分之二的项目在投入巨大的人力物力后以失败告终。有些项目不但是血本无归，还给企业造成巨大风险和损失。与全球并购相比，这个失败率是非常高的。为什么中国企业海外并购会有这么高的失败率？其中一个重要原因就是对于风险的把握不到位，没有及时认识风险并采取防范措施。因此，笔者将在下文对跨境并购风险进行类型化介绍，以期读者能够对海外并购有一个初步的认识。

（一）国家安全审查

国家安全审查是当今中国企业进行境外并购经常接触到的一个概念。比如，美国外国投资委员会，简称CFIUS，负责对涉嫌国家安全的外资取得控制的交易进行审查，并且有权力制止或终止某项交易。澳大利亚负责外资审查的机构名为外国投资审查委员会，简称FIRB，对超过一定规模的外国投资项目进行审查和批准。加拿大也有类似的外国投资审查制度。同时，前文所述这些主要国家的国家安全审查或外国投资审查程序，往往都缺乏明确的“国家安全”的标准或定义，而是给政府部门很大的自由裁量权。如果恰逢当地大选，出于政治化的考虑，一些本来是纯商业性的交易就有可能被贴上国家安全的标签。事实上，中国企业，特别是国有企业，往往会受到政治因素影响。因此，中国企业像华为在美国的多个并购案都由于国家安全的问题没有被批准。中海油收购优尼科，中铝在澳洲收购力拓，都是由于国家安全的原因无功而返。

事实上，中国企业包括国有企业投资主要是出于产业或商业战略布局的考虑，主要通过守法经营给企业创造价值，也为当地社会和经济的发展创造价值。随着我国经济、社会的发展，我们很多“走出去”的企业治理结构公开透明、技术领先，极具竞争力。这些都是对中国企业在舆论上有利的因素。那么如何才能把这些积极的信号释放到海外市场和监管机构，使其能以一种中立的态度看待中国投资者？对中国投资者来说，关键是要了解投资国的审核机制，具体是什么程序和要求，审查主要关注的要点是什么，如何提前做准备。

另外，还有一项特别重要的是媒体公关，因为国外包括政府监管机关的举动在很大程度上是受媒体的影响，而很多中国企业并不擅长公关。很多中国企业思想比较传统，深信“酒香不怕巷子深”“身正不怕影子斜”的道理，精力主要放在提高产品质量上，对于公关、“舆论战”这些“花里胡哨”的东西不太重视。但是，兖州煤业在澳洲成功收购 Felix 公司案，说明了公关的重要性。Felix 是澳洲的上市公司，兖州煤业计划把 Felix 全部买下来以后进行私有化，这个交易额是 33 亿澳元，是当时中国在澳洲最大的一笔投资。交易方式是“安排计划（Scheme of Arrangement）”的方式，需要经过股东大会批准以及法院批准。当时，澳洲政府对于国外投资，特别是来自中国的投资是比较谨慎的。同时，澳洲总理表态，由于矿产资源是澳洲的经济支柱，希望海外企业在澳洲投资矿产资源一般比例不超过 15%，绿地投资原则上不超过 50%。在这样不利的背景下，当时中国有几个投资项目都受到了阻力，包括中国有色矿业集团、宝钢等投资的铁矿石公司，都遇到投资受阻或者最终以小股权投资。此时，兖州煤业充分利用了在澳洲已经成功过的投资，通过澳洲子公司和管理层，跟 FIRB 进行积极沟通，而且聘请了当地政府公关顾问，发挥了非常重要的作用。针对 FIRB 提出来的关注要点，兖州煤业做了一系列的承诺：首先承诺收购完成后在 2012 年底之前要实现重新上市，上市以后兖州煤业的持股比例降到 70% 以下，保持一定的公众持股；管理团队是澳洲本地的，至少有两个董事长期居住在澳洲，并设立董事；如果 Felix 出产的煤炭产品销往中国，按照国际基础价进行销售。在这一系列的承诺的基础上，这个交易最终得到了 FIRB 的审批。功夫不负有心人，2012 年，兖州煤业成功收购了澳洲最大的独立煤炭上市公司 Gloucester，通过合并换股的方式实现上市，从而实现了对 FIRB 的承诺。这个案例说明，中国企业以积极的态度，与当地政府进行沟通，力求解决监管机构的顾虑，成功取得当地政府的审批。①

（二）海外特殊的政治法律风险

除了发达国家以外，广阔的发展中国家也是中国企业投资的巨大市场，而在这些国家投资，由于其政治法律制度和中国企业所熟悉的环境迥异，甚至可能遇到政局动荡与战乱冲突，可能给投资带来各种意想不到的风险。

首先，为了解决历史遗留问题，不少国家自身有独特的法律。如果对这些独特的法律要求没有充分了解，很可能会因此造成投资失利。例如，金砖国家南非现在是一个投资热点。南非在结束种族隔离之后，为了解决种族隔离遗留下来的问题，通过了一项黑人经济振兴法案，简称 BEE。在南非投资，特别是涉及政府采购、政府工程，或是从政府领取许可证，都要求必须有黑人参与，考察股权结构、管理层、雇佣机会、社会贡献等指标，形成一个复杂的打分机制。这个法案对在南非投资的企业有非常重大的影响，主要体现在投资成本、股权结构以及后续运营等多个方面。中钢在南非投资铬矿项目，后来南非通过 BEE 法案，要求引进符合 BEE 要求的股东，由于无法解决 BEE 股东利益分配、包销权等问题，中钢最终丧失对项目的控制权。关于境外的法律制度，唯一的解决方法是公司律师事先进行充分调研，提前了解境外的政治法律环境，对投资的影响充分评估，不打无准备之仗，除此之外，别无其他捷径可走。其次，发展中国家政权不稳定、政府更替也会给并购项目带

---

① 徐萍：《跨境并购重大法律风险和提示》，https://www.chinalawinsight.com/2013/10/articles/corporate-ma，最后访问时间 2019 年 8 月 11 日。

来毁灭性打击。例如，2011 年利比亚爆发战争，中国有十几家国有企业被迫从利比亚撤离。还有投资国的国有化征收行为，有点类似中国的政府拆迁类，特别是资源类项目，被当地政府采取各种形式征收、征用的案例并不罕见。[①]

很多律师、企业家往往觉得这些风险好像离自己很遥远，但是，一旦发生，后果是不可估量的。应对政治法律风险的办法，除了事先充分调研及评估之外，总体来说有以下几个方面。首先，在发展中国家投资，公司律师要督促、推动企业和当地政府谈判签署“稳定性协议”，政府承诺在一定期限内保持政策及投资者税收等各项待遇的稳定性，即便将来发生争议，投资人也有明确的合同依据寻求救济。其次，对于投资到政治不稳定的高风险地区，则要考虑购买政治风险保险，如中国出口信用保险公司作为中国的政策性保险公司承保的出口信用保险，承保的政治风险范围包括征收和国有化、汇兑事件、战争、政府违约等。最后，应对政治风险的一个重要武器是投资保护协定，中国政府一直是我国企业坚实的后盾。公司律师在进行海外并购的时候，一定要注意调查我国政府是否与其签订了类似协议。投资保护协定是一个双边政府协定，它的内容主要为某个国家的投资者到对方国家去投资，接受投资的国家必须给投资者以本土企业的待遇，不能歧视，也不能进行国有化征收。政府作出承诺，如果违反，投资人可以通过国际仲裁起诉政府要求赔偿。投资保护协定最关键之处在于给投资人通过国际仲裁向政府索赔的权利。中国的平安保险投资富通以后，比利时政府为了应对金融危机，通过换股把比利时和卢森堡的业务剥离，实际是一种变相的国有化。平安保险投资 18 亿美元，再加上利息等损失共 23 亿美元，平安保险利用中国和比利时之间的投资保护协定，通过国际仲裁要求比利时政府赔偿。这是中国国有企业通过投资保护协定寻求保护的第一例。由此可见，投资保护协议虽然是政府签订的，但和投资者的利益密切相关。中国和全世界 130 多个国家签订了投资保护协定，遗憾的是和美国没有协议。[②] 很多企业投资时密切关注商业风

---

① 健君：《公司首席法务官：企业的守夜人》，法律出版社 2017 年版，第 179 页。

② 徐萍：《跨境并购重大法律风险和提示》，https://www.chinalawinsight.com/2013/10/articles/corporate-ma，最后访问时间 2019 年 8 月 11 日。

险，忽视了对政治法律环境和投资保护方面的筹划。事实上，很多商业风险不会对投资造成毁灭性打击，但政治法律风险会使投资血本无归。

（三）海外投资成功后难以融入当地社会

中国企业在海外投资过程中，不仅会涉及与投资项目直接相关的法律问题，而且还会涉及其他方面的问题，这些问题能否得到很好的处理，关系到海外投资项目能否顺利融入当地社会，关系到投资项目能否在当地顺利经营发展。根据商务部发布的《对外投资合作国别（地区）指南》的介绍，海外投资项目在东道国需要处理的问题主要包括公共关系（与政府、工会、媒体的关系）、与当地居民的关系、宗教与风俗习惯、环境保护、社会责任。这些问题处理不好可能会导致投资交易虽然完成，但结果不尽如人意。上汽收购双龙失败就是深刻的教训。上汽进入双龙后，才知晓中韩企业文化的沟壑有多深。文化融合上的失败以及工会作用的忽视，导致了此次收购的搁浅。韩国是一个民族主义很强的国家，排外意识很强，拟收购的一系列措施引发了双龙汽车工会的强烈反应。韩国企业的薪酬模式和员工的雇佣模式也不同于中国企业，而上汽集团显然没有意识到这一点。韩国工会和中国工会的情况有很大不同，在韩国工会的人员是专职的，工会可以干预董事会的决策，这些在中国是匪夷所思的事情。在罢工声中，双龙的生产也一度停滞，这些都是事先没有预计到的。

这问题看上去与法律关系不大，不是公司律师需要解决的问题。但是，公司律师工作要最大限度发挥为海外投资项目保驾护航的作用，就要使自己的作用和价值延伸，不能单纯局限于只解决纯粹的法律问题，还要利用法律规则参与解决与企业经营发展有关的其他问题。例如，上汽收购双龙失败的案例告诉我们在海外不少国家工会的权利和影响力都很大，处理不好与工会的关系就会招致工会的抗议或干涉。在这方面企业法务应当熟悉当地的劳工法规，保证企业的用工制度的合规性，随时注意跟踪，在发生劳资纠纷时企业法务要积极参与，妥善处理。同时，企业可以考虑学习不少西方跨国企业的做法，弱化中国企业标签，从公司高层到基层，尽量雇佣当地员工。

第三节

并购流程

在实务中，并购一般经过以下几个阶段：

第一，准备制定公司并购的战略决策。公司并购必定会牵扯大量的人力、物力，对于公司来说是其发展战略的重要组成部分。鉴于公司并购存在较大风险，因此公司的并购策略应该与公司总体发展战略相配合。正如前文所述，并购有时候不仅可以帮助公司进入一个新的行业、市场，还可以帮助公司消灭对手。例如，2008 年 9 月，可口可乐公司拟以 179 亿港元收购汇源果汁。这一消息当时一度引起舆论哗然，不少人担心中国饮料行业的民族企业被国外资本吞并。可口可乐公司后来解释，可口可乐收购汇源是为了配合自己进军中国市场的策略，了解中国人的口味，希望借此机会与汇源合作发展，产生协同效应。[①] 因此，公司律师应该与董事会、高管人员讨论，并根据企业行业状况、自身资产、经营状况和发展战略确定自身的定位，形成并购战略，即进行企业并购需求分析、并购目标的特征模式以及并购方向的选择与安排。

第二，筛选目标公司。根据公司并购战略，可以初步拟定并购目标公司的企业轮廓，例如该企业应该具备的资产质量、规模和产品品牌、经济区位以及与本企业的市场、地域和生产水平，与公司本身能够优势互补且投资环境好。

随后据此开始寻找符合条件的目标公司。寻找目标公司的过程中，可以利用大数据手段，利用静态分析、ROI 分析，以及 logit、probit 还有 BC（二

---

① 杨春宝主编，王建宁、张文俊副主编：《公司投融资法律事务：模式与流程》，中国法制出版社 2009 年版，第 65 页。

元分类法）最终确定目标企业，[①] 并通过对目标企业进行持续的关注和信息积累，选择目标企业进行并购的时机。

第三，确定了目标公司后，即可以进行信息的收集与初步调查。与目标公司及其股东进行接触，询问其收购意向。当然有些公司在进行敌意收购时，事先可能不会询问目标公司的意见。要尽可能了解企业的各种情况，并在会计师事务所、律师事务所等中介结构的协助下，对目标公司进行初步调查。在此期间，目标公司可以要求公司就披露信息签订保密合同。

第四，根据目前收集到的信息制订收购计划，包括并购方式、并购标的范围、并购程序、并购对价与支付方式，融资方式、税务安排等一系列需要多部门配合、多维度考虑的事项。这只是初步计划，还需要根据尽职调查结果进行修改。

第五，形成初步收购计划后，与标的公司提出收购意向。双方就并购方案达成初步共识后签收并购意向书。此时中介机构可以开始介入，对目标公司进行全面的尽职调查，尽可能发现可能存在的各种潜在问题，以防公司遭受损失。关于尽职调查的意义以及具体流程，后文还会重点介绍。

第六，尽职调查后未发现可能会使交易无法达成的重大问题，双方即可正式签订并购协议。并购协议必须细致而缜密，对于尽职调查过程中间无法解决的属于被收购企业存在的问题，一定要在合同中注明责任和权利，避免草率签署，形成收购风险。在股权收购合同中，要对移交内容和事项作出详细约定，以便移交时双方遵照执行。

第七，并购协议签订完成并不代表并购结束，双方还需要对资产进行交接，即出让方向受让方清点、移交资产，办理过户手续。这是很重要的一环，公司律师需要全程监督，以防出现资产转让瑕疵的情况。最后，公司正式接管目标企业，筹建管理层，安排工作层，尽快开始公司生产运作。

---

① 《公司并购全程指引》，https://mp.weixin.qq.com/s/SZ7BBw_6L6v Fv3wOMirf3A，最后访时间 2019 年 5 月 31 日。

第四节

尽职调查

一、尽职调查的必要性

公司并购是一项十分复杂的工程，能否成功取决于众多因素，但投资者对目标公司的实际情况的了解程度是众多影响因素中最重要的因素之一。有些投资者没有做好尽职调查，“凭感觉”盲目进行投资，最终导致收购计划流产或者踏入“雷区”，这对公司必定是致命的打击。有些标的公司看起来工厂、设备都非常精良，但“光鲜亮丽”的背后，公司的资产有无抵押？公司是否背负巨额债务？在国际上，很多公司出售时都会聘用投资银行，由投资银行对公司进行包装，给卖方看的都是最闪亮的一面。在收购活动中，买方总是处于信息不对称的不利位置，永远都是买的不如卖的精。例如，一家中国企业计划在欧洲收购一家汽车部件行业的公司，中方主要看中标的公司的产品与技术。这项产品与技术中国目前没有，如果中国企业自己开发，从研发到商业化生产至少要5年时间。标的公司是一家大型的全球跨国公司，在金融危机时为了解决资金问题希望出售。中国企业觉得机会难得，去实地考察了研发中心、工厂后，对标的公司十分满意，双方很快就达成交易，组织团队进场开展并购，结果却事与愿违。原来这家跨国公司有一套知识产权管理体系，集团所属的知识产权全部放在一个位于瑞士的控股公司，供全集团使用和共享。位于欧洲的标的公司虽然开发了这个产品，但它没有知识产权，只有瑞士控股公司授予的一个许可证，并且许可证存在很多限制，包括产品生产和销售的地域只限于欧洲。在这种情况下，如果中国企业收购，只能得到一个存在诸多限制条件的许可证，和最初的收购目标完全不同。[①] 中国有句俗语叫“耳听为虚，眼见为实”，但这个例子说明，不对标的公司进行全面细致的尽

---

① 徐萍:《跨境并购重大法律风险和提示》，https://www.chinalawinsight.com/2013/10/articles/corporate-ma，最后访问时间2019年8月11日。

职调查，即使眼见也“不为实”。由此可见，尽职调查对于收购来说非常重要，否则交易最后只能成为失败案例中的一个。收购时做好尽职调查，可以提前发现问题，避免或减少后来的麻烦。当然，尽职调查十分复杂，仅凭借公司的职能部门是无法完成的，需要聘请专业的中介机构予以帮助。但公司即便聘请了外部律师进行尽职调查，也不意味着公司律师可以做“甩手掌柜”。公司律师不是公司高层与外部律师的“传声筒”，而应该引导整个尽职调查过程，同时帮助外部律师完成一些基础性的工作，双方相互配合，携手提升工作效率。例如，公司律师借助对公司更加了解的优势可以告知外部律师公司希望就哪些事项进行详细调查，公司接受的底线在哪里，使外部律师的工作更有针对性。又如，替代外部律师参与公司会议以及与公司高管进行日常沟通，避免外部律师参加一些冗长且不必要的会议。并购的成功需要公司律师与外部律师任何一方都发挥自己最大价值。此外，为了更好地引导外部律师的工作，公司律师需要对并购以及尽职调查都有深入的了解，丰富的知识储备，更清晰地表达自己的观点，就法律问题能够与外部律师进行更深入的讨论和协作。

二、尽职调查的方式

在尽职调查过程中，律师应该运用多手段，多维度地全面了解该企业的真实情况，越是能够做到审慎调查，企业“上当受骗”的概率越小。一般而言，公司律师在进行尽职调查时可以运用以下几种方式：

（一）书面审查

通过审查调查对象提供的文件资料来调查目标企业是否存在问题是最常规的尽调方法。一个项目结束，公司律师通常可以整理出几十本公司底稿。这些底稿由会计报表、知识产权证书、重大合同、股东会决议等各类公司文件组成，覆盖公司的方方面面。但是，必须注意的是，在实践中，目标公司可以通过伪造、修改这些文件来达到隐瞒公司真实情况的目的，因此律师不能仅仅依靠书面材料，还必须通过其他辅助方法核实书面材料是否真实、准确、完整。

（二）向公共机构查询

政府公共机构、门户网站通常记录了企业各种情况，向公共机构查询也是律师在尽职调查中需要熟练掌握的一种方式。例如，访问商标、国家知识产权局的网站可以核对企业知识产权信息，中国人民银行征信中心可以查询个人信用信息，从地方、国家环保局可以了解企业是否存在违规受处罚的情况。政府机关及其相关网站反映的信息是权威并值得信赖的。律师可以将这些网站的内容进行截图保存，分类整理作为底稿的一部分。

（三）访谈

访谈实际上是律师尽职调查非常重要的一种方式，即通过与标的公司的高级管理人员、部门负责人聊天，了解公司全貌。毕竟公司的书面凭证往往记载的是公司的重大事项，有些琐事或不方便书面形式保存的事项并没有记录，甚至有些标的公司为了隐瞒自身真实情况，在书面凭证这一环节做得“天衣无缝”，但是有些工作人员的法律意识不强，在访谈的过程中可能无意中会透露一些关键信息，这就十分考验律师的语言组织与信息捕捉能力。在访谈过程中，根据对象的不同特征，要有针对性地进行询问。例如，与技术部门访谈主要了解该公司的研发周期、研发团队的培养模式，现有的专利以及非专利技术情况；与销售部门访谈主要了解市场占有率、行业排名及趋势等。为了使访谈更加顺利进行，公司律师应该事先准备好访谈清单，访谈结束后访谈纪要也要妥善保存。

（四）实地调查

尽职调查实际上是对一家存续了很久的公司进行详细的调查，远比建立一家新公司复杂得多。有些时候书面造假是比较容易的事情，但是如果律师到公司办公地点、仓库、厂房等进行实地考察，目标公司再想隐瞒实际情况的难度则比较大。例如，通过留意工厂仓库中存货包装上的工艺卡片，核实单批存货的购置日期，从而推测出企业的存货积压、生产销售情况。

三、尽职调查的具体内容

第一，律师应就目标公司的主体资格进行调查，包括目标公司设立的程序、资格、条件、方式是否合规。如果是需要审批才能够成立的公司，例如外商投资公司，还需要检查是否得到了有关部门的批准。

第二，还需要关注目标公司设立时相关验资程序是否履行，虽然我国《公司法》在修订后已经取消了法定验资，但某些种类的公司设立过程中验资仍然是必经程序。

第三，目标公司的资产状况是尽职调查中收购方最关心的几个方面之一。目标公司拥有多少现金、不动产、生产设备、知识产权，这些财产有无产权纠纷或潜在纠纷，获得财产的手段是否合法，财产是否获得相关权属证书，目标公司对这些财产的所有权或者使用权的行使是否有障碍等一系列问题。整个过程烦琐复杂，公司律师了解公司的商业底线，可以在其中提示外部律师要重点注意哪些资产情况，哪些资产瑕疵是收购方不可容忍必须解决的。

第四，目标公司重大债权债务也是收购方需要特别关注的内容，很多收购方最终不慎迈入“雷区”就是因为对目标公司的债权债务关系没有调查清楚。尽职调查必须涉及对目标公司较大金额的应收、应付账款的调查，并且考察这些债权债务关系是否合法有效，诉讼时效是否到期。在合同方面，对于公司曾经履行，或者将要履行、正在履行的重大合同的合法性、风险性进行评估，防止出现临时修改、更换合同等恶意串通事故的发生。公司对外担保情况也是需要特别关注的事项，公司有代为清偿的风险就意味着公司可能会背负巨额债务。总之，对一切可能导致收购方落入“陷阱”的债权债务关系外部律师与公司律师都应该全力调查。

第五，目标公司的诉讼、仲裁情况也是尽职调查中需要予以重视的内容。首先，需要对目标公司是否存在尚未了结的或者可以预见的重大诉讼、仲裁或者行政处罚进行收集与考察。其次，对于目标公司股东、董事和高管是否存在尚未了结或可以预见的重大诉讼、仲裁或行政处罚亦是需要关注的事项，因为公司高层爆出丑闻会影响公司的整体形象和商誉。

第六，该公司的税务情况、享受的优惠政策、财政补贴、产品质量、行业口碑等都是尽职调查中需要涉及的内容，整个过程相当复杂和琐碎。毕竟有些企业“金玉其外”，实则早已“败絮其中”，目标公司股东决定卖掉该企业也许只想尽早脱手这个“烫手山芋”。这就需要公司律师与外部律师相互配合，进行全面、勤勉、谨慎的尽职调查，及时看穿这些公司的虚假的繁荣，确定目标公司到底是不是值得收购方倾注大量资源来收购的企业。

第五节

并购协议的撰写

一般来讲，并购过程中可能涉及多个文件需要律师进行撰写，例如并购协议、尽职调查报告，变更申请书等。这其中，最为核心的即是并购协议的撰写。公司律师撰写并购协议时，要从对公司有利的立场进行条款设计，并尽快提供，以便在并购谈判中，公司能够使用自己起草的协议样本，从而占据主动。反之，如果并购方没有拿出自己起草的协议样本，使用对方当事人提供的协议样本，往往会在谈判伊始就处于不利地位。因此，对于公司律师来说，并购协议的撰写是一项十分重要的技能。

对于定义条款、背景条款等一般合同条款的撰写技巧，本书已经在“合同管理”章节中说明。故此部分笔者仅就投资并购合同的一些特殊条款的撰写技巧进行介绍。

一、并购协议中的基础条款

（一）先决条款

从交易习惯来看，并购协议一般为附条件生效的合同。这主要是为了保护买方的利益，因为并购交易中充斥着不确定。比如，目标公司的尽职调查最终结果、反垄断审查的申报、海外并购可能还会涉及国家安全审查，这些不确定因素很有可能导致并购项目的搁浅。为了控制这些不确定因素不给买方带来过多损失，一般在合同中会设计先决条款，只有客观情况符合先决条款，合同才会生效。为了避免交易长时间处于不确定的状态，往往双方还会在先决条款中加入最后终止日的日期限制，即如果该条件在某个日期之前还未达成（实践中一般为签署之日起的90天或180天内），则并购协议中除争议解决、保密、违约责任等条款外，其他条款不再生效。当然，先决条件对交易双方都有拘束力，一旦全部条件达成，任何一方均不得撤销交易。同时，为了增加交易的灵活性，公司律师还可以根据实际情况，豁免某些先决条件。

（二）对价条款

从某种角度来说，收购合同也可以视为买卖合同，对价条款自然是并购协议中必不可少的条款之一。在并购交易中，对价机制既可以采用固定的交易金额，也可以根据目标公司最终的尽职调查结果确定最终的对价。此外，在付款方式上，买方可以考虑采用分期支付的方式。比如，首期于并购协议签署后的某一段期限内支付，第二期在交割前或交割时支付，最后一期在交割后的某一段时期内支付。如此安排，一方面可以减少买方的资金压力，另一方面也可以确保在交割完成后，买方实际拥有和控制目标公司后才付尾款。[①]

（三）交割前义务条款

交割前义务条款，也称为交割前的承诺条款。并购协议签署完成后，买方并不是马上控制目标公司。因此，为了防止目标公司发生变化，并购协议通常会要求标的公司承诺按照以往的经营模式继续正常运营，防止目标公司的决策层、管理层或者其他方面作出一些商业风险比较大的决策以及防止目标公司管理层通过一些非正常手段进行资产转移，人为地操纵成本或者收入来掌控目标公司的利润率。在具体的操作中可以约定某些行为需要事先经过

---

① 参见中伦文德律师事务所：《公司并购实务操作与法律风险防控》，中国法制出版社2017年版，第126页。

买方的同意（如增减资、修改公司章程），或者某些行为在卖方通知买方之后才能实施，或者买方在交割之前至少要对目标公司的正常运营获取与董事会同等的信息。[①] 此条款的最低标准是保护买方在签约到交割期间的合法合理的利益。

（四）陈述与保证条款

在并购交易中，买方处于信息不对称的地位，而且任何尽职调查都不可能万无一失，有些问题难以及时发现。也正是考虑到这一点，在实践中，通过陈述和保证条款对目标公司的重大事项进行背书，它是并购协议常见的组成部分。考虑到买方的弱势地位，一般而言，卖方要作出的承诺远远多于买方，并且该承诺在双方交割后依旧有效。陈述和保证的范围应当涵盖尽职调查（包括法律、财务等）阶段标的公司提供给并购方的资料和信息，以及标的公司在并购合同签订前向并购方提供的披露函（通常作为并购合同的附件）项下的全部内容。标的公司转让的股权、资产是否具备瑕疵与权利负担，企业的资产负债、合同关系、生产经营、知识产权、商誉一般都是陈述与保证条款的必备。

从保护买方利益的角度来说，由于尽职调查与并购协议的签订是两个环节，有时并购方虽然在尽职调查环节发现过某些问题，但不一定在并购协议中完全反映。因此，并购方可以要求约定：除非另有约定，转让方披露某项问题并不能免除转让方的责任，且本协议规定的转让方、目标企业及其关联公司的陈述和保证，不论并购方是否进行任何调查，均有效。这样，即使出现了并购方对曾经披露的问题没有立即主张权利的情况，今后也可以采取补救措施。另外，由于可能会出现尽职调查和协议签订存在陈述与保证不一致的情况，并购方可以要求约定对于上述两种情形都需要根据卖方的书面函件予以确定。

而从目标公司的角度，可以从以下几个角度设计陈述与承诺条款来维护

---

① 参见李健君：《如何利用国际并购合同保护收购方》，载《时代经贸》2013 年 1 月，第 59 页。

自己的利益：第一，在协议中设定赔偿上限。第二，设定起赔金额，不到一定的金额不承担赔偿责任。不是每一个小额索赔都启动索赔程序，应在一定时间内积累到一定金额再行索赔。第三，引入重要性标准，陈述和保证条款只有在重大方面和实质性方面不符，且导致重大不利影响，才承担法律责任，而对非重要事项披露不实不承担责任。第四，设定索赔时限。[①]

二、在 PE、VC 并购中的特殊条款

（一）股权调整条款

股权调整协议是 PE 与 VC 参与并购交易时必备的协议条款。PE、VC 基金以某一对价对标的公司进行投资，该对价是依据目标公司和目标公司原始股东向收购方承诺达到某一业绩目标作出的。如果目标公司届时未能实现该业绩目标，则收购方的股权比例会作出一定调整。该条款本质上为对赌条款。对于对赌条款最高人民法院的态度是如果该条款可能损害第三人（主要是债权人）的利益，则该条款无效，如 PE 与目标公司之间进行对赌；如果该条款不损害第三人利益，如 PE 与目标公司的原始股东进行对赌，则对赌条款有效。

（二）股权回购条款

股权回购是指创业企业通过一定的途径购回投资机构在本企业所持股权的行为，它是创业投资实现退出的最保守方法。当创业企业发展成熟后，投资机构既不能直接退出也不能以出售方式退出时，创业投资机构通常有权以事先确定的价格和转让方式，要求所投资的创业企业回购其所持股权。虽然股权回购这种退出方式十分保守，收益较低，但对于投资者来说可以及时止损；而对于公司创业者来说，也是保持自己对公司的控制权的重要方式。因此公司律师在帮公司创业者设计引入 PE 投资协议时，完全可以约定在某些特定的情况下，企业有权进行股权回购。以雅虎投资阿里巴巴为例，雅虎的

---

① 参见環祐律师事务所：《股权转让中陈述与保证条款的作用及设定技巧》，https://www.sohu.com/a/233658962_100111439，最后访问时间 2019 年 8 月 6 日。

中国子公司雅虎中国在 2005 年 9 月以 10 亿美元收购阿里巴巴 39% 的股权。阿里巴巴在收购协议中规定，如果雅虎被其他企业（例如微软）收购致使雅虎持有的阿里巴巴控制权将发生转移，则阿里巴巴有权对雅虎持有的股份进行回购。因为阿里巴巴担心，一旦更大的公司收购雅虎，可能会插手阿里巴巴的经营，马云等本土管理层认为，保持独立性和控制权对于阿里巴巴来说非常重要。[①]

（三）反摊薄条款

反摊薄条款又称反稀释条款，是指目标公司在后续融资过程中，投资人保证自己的股权份额不被稀释而采取的措施。目前实务中通常采取两类反稀释条款：一是为防止股权比例被摊薄设置优先购买权，二是为防止单股股份价值和股份价值总额被摊薄而设置转换价格调整权。通过反摊薄条款，一方面能够激励目标公司以更高的估价进行融资，另一方面也可以防止投资人的股权贬值或股份稀释最终影响投资人的利益。

第六节
国有企业的收购

国有企业是国有资产的重要部分，实行严格管理。在国有股权的兼并收购上，有不少相关的行政法规，如《企业国有资产监督管理暂行条例》《企业国有资产交易监督管理办法》《企业国有资产评估管理暂行办法》等，均对国有股权的转让程序、方式等作了具体规定。国有产权转让时应注意如下问题。

---

① 《阿里巴巴集团完成 76 亿美金股份回购计划》，http://tech.qq.com/a/20120918/000140.htm，最后访问时间 2019 年 5 月 30 日。

一、收购国有企业须经国有资产管理部门批准

根据《企业国有资产交易监督管理办法》第七条规定："国有资产监督管理机构负责审核国家出资企业的产权转让事项。"由此可见，国有产权转让需获得国有资产监督管理机构的批准。

二、国有产权转让的价格须经国有资产评估确定

因为国有资产的特殊性，国有产权的价格不能由当事人意思自治。根据《企业国有资产评估管理暂行办法》《企业国有资产交易监督管理办法》相关规定，国有产权的转让价格需要经过国有资产管理部门的核准与备案。

但是，国有产权转让的定价一直备受争议，因为产权评估办法有多种，而不同的评估方法将得出多种不同的评估价格。实践中，国有资产评估多采用资产重置法进行，但对于一些盈利能力较差的国有企业，则被要求按照资产收益法进行评估。

三、交易价格的确定

核准的资产评估价格是确定国有产权转让价格的基础依据，当交易价格低于评估结果的90%时，应当暂停交易，在获得相关产权转让批准机构同意后方可继续进行。

四、职工安置

根据《劳动合同法》第三十四条的规定，用人单位合并或分立不影响劳动合同的履行，即不涉及职工安置的问题。但根据《企业国有资产交易监督管理办法》第十条的规定，国有产权转让涉及职工安置事项的，安置方案应当经职工代表大会或职工大会审议通过。产权转让方案和转让合同中也必须包括职工安置方案。

五、转让价款的支付

根据《企业国有资产交易监督管理办法》第二十八条的规定，转让价款

原则上应当一次付清。如金额较大、一次付清确有困难的，可以采取分期付款的方式。采取分期付款方式的，受让方首期付款不得低于总价款的 30%，并在合同生效之日起 5 个工作日内支付；其余款项应当提供转让方认可的合法有效担保，并应当按同期银行贷款利率向转让方支付延期付款期间的利息，付款期限不得超过 1 年。

第七节

上市公司收购

1993 年 9 月，那时上海的股市还不是很活跃，但延中实业的股票却开始持续上涨。从 9 月 6 日到 20 日，这 15 天内延中实业的股票价格从 9.6 元涨至突破 10 元大关。正在为股票上涨而开心的公司管理层与股民还不知道，股价持续上涨是因为深圳宝安正酝酿在二级市场上对延中实业进行收购。直到 9 月 30 日，深圳宝安正式“举牌”，延中实业的高管们才意识到自己的公司成为敌意收购的目标公司。发生在 1993 年秋天的这次收购风波是中国大陆第一例上市公司收购事件，史称“宝延风波”。尽管在本次收购中，深圳宝安存在很多不不合规的现象，但意义重大，拉开了中国大陆上市公司收购的帷幕。从此，中国证券市场上活跃着各种资本并购活动，正如时任延中实业总经理秦国梁所说：“并购是证券市场的永恒主题，就好像爱情是小说的永恒主题一样。”①

随着我国市场经济越发活跃，上市公司的并购活动早已蓬勃发展起来。与普通的公司并购相比，上市公司涉及信息披露、强制要约收购以及敌意收

① 《上市公司“宝延风波”打响收购第一枪》，https://www.sohu.com/a/237683403_100182170，最后访问时间 2019 年 7 月 30 日。

购等特殊问题。

一、信息披露

上市公司的收购不仅仅与目标公司相关，可能还涉及二级市场的中小投资者的利益，因此法律对上市公司收购有一些特别的规定，对信息披露有要求。根据我国《证券法》以及相关法律规定，当收购人持有一个上市公司已发行股份达到5%时，应当在该事实发生之日起3日内，向证监会、证券交易所提交书面报告，抄报该上市公司所在地的证监会的派出机构，并通知该上市公司，予以公告；在此期间内，收购方不得再买卖该公司股票。此后，其拥有的权益股份占该上市公司已发行股份的比例每增加或减少5%，也应当进行报告与公告。在报告期限内和作出报告后2日内，不得进行该公司股票的买卖。此外，收购结束后，收购人应当在15日内将收购情况报告国务院证券监督管理机构和证券交易所，并予公告。

二、强制要约收购

探讨强制要约收购制度，首先应该了解上市公司收购的两种方式。上市公司的收购主要分为协议收购和要约收购两种方式。

协议收购是指收购公司与目标公司的董事会或管理层进行协商、谈判，双方达成协议，并按照协议所规定的收购条件、收购价格、期限以及其他规定事项，收购目标公司股份的收购方式。协议收购一般都是善意收购。根据我国法律规定，协议收购的双方在达成具体协议后，收购人必须在3日内将该收购协议向国务院证券监督管理机构及证券交易所作出书面报告，并予公告。

要约收购是指并购方以书面形式向目标企业管理层和股东发出收购该公司股份的要约，并按照依法公告的收购要约中所规定的收购条件，收购价格、收购期限以及其他规定事项，收购目标公司股份的收购方式。我国《证券法》对要约收购也有强制性规定，即并购方如果通过证券交易所的证券交易，投资者持有或通过协议、其他安排与他人共同持有一个上市公司已发行的股份达到30%时，继续进行收购的，应当依法向该上市公司所有股东发出收购上市公司全部或者部分股份的要约。同时，收购上市公司部分股份的收购要约应当约定，被收购公司股东承诺出售的股份数额超过预定收购的股份数额的，收购人按比例进行收购。通过上述规定，促使上市公司在整个收购过程中依法对相关信息进行披露，从而使小股东能够在获得公开信息的情况下，以较高的价格售出其持有的上市公司的股票，从而保护中小股东的利益。

综合以上法规，上市公司要约收购时需要注意的事项依照时间顺序如下：首先，当收购方增持标的上市公司股份到达 5% 时，应当在该事实发生之日起 3 日内，向国务院证券监督管理机构、证券交易所作出书面报告。在报告期限内和作出报告、公告后 2 日内，不得再行买卖该上市公司的股票。其次，收购方不断增持股票达到 30% 后，依照规定，向标的公司全体股东发出要约收购协议。在收购要约期限内，不得采取要约规定以外的形式和条件买卖被收购公司的股票。再次，收购方所持股份进一步增加，最终达到 75%，该上市公司股票应在交易所终止上市。此时，若收购要约的期限届满，收购人持有被收购公司的股份 90% 以上时，股东可要求收购人收购未收购的股票，收购人应当收购，收购行为完成后，被收购公司不再具备公司法规定的条件的，应当依法变更其企业形式。最后，收购完成，收购人应当在 15 日内将收购情况报告国务院证券监督管理机构和证券交易所，并予公告。

三、敌意收购与反收购制度

收购企业与目标企业之间意思表示达成一致，在双方相互信任的基础上制订收购计划是善意收购。相反，收购方不顾目标公司的意愿强行并购目标公司，或突然直接向目标公司股东开出价格或收购要约，对其形成包围之势，使目标企业不得不接受条款，将企业出售，是敌意收购。一般来说，资本市场有以下几种常见的反收购方式：[①]

---

① 参考汤欣、徐志展：《反收购措施的合法性检验》，载《清华法学》2008 年第 6 期。唐青林：《反收购的“28 张牌”万科有哪些？怎么打？》，https://law.wkinfo.com.cn/professional-articles/detail/NjAwMDAwMjM5ODg%3D?searchId=60950cce9f254587a253b4b77c6989a0&index=5&q=%E5%8F%8D%E6%94%B6%E8%B4%AD，最后访问时间 2018 年 8 月 12 日。

表 2　反收购方式

反收购名称	含　义	在我国能否适用	案　例
驱鲨剂	是指公司章程中，为防御其他公司的敌意收购而设计的一些增加收购方接管难度的条款。主要表现形式为： （1）绝对多数条款。约定公司并购、经营权变更必须取得绝对多数股东（所需高于法定 2/3）的同意方可进行。 （2）分期、分级、董事会条款。约定每年只能改选一定比例的董事（例如 1/3 或 1/4）。 （3）对董事资格、提名及程序等方面作出限制。对提名资格作出限制。即提名、更换董事的提案只有持有达到一定比例或持股达到一定时间的股东才能行使	驱鲨剂的绝对多数条款属于公司法规定的在公司章程中可以自由约定的内容	美的电器公司章程："董事局每年更换和改选的董事人数最多为董事局总人数的 1/3。""连续 180 日以上单独或者合并持有公司有表决权股份总数的 5% 以上的股东可以提名董事、监事候选人，每一提案可提名不超过全体董事 1/4、全体监事 1/3 的候选人名额，且不得多于拟选人数。"
白衣骑士	是指当公司成为其他企业恶意收购的目标后，管理层为阻挠恶意收购，大股东寻找一家"友好"的公司进行合并，以抵御"外敌"入侵	与公司法、证券法的相关规定并不抵触	在 2002 年丽珠集团的股权之争中，公司管理层为了避免公司控制权落入东盛科技之手，主动与太太药业配合，将公司第二大股东丽士投资所持有的丽珠集团的股份以较优惠的价格全部转让给太太药业，使其最终成为丽珠集团的实际控制人
金色降落伞	是指公司与高级管理层之间的特殊补偿协议，即对公司控制权变更后离职或在职权、工作地点、薪酬方面遭受重大损失的管理层进行一次性补偿支付	符合公司法的要求，但国有上市公司实行该计划需要接受国资部门审查	万科公司章程规定罢免董事不免除该董事依据任何合约提出索偿的要求。据此可猜想，万科有可能会与其现有董事签订金色降落伞的赔偿协议

续表

反收购名称	含　义	在我国能否适用	案　例
毒丸计划	通常为目标公司面临收购威胁时，董事会启动“股东权利计划”，通过股本结构重组，降低收购方的持股比例或表决权比例，或增加收购成本以降低公司对恶意收购方的吸引力，达到反收购的目的	根据我国法律规定，公司增发股份需要股东会决议，因此毒丸计划在我国效力较低	2005 年，盛大网申明已经持有新浪 19.5% 的股票，即将成为新浪的实际控制人。新浪通过向原股东以 15 美元的超低价格增发股权，成功稀释了盛大网络的股权，击退了盛大网络的这次敌意收购
焦土政策	是指除掉企业中最有价值的部分，即对公司的资产、业务和财务，进行调整和再组合，以使公司原有“价值”和吸引力不复存在，进而打消并购者的兴趣，与收购方“鱼死网破”	依照我国法律规定，被收购公司董事会处置公司重大资产，需要股东会的批准[①]，因此该手段不建议收购公司使用	暂无案例

综上所述，对于上市公司来说，最好在公司章程中列入“驱鲨剂”“金色降落伞”的相关条款，以防自己在敌意收购中陷入过于被动的地位。

---

① 《上市公司收购管理办法》第三十三条：收购人作出提示性公告后至要约收购完成前，被收购公司除继续从事正常的经营活动或者执行股东大会已经作出的决议外，未经股东大会批准，被收购公司董事会不得通过处置公司资产、对外投资、调整公司主要业务、担保、贷款等方式，对公司的资产、负债、权益或者经营成果造成重大影响。

第五章

争议解决

扩展阅读》》

文章标题	二维码
1.《最高法最新通知，疫情期间诉讼案件怎么在线办理》	
2.《国际仲裁条款约定方法》	

第一节
公司律师常见的纠纷类型

公司作为商事主体之一，在现今的市场经济活动中扮演着非常重要的角色。而与公司相关的各类纠纷，也成为日常经济活动中最常见的商事争端之一。对于一名公司律师，常见的各类纠纷主要包括以下几个方面。

一、民商事诉讼

民商事诉讼，是当事人就特定民商事争议向法院提出的保护民商事实体权益的请求。人民法院在双方当事人和其他诉讼参与人的参加下，依法审理和解决民事商纠纷案件的诉讼活动，以及由此产生的各种诉讼法律关系的总和。

二、民商事仲裁

民商事仲裁，是指由双方当事人协议将争议提交第三者，由该第三者对争议的是非曲直进行评判并作出裁决的一种解决争议的方法。1995 年 9 月 1 日,《仲裁法》正式施行，为民商事纠纷双方当事人提供了一条解决争议的新途径。

仲裁是当今国际上公认并广泛采用的解决争议的重要方式之一。国外通过仲裁解决经济纠纷已是非常普遍，国内随着仲裁法的颁布实施，越来越多的人开始了解、熟悉并选择仲裁方式来解决经济纠纷。商事仲裁因为在解决纠纷中具有快捷性、实用性、专业性和高效性，已成为国际通行的经济纠纷解决方式。

三、行政诉讼

行政诉讼，是指公民、法人或者其他组织认为行使国家行政权的机关和组织及其工作人员所实施的具体行政行为，侵犯了其合法权利，依法向人民法院起诉，人民法院在当事人及其他诉讼参与人的参加下，依法对被诉具体行政行为进行审查并作出裁判，从而解决行政争议的制度。它对保障一个国家依法行政，建立法治政府，确保公民、法人或其他组织合法权益免受行政权力的侵害，具有十分重大的意义。

四、劳动争议

劳动争议，是指劳动关系的当事人之间因执行劳动法律、法规和履行劳动合同而发生的纠纷，即劳动者与所在单位之间因劳动关系中的权利义务而发生的纠纷。根据争议涉及的权利义务的具体内容，可将其分为以下几类：（1）因确认劳动关系发生的争议；（2）因订立、履行、变更、解除和终止劳动合同发生的争议；（3）因除名、辞退和辞职、离职发生的争议；（4）因工作时间、休息休假、社会保险、福利、培训以及劳动保护发生的争议；（5）因劳动报酬、工伤医疗费、经济补偿或者赔偿金等发生的争议；（6）法律、法规规定的其他劳动争议。

第二节
公司律师常见的争端解决方式

根据我国《合同法》第一百二十八条的规定，合同争议的解决方式有四种：和解、调解、仲裁和诉讼。

公司作为社会经济活动中最常见的商事主体之一，其纠纷大多数都由合同衍生而来，而其中最为常见的纠纷即各类民商事争议。就民商事争议而言，解决该类法律纠纷的方案主要有四种，即和解、调解、仲裁与诉讼。

一、和解

（一）和解的含义和性质

当事人在自愿互谅的基础上，就已经发生的争议进行协商并达成协议，自行解决争议的一种方式，简单来说，就是我们平常所说的“私了”，属于自力救济。一般来说，鼓励协商解决争议，因为不必花费太多精力，具有高效性，不伤和气，但要注意的是，和解属于民事行为，适用于一般民事纠纷，具有一般合同的效力，没有强制执行力。

和解的主要性质如下：（1）高度的自治性。和解是依照纠纷主体自身力量解决，没有第三者裁决，和解的过程和结果均取决于纠纷主体的意思自治。（2）非严格的规范性。和解的过程和结果不受规范，也无须规范（尤其是法律规范）的严格制约。和解通常是以民间习惯的方式或者纠纷主体自行约定的方式进行。

（二）和解的基本原则和法律效力

虽然和解具有高度的自治性和非严格的规范性，但是，现代法治社会中和解应当遵守以下两项基本原则：（1）合法原则。和解的适用，和解的过程和结果，均应遵守法律规范，遵循公共利益和尊重他人合法权益，否则，和解协议无效。比如，不得通过和解来解决合同是否无效的争议；改变法定的归责原则所达成的和解协议是无效的。（2）自愿与公平原则（自愿原则）。和解的适用，和解的过程和结果，均应建立在纠纷双方主体自愿与公平的基础上，不得存在强迫、欺诈、显失公平或重大误解等内容，否则，纠纷主体可以变更或撤销和解协议。

和解协议的法律效力主要有：（1）和解协议具有民事合同的性质和效力，不具有与法院判决相同的效力。（2）和解协议经过一定程序转化为特定法律文书的，具有与法院判决相同的既判力、执行力、形成力等。

商事主体之间和解的好处是无须经过仲裁和司法诉讼程序，省去仲裁和诉讼的麻烦及费用，而且不伤和气，灵活性也较大，有利于双方经济关系的进一步巩固和发展。而且，在通常情况下，商事主体之间发生争议后，一般也都愿意先进行友好协商，很多商事主体宁愿作出一定的让步，分担一点损失，使争议得到友好解决，也不愿进行仲裁或去法院进行诉讼，俗话说得好，和气才能生财。

二、调解

（一）调解的含义和性质

调解是以调的方式达到解的目的，即调解人在纠纷主体自愿的前提下，依据法律规范或交易习惯等，在纠纷主体之间摆事实、明道理，平等协商、相互妥协，达成解决纠纷的合意或协议。根据调解主体分类，我国现行调解方式有法院调解、仲裁机构调解、调解机构调解等。

民事调解人是中立的第三方，可以是国家机关、社会组织或者个人，均须遵循调解的性质和原则。调解的主要性质有：纠纷主体的自治性、非严格的规范性和调解人的居中性。

（二）调解的基本原则和法律效力

调解的基本原则包括合法原则和自愿原则。不管调解人的身份地位如何，都不得强行适用调解，调解中也不得强制解决纠纷。

调解协议通常具有民事合同的性质和效力，不具有与法院判决相同的效力。调解的自治性和非严格规范性无从保证调解是否遵循上述两项基本原则，所以不应直接赋予调解协议与法院判决相同的效力。

（三）法院调解

根据《民事诉讼法》和《最高人民法院关于适用〈中华人民共和国民事诉讼法〉的解释》等，法院调解应当遵行合法原则和自愿原则；调解协议应当建立在事实清楚和法律关系明确的基础上。

一审、二审和再审中，法院受理案件后，经审查，认为法律关系明确、事实清楚，在征得当事人双方同意后，可以径行调解。法院审理离婚案件，应当进行调解，但不应久调不决。适用特别程序、督促程序、公示催告程序的案件，婚姻等身份关系确认案件以及其他根据案件性质不能进行调解的案件，不得调解。

法院调解过程不公开，但当事人同意公开的除外。调解协议内容不公开，但为保护国家利益、社会公共利益、他人合法权益，法院认为确有必要公开的除外。

法院调解案件时，当事人不能出庭的，经其特别授权，可由其委托代理人参加调解，达成的调解协议，可由委托代理人签名。离婚案件当事人确因特殊情况无法出庭参加调解的，除本人不能表达意志的以外，应当出具书面意见。

法院进行调解，可以由审判员一人主持，也可以由合议庭主持，并尽可能就地进行；可以用简便方式通知当事人、证人到庭；可以邀请有关单位和个人协助，被邀请的单位和个人，应当协助法院进行调解。

调解达成协议，法院应当制作调解书。调解书应当写明诉讼请求、案件的事实和调解结果。调解书由审判人员、书记员署名，加盖法院印章，送达双方当事人。调解书需经当事人签收后发生法律效力的，以最后收到调解书的当事人签收的日期为调解书生效日期。

调解未达成协议或调解书送达前一方反悔的，法院应及时判决。法院调解民事案件，无独立请求权第三人承担责任的，应经其同意；该第三人在调解书送达前反悔的，法院应及时裁判。开庭前从事调解的法官原则上不参与同一案件的开庭审理，当事人同意的除外。

当事人不履行调解书的，对方当事人可以向法院申请强制执行。若有证据证明调解书违反合法原则、自由原则，虽不得上诉但可以启动再审程序予以纠正，第三人可以提起撤销或变更调解书之诉。

和解与调解是不同的法律概念。法院调解是民事诉讼法的基本原则之一，只能适用于审判程序，是由法院在双方当事人自愿和合法的条件下，依法制作的法律文书，具有与判决书同等的法律效力。而和解是当事人在没有法院参与的情况下自主解决纠纷的行为，不受司法程序的直接约束和支配，纯属当事人之间基于诚信、情感和谅解的契约性自治行为。

合同发生争议后，当事人可以通过和解或者调解解决。现阶段，通过调解解决合同争议的方式可以向合同约定的调解机构申请调解，在调解过程中，在调解机构主持下，双方当事人认真研究合同约定的条款，以及合同的履行情况，争取对方的妥协和让步。一般来说，调解的解决方式比较灵活，双方可充分沟通协商，就法律争议的解决达成一致。为了以调解的方式，独立、公正地帮助当事人解决争议，中国国际贸易促进委员会及其各分会均设有调解中心，北京仲裁委员会也设有调解中心。当然，现阶段，通过调解解决合同争议的方式在国内接受程度不高。

如当事人不愿和解、调解或者和解、调解不成的，可以根据仲裁协议向仲裁机构申请仲裁；当事人没有订立仲裁协议或者仲裁协议无效的，可以向人民法院提起诉讼。需要注意的是，在仲裁和诉讼之间，当事人只能择其一，即“或裁或诉”，不得同时选择仲裁和诉讼作为同一合同争议的解决方式。

三、诉讼

（一）诉讼的含义

诉讼是法院运用国家司法权解决民事纠纷及其他事项的公力救济，即运用司法权保护民事权益，解决民事纠纷及其他事项的专门程序和行为活动；广义上包括民事审判与民事执行，是一种以国家公权力解决社会纠纷的机制。

平等主体当事人之间发生经济纠纷提起诉讼，适用《民事诉讼法》解决纷争。1991 年 4 月 9 日第七届全国人民代表大会第四次会议通过，历经 2007 年、2012 年、2017 年三次修正的《民事诉讼法》是进行民事诉讼活动的法律依据。

（二）诉讼的特征

一是国家强制性，主要体现为：法院代表国家运用司法权，强制解决民事纠纷及其他事项；法院判决具有确定力、执行力、确认力和形成力等国家法律强制效力。

二是严格规范性，主要体现为：民事诉讼应当严格按照法定程序有序进行（诉讼安定）；法院应当根据实体法规范作出判决，严格按照执行依据采取执行措施。

民事诉讼通过其国家强制性和严格规范性一方面限制法官恣意，保证司法权合法行使；另一方面维护当事人双方之间的平等，实现民事诉讼的公正性。民事诉讼的严格规范性使民事诉讼能够充分满足当事人明确的权益要求，统一法治秩序。

诉讼作为一个处理纠纷范围广、费用成本低的救济途径，本应适用颇多，但在当今大额商事交易活动中不被青睐。主要原因是诉讼实行二审终审程序，诉讼周期漫长，在涉外交易中，外方当事人对本国司法体制担忧等原因。

四、仲裁

（一）概述

仲裁一般是当事人根据订立的仲裁协议，自愿将争议提交由非官方身份的仲裁员组成的仲裁庭进行裁判，并受该裁判约束的一种制度。

仲裁作为一种解决民事纠纷的重要方式，在世界范围内被广泛采用。根据《仲裁法》第二条规定，平等主体的公民、法人和其他组织之间发生的合同纠纷和其他财产权益纠纷，可以仲裁，包括了《合同法》所规定的15种合同纠纷。

商事仲裁作为一种高效、快速的争议解决方式，如今受到了更多的关注。但是仲裁的适用有着严格的要求，首先，需要当事人在合同中明确约定仲裁作为争议解决方式；其次，对于仲裁约定的条款也有严格的要求，需要明确仲裁地的某个具体仲裁机构，否则存在被认定为无效仲裁条款的可能；最后，在争议解决条款之中不能同时约定适用仲裁和诉讼作为救济途径，否则，在争议双方就最终救济途径无法协商达成一致时，依法只能通过诉讼途径解决。

（二）仲裁制度的分类

1. 临时仲裁与机构仲裁

以仲裁机构是否为常设进行分类，可将仲裁制度分为临时仲裁与机构仲裁。

临时仲裁又称特别仲裁，是指不需要常设机构的协助，直接由双方当事人指定的仲裁员自行组成仲裁庭进行的仲裁。临时仲裁机构是根据当事人之间的仲裁协议而临时设立的审理特定案件的机构，即事实上的仲裁庭。当案件审理终结并作出仲裁裁决后，该仲裁机构即行解散。

机构仲裁又称常设仲裁，是一种由当事人合意选择仲裁机构解决其争议的国际商事仲裁。常设仲裁机构是依据国际公约或一国国内法设立的审理国际商事仲裁案件的机构。前者如解决投资争端国际中心，后者如中国国际经济贸易仲裁委员会、北京仲裁委员会等。这些机构均有其特定的名称、章程和固定的办公地点，多数还有仲裁规则以及专门的供当事人选择的仲裁员名册。

2. 友好仲裁与依法仲裁

以仲裁员是否必须依照法律作出裁决为标准，可以将国际商事仲裁分为友好仲裁和依法仲裁。

友好仲裁是指仲裁庭经双方当事人授权，在认为适用严格的法律规则会导致不公平结果的情况下，不依据严格的法律规则，而是依据其所认为的公平标准作出对当事人双方有约束力的裁决。是否可以进行友好仲裁将完全取决于当事人的意愿。未经授权，不得进行友好仲裁。此外，友好仲裁也要受到仲裁地法的公共政策和强制性规定的限制。英美法系国家和地区一般不承认友好仲裁。

依法仲裁是指仲裁员必须按照法律作出裁决，不能像友好仲裁一样依照友好仲裁人所认为公平合理的标准作出裁决。

3. 双方仲裁与多方仲裁

根据参与仲裁程序的利害关系人人数的不同，可以分为双方和多方当事人仲裁。

争端双方当事人之间的仲裁是指仲裁庭的管辖权来源于双方当事人之间的协议，一般情况下的争端均为双方当事人之间的争端。由订立仲裁协议的双方当事人在协议项下的争端发生后将其提交约定的仲裁庭解决。而仲裁庭所解决的争端也仅限于该双方当事人之间的争端，对第三人则无管辖权。

争端多方当事人之间的仲裁是指在国际商事合同中，如果争端涉及两个以上的公司或个人之间就同一合同或与该合同有关的含有相同仲裁条款的合同争端，基于以下两个原因可能会涉及多方为同一仲裁程序当事人的情况：第一，由多方当事人共同签署了一项含有仲裁条款的合同；第二，由含有相同仲裁条款的连环合同引起的争端。

（三）仲裁的基本特点

1. 自愿性

当事人的自愿性是仲裁最突出的特点。仲裁以双方当事人的自愿为前提，即当事人之间的纠纷是否提交仲裁，交与哪个仲裁机构仲裁，仲裁庭如何组成，由谁组成，以及仲裁的审理方式、开庭形式等都是在当事人自愿的基础上，由双方当事人协商确定的。因此，仲裁是最能充分体现当事人意思自治原则的争议解决方式。

2. 专业性

民商事纠纷往往涉及很多专业的领域，会遇到许多复杂的法律、经济贸易和有关的技术性问题，故专家裁判更能体现专业权威性。因此，由具有一定专业水平和能力的专家担任仲裁员对当事人之间的纠纷进行裁决是仲裁公正性的重要保障。根据《仲裁法》第十三条的规定，仲裁机构都备有由不同专业的专家组成的仲裁员名册供当事人进行选择，专家仲裁由此成为民商事仲裁的重要特点之一。

3. 灵活性

由于仲裁充分体现当事人的意思自治，仲裁中的诸多具体程序都是由当事人协商确定与选择的，因此，与诉讼相比，仲裁程序更加灵活，更具有弹性。

4. 保密性

仲裁以不公开审理为原则。《仲裁法》和各级仲裁机构的仲裁规则均规定了仲裁员及仲裁秘书人员的保密义务。因此当事人的商业秘密和贸易活动不会因仲裁活动而泄露。仲裁表现出极强的保密性。

5. 快捷性

仲裁实行一裁终局制，仲裁裁决一经仲裁庭作出即发生法律效力。这使得当事人之间的纠纷能够迅速得以解决。

6. 独立性

仲裁机构独立于行政机构，仲裁机构之间也无隶属关系。在仲裁过程中，仲裁庭独立进行仲裁，不受任何行政机关、社会团体和个人的干涉，亦不受仲裁机构的干涉，显示出最大的独立性。

7. 经济性

时间上的快捷性使得仲裁所需费用相对减少；仲裁无须多审级收费，使得仲裁费往往低于诉讼费；仲裁的自愿性、保密性使当事人之间通常没有激烈的对抗，且商业秘密不必公开，对当事人今后的商业机会影响较小。

8. 国际性

随着国际贸易的发展，当事人选择进行跨国仲裁越来越普遍。仲裁案件的来源、仲裁当事人、仲裁庭的组成直至裁决的执行，国际性因素越来越多。

（四）仲裁制度与诉讼制度的对比

近年来，我国商事仲裁制度得到了快速发展，仲裁案件数量逐年上涨，争议金额相对诉讼来说也更大，那么仲裁和诉讼在处理争议案件时有什么具体区别呢？

1. 权力来源不同

仲裁庭裁断案件的权力来源于当事人之间达成的仲裁协议，而非国家赋予的公权力。而诉讼程序是当事人行使诉权的过程，也是国家行使司法权的过程。

因此，仲裁法对仲裁协议的形式和内容都有严格要求，否则无效的仲裁条款不能赋予仲裁机构案件管辖权。而诉讼案件中约定管辖条款并不是必要条件，可以根据民事诉讼法的规定确定管辖法院。

仲裁协议赋予仲裁机构对案件的排他性管辖权，因此仲裁协议的内容也必须具备排他性，而诉讼约定管辖条款则可以具有多选择性。不过，诉讼约定管辖可选择的管辖地必须以与争议有实际联系为前提，同时受到级别管辖和专属管辖的限制。

仲裁协议中还可以对仲裁员的任命、仲裁规则的适用、仲裁适用准据法的确定等内容进行约定。诉讼约定管辖条款仅限于在不违反级别管辖和专属管辖的前提下对受诉法院的约定。而仲裁不实行级别管辖和地域管辖，当事人可以在全球范围内选择仲裁机构。

2. 立案程序不同

人民法院进行诉讼活动是行使国家赋予的公权力的过程，加之受理案件数量极其庞大的客观现实，立案庭对于诉讼立案过程的审查和干预通常较为强势，“立案难”成为普遍现象。《仲裁法》第十四条明确了仲裁委员会独立于行政机关，是基于当事人双方的意思表示而进行居中裁判的平等第三方，立案程序更为高效、灵活与便捷。

对比民事诉讼法规定的起诉条件和仲裁法规定的申请仲裁条件，仲裁立案要求必须有书面的仲裁协议；诉讼立案则要求有“与本案有直接利害关系的公民、法人和其他组织”和“明确的被告”。

3. 经济成本不同

仲裁机构的收费方式及收费标准并不统一，需要根据不同仲裁机构的不同规则进行计算；诉讼费用的收取依据国务院颁布的《诉讼费用交纳办法》，不同的法院收费标准一致。

相比较来说，单个案件的收费标准，仲裁机构相对更高。但如果考虑仲裁是一裁终局，而诉讼则有可能需要交纳两审的诉讼费，因此争议金额越大，仲裁费用相对越低。

4. 审理期限不同

根据我国《民事诉讼法》的相关规定，民事诉讼审理期限为，一审普通程序 6 个月（有特殊情况经院长批准可以延长 6 个月），简易程序 3 个月，二审审理程序 3 个月。涉外案件的审理期限不受限制。

而我国《仲裁法》没有对仲裁案件的审理期限作出硬性规定，审理期限以各个仲裁委员会的仲裁规则为准。

5. 保密性不同

诉讼程序公开审理是原则，不公开审理是例外，仲裁程序不公开审理是原则，公开审理是例外。诉讼一审案件原则上都要开庭审理，仲裁是以开庭审理为主，但也可根据当事人的协议不开庭审理。

6. 审理人员产生方式不同

在诉讼程序中，合议庭的组成是由法院审判庭自行安排，当事人无法按照自己的意志选择承办法官以及组成合议庭的法官或人民陪审员；而在仲裁程序中，关于仲裁委员会的选择、仲裁庭人员的选择都遵循当事人意思自治优先的原则。

7. 庭审模式的不同

我国实行的是诉讼职权主义甚至是超职权主义的诉讼模式，更加注重法官在诉讼程序中的主导作用。因此，诉讼程序相对而言更加严格，法官对于庭审进程的掌控以及对诉讼参与人的活动的约束更强。这种诉讼模式相对难以激发当事人参与诉讼的积极性，不利于当事人在庭审过程中充分表达自己的意见。

仲裁案件的庭审程序则更加体现平等、尊重和相互信任的精神，首先是因为仲裁员参与案件的审理，前提是当事人的选任，相互之间存在信任的基础。其次仲裁员均为兼职且大多都是从事仲裁、司法、律师、法律教学研究等工作的专家，专业水平既能令人信服，同时也能够比较好地尊重当事人参与庭审的权利，有利于各方充分表达观点。

8. 程序灵活性上存在差异

诉讼是以司法机关为主导，在诉讼参与人的配合之下依照法定的程序解决纠纷的活动。因此案件审理程序是不能改变的，法官对当事人在庭审过程各个阶段中的陈述表达控制比较严格，当事人只能遵守法官的要求。

较之诉讼而言，仲裁则更加体现出程序灵活性，具体体现在以下几方面：庭审进程、庭审顺序可以根据实际需要进行调整，当事人也可以向仲裁庭提出相关申请，不会仅仅因为程序上的问题而限制当事人充分表达自己的观点。《中国国际经济贸易仲裁委员会仲裁规则》第三十五条明确规定：除非当事人另有约定，仲裁庭可以按照其认为适当的方式审理案件。对于证据的审查与认定更加灵活，对于证据真实性、合法性等方面的认定更加强调综合考虑案情，不拘泥于对证据的形式要件是否符合要求的审查。

9. 裁判原则以及自由裁量权存在差异

诉讼裁判原则：强调裁判的社会效益。由于诉讼裁判原则更加强调正确适用法律，更加强调判决的社会效果，因此审判法官自由裁量权的行使受到更多的限制，判决结果更多的要考虑适用法律的正确性、同一审判庭、同一法院或上级法院对于同类案件的审判经验、审判原则以及其他政策性要求，还要考虑判决可能产生的社会效果和影响。

仲裁裁判原则：公平合理、衡平性。所谓仲裁裁决的衡平性原则，就是指仲裁员在作出裁决时，应当在法律精神的指导下，不拘泥于成文法的限制，充分尊重当事人的意思自治，公平合理地裁判。

当事人选择的仲裁员，可以不是法学专业人士，而是相关行业的专家，熟悉行业惯例和通常的交易规则，从而能够超越法律条文的限制，更加准确地查明事实，作出更加公平合理的裁断，实现当事人之间利益的“衡平”。

另外，仲裁员大多为兼职从事仲裁工作的专家，更加能够保持独立裁判，不易受仲裁机构或者其他主体的影响和干预，其自由裁量权能够得到更大程度的尊重与保护。

10. 裁判结果纠正的救济方式上存在差异

诉讼程序是两审终审制，二审程序对一审程序的监督不需要理由，当事人的上诉权受保障。二审判决生效后如果确有错误，还可以启动审判监督程序予以救济。

仲裁庭对案件的裁决是基于当事人的自愿，当事人自愿接受并执行仲裁庭的裁决结果，因此一裁终局，裁决作出即生效。法院对于仲裁裁判结果的监督与纠正救济，体现在对当事人“申请撤销仲裁裁决”以及“申请不予执行仲裁裁决”的司法审查权。

11. 域外执行效力上存在差异

由于法院判决涉及国家司法管辖权，国内判决能否在域外顺利申请执行，取决于判决作出国家和申请执行地国家之间有没有签订司法协助协定或有没有互惠原则。

因为仲裁的民间性，仲裁裁决在域外更易执行。1958 年在联合国的主持下，在美国纽约订立了《承认和执行外国仲裁裁决的公约》（以下简称纽约公约），缔约国有义务承认和执行在其他缔约国内作出的仲裁裁决。1986 年 12 月，我国加入了该公约，并于 1987 年生效。纽约公约已成为承认和执行外国仲裁裁决最为重要的国际公约。在世界范围内只要是纽约公约的签字国，仲裁裁决都可以相对便利地得到承认和执行。

12. 对第三人问题的处理方式存在差异

根据民事诉讼法的规定建立了第三人作为诉讼参与人的制度，而仲裁程序的启动，必须基于仲裁双方之间的仲裁协议，在仲裁协议没有约定且各方没有达成一致的情形下，第三人无权参与仲裁。

（五）争议解决方式的选择

在现代商事活动中，合同当事人可以选择的争议解决方式主要有两类——诉讼和非诉解决方式。诉讼和仲裁属于以诉讼方式解决争议的手段，而诉讼和仲裁以外的手段则属于非诉解决方式，一般包括协商、调解、调停等。

按照契约自由的原则，在合同中，合同当事人享有选择解决争议方式的权利，即当事人可以自由选择以诉讼或非诉的方式解决合同双方之间发生的争议。而且，诉讼和非诉解决方式的选择在同一合同中并不冲突，合同当事人完全可以在合同中约定除了友好协商等非诉方式外，还可以采用诉讼或仲裁方式解决争议。

1. 诉讼的优势

第一，救济方式更为便捷。民事诉讼实行两审终审制，并且，当事人任何一方认为已生效的判决、裁定或调解书有错误的，可以申请再审。仲裁实行一裁终局制，仲裁庭作出的裁决对双方当事人均有约束力。虽然各国法院在承认和执行外国仲裁裁决时，有权对仲裁裁决进行监督审查，但这种审查的范围是很小的。所以，采用仲裁方式解决纠纷，当事人请求纠正错误裁决的机会比较小。使用诉讼的方式虽然当事人最终解决争议和获得法院救济的时间要比仲裁时间长一些，但能更公正、有效地保障当事人合法权益。

第二，诉讼具有更广泛的适用范围。我国《仲裁法》第二条、第三条对可仲裁的范围进行了限定，诸如收养纠纷就是不可仲裁事项。而诉讼的适用范围要宽广得多。

第三，诉讼的判决结果具有更广泛的效力。由于仲裁的裁决结果只能约束合同各方，若合同纠纷涉及第三人的利益或在执行中涉及第三人的资产，则仲裁裁决对其他合同相对方没有法律约束力，因此在遇到多方纠纷时，仲裁较之诉讼存在一定局限性。而诉讼程序中有共同诉讼、独立请求权第三人及无独立请求权第三人等制度，能更有效地解决涉及多方的纠纷及最终判决的执行。

第四，诉讼判决具有比仲裁裁决更直接的执行力。仲裁裁决具有终局性，但仲裁裁决尚需要法院的强制执行，存在被撤销和不予执行的风险，因此一旦仲裁裁决被法院撤销或不予执行，相关争议的解决还需要经历完整的诉讼程序，从而增加了时间成本。而法院的生效判决和裁定则不存在被撤销和不予执行的情形。

第五，诉讼判决具有比仲裁裁决更广的适用范围。在实务操作中有时会遇到依据判决或裁决办理后续手续，但有些机构只承认法院的判决，而不承认仲裁机构的裁定。

2. 仲裁的优势

第一，国际社会更易承认和执行仲裁裁决。此为仲裁较之诉讼判决的最大优势所在，尤其是中国于 1987 年加入纽约公约后，我国的仲裁裁决在世界绝大多数国家和地区都能得到有效的执行。而法院的判决需要在国外被执行的时候，往往执行地法院需要再一次审理或直接因与中国无双边协议而不予承认和执行。

第二，仲裁裁决具有快速解决争议的优势。仲裁实行一裁终局的制度，裁决一经作出即具有法律效力，仲裁案件除有特殊情况需延长审限的以外，都应当自立案之日起 4 个月内审结。法院审理民事案件，实行两审终审的制度，适用普通程序的，除有特殊情况需延长的以外，应在立案之日起 6 个月内审结；适用简易程序的，应在立案之日起 3 个月内审结。当事人对地方各级法院作出的民事一审判决、裁定不服的，可在上诉期间内提起上诉，二审审限为 3 个月。所以诉讼期限不包括特殊情况下经批准延长的时间，可长达 9 个月。

第三，小额标的仲裁费用比较高，金额达到千万元以上费用差异不大。若以案件的一次审理为标准，诉讼费用略低于仲裁费用，尤其是涉外仲裁。但是仲裁是一裁终局，而诉讼有一审、二审和再审，若将几次法院审理所缴纳的费用加在一起则远远超过了仲裁费用。

第四，仲裁程序非常灵活。在选择仲裁的时候，可以选择仲裁机构、仲裁规则、仲裁庭人员的构成、仲裁中适用的语言以及仲裁适用的实体法等，而法院在审理民商事案件时一般只能适用民事诉讼法及相关司法解释，同时审判人员不能由当事人自主选择，而是由法院安排。但民商事法律关系中需要更多地体现当事人的意思自治，仲裁正好在纠纷解决中进一步延续了这种意思自治。

第五，仲裁属于专家裁判。仲裁机构的仲裁员一般来自世界各地各行各业，主要是法律、经济贸易还有科学技术方面的专家学者。当事人可以根据案件的性质以及行业属性从名册里挑选自己满意的仲裁员，让仲裁员的知识结构合理搭配，即既有行业专家，也有法律专家，从而更好地保护当事人的权利。而法院的法官是不可能选择的，某一个特定的法院法官的知识结构是相对固定的，这跟仲裁体现出的广泛选择度是没法比拟的。

第六，仲裁具有保密性优势。依据《仲裁法》规定，仲裁是不公开进行的，同时仲裁员、仲裁机构、仲裁程序的参加人都有义务不向外界透露有关仲裁的程序或实体事项。而诉讼是以公开审判为原则，对于不想透露商业机密的一些商人，或者是不想因争议而引起负面效应的企业，仲裁的保密性正好满足其要求。

3. 宜采用诉讼方式的合同类型

（1）涉及多方当事人的合同宜优先约定诉讼方式。当涉及多个当事人时，在仲裁的过程中对仲裁程序问题难以达成一致，同时还涉及合同相对方的利益，采用诉讼更有利于合同纠纷的解决和相关结果的执行。

（2）需要以合同的履行或判决为依据办理后续手续的情形宜约定诉讼方式。因在办理有关手续时，有关机构要求提供的材料只规定了法院的判决而无仲裁庭的裁决。

（3）涉及应适用我国司法解释的合同宜优先采用诉讼方式。关于仲裁庭适用司法解释一直存在争议，当合同的潜在纠纷可能需要适用司法解释时，则优先采用诉讼方式。

4. 宜采用仲裁方式的合同类型

（1）含涉外因素的合同。涉外因素主要是指：合同当事方一方为含外资的企业；需在国外履行合同；合同标的含涉外因素；合同当事方在国外有资产等。涉外合同的案件中，其当事人、争议标的以及案件结束后的执行可能都具有涉外因素，如采用诉讼方式，可能会涉及外国司法主权、外方当事人对本国司法制度不信任等问题。因此，对于涉外合同的案件，宜选取具有公信力的国际仲裁庭进行审理。

（2）涉及专业化内容的合同。此类合同主要是指金融相关的合同、技术相关的合同等。在各国法院系统中，裁判者往往都是法律专业人员，其对于特定行业的专业技术合同了解不多。而仲裁委员会的仲裁员不仅有法律专业人员，还有各行业的专家学者，该类合同采用仲裁的方式有利于案件事实的查清。

（3）涉及商业秘密或其他不公开信息的合同。此类合同是指其履行可能会知悉合同方商业秘密的合同、纠纷的解决会影响公司对外形象的合同等。由于仲裁保密性较高，其庭审往往不对外公开，因此该类案件选取仲裁的方式进行处理，有助于商业秘密的保护。

（4）需快速回笼资金的企业签订的合同。此类合同是指对资金的流动性要求高的企业签订的合同，诸如零售业方面的合同等。由于仲裁为“一裁终局”模式，如该类合同产生争议，其案件的处理相对于诉讼来说时间跨度较短，采用仲裁的方式有利于在更短的时间内解决该类案件，更快地为企业实现资金回笼。

（5）与需要继续维持合作关系当事方签订的合同。该类合同的当事方基于后续合作，在双方产生纠纷时，均需要友好、低调地解决双方的纠纷，而仲裁的保密性、不公开性正好能满足此类要求。因此，该类合同宜优先采用仲裁方式。

每份合同都有其特殊内容，上述各种类型的合同仅在一般情形下优先采用诉讼或仲裁进行潜在纠纷解决。故而，在判断一个合同的争议解决条款中约定诉讼还是仲裁还需根据合同的具体情况和合同当事方的基本情况加以综合判断。

（六）替代性争议解决方式（ADR）

1. 替代性争议解决方式的含义

替代争议解决方式又称选择性争议解决方式，是非诉讼、非仲裁的选择性争议解决方式的概括性的统称。替代争议解决方式（ADR）是指可以被法律程序接受的，通过协议而非强制性的有约束力的裁定解决争议的任何方法。

替代争议解决方式（ADR）是一组程序群，主要包括：调解或调停、中立听者协议、小型审理、简易陪审团审判、租借法官、事实发现法，此外，还有特别主事人、法院附属仲裁、监察专员制度及少年庭等方式。替代争议解决方式（ADR）是对诉讼和仲裁的辅助手段，是社会有机体自我完善机制的表现，目前已成为民商事争议解决方式体系中的重要形式。替代争议解决方式具有非正式性、非强制性、广泛性、灵活性的特点。替代争议解决方式（ADR）是一种可以广泛地适用于解决争议的纯粹自愿的程序。

2. 替代性争议解决方式的起源与发展

替代性争议解决方法起源于美国。20 世纪初，美国著名法学家罗斯科·庞德对法律的社会救济能力提出了质疑，他认为，当人们需要通过法律维护自身权益的时候，法律的实施往往十分困难。庞德呼吁美国进行法律体制改革，并强调了非诉讼争议解决方式的重要性。尽管当时 ADR 在某些领域已经有了一定程度的应用，但联邦立法机构及法院并没有明确地支持其发展。直到 20 世纪 60 年代，美国国内爆发了声势浩大的民权运动，从两个方面推动了 ADR 的发展：一方面，民权运动倡导包括争议解决机构在内的社会机构应当有更多的民主参与；另一方面，民权运动促成了许多以维权为目的的法案诞生，法院受案量大增，导致“诉讼爆炸”现象的出现。

1976 年，美国最高法院首席大法官沃恩·伯格组织召开了“庞德会议”，会议就民事诉讼中高成本低效率的问题进行了深入探讨，并主张发展 ADR 机制。自此，ADR 在美国正式发展起来，随后在世界许多国家得到推广并迅速掀起一股潮流——英国、德国、日本、加拿大、澳大利亚等国相继采用这一类型的争议解决方法，使之在众多领域得到推广，并逐步发展成为民商事争议解决体系中不可或缺的一部分。

3. 替代性争议解决方式的特点

第一，自愿性，或称合意性、选择性或自治性，在 ADR 中占有重要地位。ADR 程序及其采用的形式一般出于当事人的自愿，甚至争议解决的结果是否有强制性也取决于当事人。假如 ADR 程序成功，很可能是双赢的结果；假如没有成功，所失去的只是时间及 ADR 程序不多的费用。

第二，非正式性。ADR 既不像诉讼需要国家权力和法院的介入，一切以诉讼法为依归，也不像仲裁那样注重最低限度的正当程序要求。恰恰相反，ADR 的程序极为灵活，甚至很难讲它有什么必需的正式程序，当事人之间也不必处于对抗地位。比如，ADR 没有严格的证据规则，没有现代诉讼和仲裁中常有的对抗制以及保证程序正常进行的规则。因为这种非正式性，当事人可以灵活处理所争议的问题，如不必通过昂贵的手段举证，不必进行冗长的质证和辩论，从而节省了费用与时间。对于解决争议的法律程序而言，非正式性不是一个优点，但由于 ADR 的结果多半是当事人自愿达成并接受，所以非正式性不仅没有侵犯天赋公正或正当程序，反而成为灵活、效率的代名词。

第三，复合性，或称共融性。在 ADR 过程中，只要当事人愿意，各种方法相互融合，互为补充。ADR 程序和诉讼程序、仲裁程序甚至也是共通的。如美国公共援助中心提供的 ADR 示范程序中的两步争议解决程序—调解 / 微型审判—仲裁 / 诉讼；三步争议解决程序—谈判—调解 / 微型审判—仲裁 / 诉讼，就表明了 ADR 各种机制的共融性。中国的一些仲裁机构也采用了类似方法，如当事人可以先请求调解中心进行调解，如调解失败，进入仲裁程序；当事人也可以一边进行仲裁程序，一边由独立的调解员进行调解，调解成功则由仲裁庭依调解协议的内容作出和解裁决，如调解不成功，则径由仲裁庭作出裁决。显然，ADR 的复合性有助于当事人提高解决争议的效率。

第四，保密性。ADR 的进行一般不对外公开，有助于当事人放弃对抗，营造和谐气氛，在小范围内平和地解决争议，保护当事人的经营秘密。同时，保密性还意味着当事人在 ADR 程序中的所作所为，以及 ADR 主持人（如调解员）的言行，都不得由当事人在以后解决同一争议的诉讼、仲裁或其他程序中用作证据，ADR 主持人也不负有相应的作证义务。

第五，前瞻性。当事人之间存在一种持续性的关系时，ADR 的选用可能特别有效。这在商业纠纷的解决方面，尤其重要。出于对他们之间商业关系的考虑，当事人既要对目前的争议做出安排，又要着眼将来，通过诉讼可能难以达到目的，而通过 ADR 达成一个新协议，不一定要对现存争议定性，但互有让步、各有受益，则有可能。故可以说，ADR 不见得会给当事人一个“说法”，但却可以做到“结束过去，向前看”。

第六，结果的非强制性。ADR 各种方法是当事人的合意选择，没有公共权力的参与或公共权力对争议解决过程影响不深，结果通常不具有强制性。但这也不是绝对的，从联合国国际贸易法委员会起草的《国际商事调解示范法》及一些国家的国内法来看，在一定条件下，通过 ADR 达成的解决方案可能具有拘束力。如，前述示范法第十四条规定：当事人订立争议和解协议的，该和解协议具有拘束力和可执行性。但一般而言，通过 ADR 达成的争议解决方案普遍不具有强制性。

以上所述 ADR 的特点，既反映了 ADR 与诉讼、仲裁的若干本质区别，同时也反映了 ADR 作为争议解决方式的优势之所在。需要注意的是，诉讼、仲裁程序中采用 ADR 方法结案时，ADR 实际上被并入诉讼、仲裁程序，成为诉讼程序或仲裁程序的一部分，其结果往往也表现为法院的判决或调解书、仲裁庭的和解裁决或调解书，具有强制执行力。这和通常的 ADR 是不同的。所以，如无特别说明，一般所说的 ADR 不包括这两种情况。

随着社会发展，民事冲突必然会趋于增多，审判机关负担加大是必然的结果，完全可能导致人民法院审理案件不充分，裁判公正性与准确性降低，最终也就影响到了当事人的实体权益。因此，充分发挥替代性纠纷解决机制的效用，对民事案件进行分流，既可以有效地解决纠纷，化解矛盾，又可以减轻司法审判机关的负担。

第三节
争议解决案件的处理

作为商事主体的公司，其涉及商事争议时，不仅要耗费公司大量的人力、物力以及财力，也牵扯公司管理者的时间和精力，而且，一旦该争议案件未能处理好，对公司的影响非常大。比如，公司涉及对赌的争议败诉时，可能会导致公司支付数千万元甚至上亿元的巨额赔偿；涉及商业欺诈的诉讼败诉，可能影响公司在资本市场的融资；公司的知识产权案件的败诉，可能使公司失去作为公司核心资产的专利权。因此，公司越来越重视诉讼案件的处理。公司对于发生的诉讼，既可以聘请外部律师进行处理，也可以由公司法务部的公司律师来负责。随着执业律师收取的费用与日俱增，以及其他诸如沟通、保密等因素，很多公司逐渐倾向于将一般诉讼或仲裁案件交给公司法务部的律师来进行处理。公司律师在进行争议解决案件的处理时，必须慎之又慎。

一、制定科学的诉讼策略

在商事交易中，任何纠纷都不会无缘无故地产生，争议的产生都是基于这样那样的原因或背景。在纠纷尚未转化成诉讼之前，无论采用协商、调解抑或行政干预手段，当事人及其律师都应沉着冷静分析纠纷的起因、性质，找出问题的症结和关键所在。只有将解决争讼的手段同争讼的起因、性质、疑难复杂程度乃至社会后果等相联结，进行分析与评估，充分预测纠纷可能产生的结果，并基于可能产生的结果制定各类诉讼方案。

诉讼策略是法务部在面临一场诉讼或仲裁时，经过集体讨论拟定，并经公司决策层认可的解决方案。完整的诉讼策略，包括前期的诉讼风险分析、中期的庭审技巧，及后期的裁决执行方案。

首先，在诉讼或仲裁之初，无论公司是原告还是被告，法务总监都必须组织负责案件的公司律师，通过比较诉讼成本、胜诉率、可能的责任及结果或其他救济途径等因素，进行诉讼风险评估，对案件的处理策略作出决策。前述风险评估和策略设计，均须依赖于法务总监和公司律师的办案经验和专业能力。诉讼风险分析应可能量化，对案件的每种可能结果最好用经济数值表述，并对每种结果出现的概率进行预测。

其次，对于诉讼或仲裁过程中的庭审，也是相当讲究技巧的。在开庭之前，公司律师应反复阅看案卷材料，对案情中的薄弱环节尤其是对己方不利的环节，要多思考、多假设，预测庭审中对方可能提出的发问，做到有备无患。在应答时，力求洞察发问者的动机、问话的真正含义，对与案情无关的发问可以明确拒绝应答，并向审判长声明，争取庭审主动权。对不便直接回答的问题，可以采用迂回曲折的方法应答。对隐含前提的发问，应对“前提”予以否定，并揭露对方的真正用心。庭审技巧是一种纯粹的经验性工作，必须有大量的实践体验过程。为使公司律师满足公司对该诉讼技能的需求，法务总监可在法律培训中加入“模拟法庭”“庭前预演”等活动。当然，这需要法务总监自身对诉讼庭审有足够的实践。如果缺乏这方面的经历，也可以聘请专业咨询机构提供庭审技能的培训。在案件开庭前，通过创造一个与庭审类似的对话环境，能使公司律师在法庭上的发言、证据组织等都做到有的放矢，提高其庭审技巧和庭审效果，对其个人成长非常有益，因此，也受到公司律师的欢迎。

最后，公司诉讼或仲裁庭审完毕，法院或仲裁委员会下达裁决书，后期如何进行裁决执行也应构成诉讼策略的一部分。这可能是中国目前司法实践较为突出的问题。很多时候，公司费尽周折赢得一场诉讼官司，在要求对方按诉讼裁决书执行时，却又是另一副场景，其难度甚至不亚于另一场诉讼。公司作为一个经济实体，其最终目的不是打赢诉讼，而是通过诉讼获得本应有的经济利益或其他利益。如果案子胜诉，却无法执行到位，这无异于败诉。因此，裁决的执行是法务部诉讼管理的重要工作。在公司是执行申请人的情况下，要尽可能地执行裁决书，第一，要仔细研读司法机关的执行程序规定，充分利用制度赋予的权利，督促执行机构第一时间启动执行。第二，主动收集被执行人的财产线索，提供给执行机构。第三，一旦发现财产线索或执行机构依职权发现财产线索，则应立即要求执行员采取财产控制措施。第四，在已具备被执行财产的情况下，要求执行机构尽快进行财产变现。如变现的财产不足以偿还判决书所记载债权的，则应立即要求执行机构穷尽财产调查手段以全面执行。

二、制定正确的证据战略

（一）全面了解证据的特征与种类

证据被称为“诉讼之王”。任何纠纷的发生都建立在一定的事实基础之上。无论是原告提出诉讼主张，还是被告对原告诉讼请求的抗辩反驳，都需要充分有力的证据证明。案件的事实真相必须通过各类证据来进行还原，没有证据或未充分举证，将承担对己方不利的法律后果。

证据的真实性，是指证据所反映的内容应当是真实的，客观存在的。证据的真实性是证据最本质的特征，法律规定一切证据材料必须经过查证属实，才能作为定案的依据。证据的关联性，是指证据与案件事实之间存在客观联系。与案件情况没有联系的客观事实，不能起到证明案件真实情况的作用，不能成为案件的证据。证据的合法性，是指证明案件真实情况的证据必须符合法律规定的要求。首先，证据必须是法定人员依照法律规定的程序和方法收集的。收集证据必须依法进行。只有合法收集的证据才能作为裁判的依据。其次，证据必须具备合法的形式。最后，证据必须有合法的来源。如果证据的来源不合法，就不能用作定案的根据。

根据《民事诉讼法》第六十三条的规定，我国民事诉讼证据包含以下种类：当事人的陈述；书证；物证；视听资料；电子数据；证人证言；鉴定意见；勘验笔录。证据必须查证属实，才能作为认定事实的根据。

（二）掌握完整的证据搜集途径

1. 自行搜集

自行搜集证据是最常见最普遍的一种方法。自行搜集证据的范围几乎包括了证人证言、物证、书证、视听资料、鉴定结论等在内的所有证据。基于现今的司法实践情况，诉讼当事人需要在诉讼过程中全力以赴自行搜集证据。但是，自行调查搜集的证据常常充斥着个人“主观色彩”，在诉讼实践中，诉讼相对人对此常常提出强烈的“质疑”。

2. 阅卷搜集

所谓“阅卷”，即查阅人到资料或档案保管单位查阅卷宗原始资料的活动。“阅卷”是一种快捷有效的证据搜集方式。由于被“阅卷”的单位一般具有档案管理的职能，卷宗材料一般都较丰富、原始，且不会因人为的原因及其他因素灭失毁损。争讼当事人通过查阅摘抄有关卷宗材料，核实、澄清有关事实，往往可以收集到具有较强证明力的原始证据。

3. 申请法院调取

在现今司法实践中，不能举证以及未充分举证的当事人往往处于弱势地位，其发现和搜集证据的能力较弱，因此我国相关法律规定诉讼各方当事人可依法申请法院进行证据保全或者向法院提供相关证据线索，请求人民法院调查搜集证据，弥补己方证据搜集方面的弱势。

（三）制定严谨的证据提交策略

案件的事实是人民法院对案件进行裁判的根本，案件审理的结果在于对案件事实的认定。在案件未作出最后裁判之前，法庭并不完全知晓涉诉案件的事实真相，原告一方总是利用并抓住一切有利的优势，精心构建符合自己诉讼理念和诉讼需要的案件“事实版本”，甚至面对不利的诉讼情势，仍然会固执己见，“我行我素”。而被告、辩方则反其道而行之，针对原告、控方的诉讼主线进行抗辩反驳，并营造与其立场相对的案件“事实版本”。

一般来说，争讼双方构建案件“事实版本”有两种途径：一是从案件本身出发，按事实发生、发展的时序构建案件的“事实版本”；二是从诉讼请求抑或诉讼主张出发，以假定的诉讼目标为主线反向构建案件的“事实版本”。不仅如此，争讼双方还应将庭审举证与人的认知心理相联结，并针对诉讼情势的变化，组织确立最佳的自我证据方阵。

（四）选取科学的质证方法

所谓质证，就是针对证据存在的错误和漏洞，从证据本身所具有的客观性、关联性和合法性入手进行质疑，对其证明对象及效力提出异议。在民事诉讼的证据形式中，不同证据既有证据本身所固有的“共性”，又有各自不同的“个性”。诉讼当事人各方在质证中的首要任务，就是针对诉讼相对人举出的不同形式的证据，通过对举证本身是否真实、与案件待证事实有无关联、取得方式是否合法以及有无证明力等进行论述，辨明对方提供的证据的真伪。否定了证据的客观性，就使该证据丧失存在的现实基础，失去证明力；否定了证据的关联性，就使该证据丧失与待证案件事实的联系，排除了证据的存在；否定了证据的合法性，就使该证据丧失了作为证据的法律基础，从而丧失法律上的效力。

三、制定严谨的诉讼预防机制

随着公司诉讼案件的增多，预防诉讼才是最好的诉讼策略。公司律师可以从以下角度进行诉讼预防管理。

首先，尽力在公司形成一种诉讼风险防范文化。法务部应向管理层和员工灌输“诉讼是一件非常麻烦、非常费钱的事”的观念，让他们养成习惯，在打电话、发送电子邮件、签合同之前，就对诉讼风险有一定意识。公司律师也可经常向公司人员定期发送公司已结案件的案件报告，开展新法律法规的培训，提示公司人员诉讼风险的存在形式，以此增强全员诉讼风险防范意识。

其次，健全诉讼风险防范机制。这类机制包括知识的传达、风险的预警等。公司律师可根据公司所处的行业和生命周期，提炼出自身的诉讼风险事件数据库，告诉员工“什么应该做、什么不应该做”，并通过有关流程，将这些要求落到实处。公司内部诉讼法律提供者有责任向其他部门以及合同法律提供者等传达诉讼中获得的知识。负责诉讼的公司律师可以向负责审查合同的公司律师建议修改合同文本或调整交易操作方式。风险预警是指在风险实际发生之前，捕捉和监视各种细微的迹象变动，以预防风险或采取适当对策争取将风险降低。风险预警的主要任务是捕捉风险迹象和传递风险信息。

再次，加强对重点诉讼风险的防范。如某制药公司将知识产权视为公司的核心资产，对全公司的知识产权事务实行集中化管理，由总部统一申请注册专利，既防止有关权利被他人冒用，又避免侵犯他人专有权利。某投资性公司，对法律尽职调查的工作标准特别严格，可防止未来出现一些因投资对象故意隐瞒、虚假陈述等行为导致的诉讼风险。

最后，寻求替代性争议解决方案。许多公司为了减少诉讼数量，通常在交易合同约定发生纠纷时双方仅采取仲裁、调解等替代性争议解决方案。即使在协议中没有这些条款，有些公司也试图在争议后与对方达成这方面的协议，以减少诉讼费用。其原因就在于，替代性争议解决 ADR 方式具备效率高、费用低的特点。

四、建立科学的外部律师选取机制

公司律师在独立处理公司的各类诉讼以及仲裁案件时，固然能替公司节省成本。但是，并不是所有的案件，公司内部律师都可以解决，在遇到一些案件时，必须将案件委托给外部律师事务所来进行处理。而公司纠纷发生后，在最短的时间内找到最高效的外部律师是一件困难的工作，一方面因为律师行业专业化分工程度不高，另一方面因为存在信息不对称与个别律师虚假宣传行为。

在选取外部律师时，第一个面对的问题就是选好律师还是选名牌律师事务所？笔者个人的建议是在进行外部律师的选择时，应当更关注律师个人，而不是律师事务所的大牌与否。这是因为，外部律师的选取过程是一个与人打交道的过程，将公司的案件外包给外部律师，是基于对外部律师个人的信任，而不是对这个律所的信任。而且，律师行业的流动性很大，一个律师往往会带领他的团队一起流动到另一个律师事务所。因此，笔者认为在外部律师的选取过程中，律师个人的因素要大于律师事务所的因素。

那么，该如何进行外部律师的选取呢？第一个途径就是通过外部律师的口碑和他人的推荐，这是最为传统的一种方式，是非常有效并且还很经济的方法。第二个途径就是通过招投标，将具体的法律事务进行招标，通过考察参加投标的各个律师团队对具体法律事务的评析来判断其水平，这在一定程度上也是非常可取的。第三个途径就是通过大数据的检索来选取外部律师。公司可以通过裁判文书网、威科先行、Alpha 以及无讼等法律数据库，对各类纠纷的裁判文书进行检索，并就各个律师出现的频率以及胜诉率进行简单的分析，进而选取合适的外部律师。

五、建立公司律师案件激励制度

公司的各类诉讼以及仲裁案件，不管是开庭前的准备过程，还是开庭中的庭审过程，还是证据的采集过程，都充满了对抗性，都非常耗费时间和精力，这就需要在处理这些事务时，保持较高的工作积极性以及主动性。外部律师对于案件处理的心态，是“受人之托，忠人之事”。案件量越大，案情越复杂，案件标的额越高，则外部律师的收益越多。这样，外部律师的工作动力也就越大，工作效率也就越高。

但公司律师对于案件处理的积极性，则不如外部律师。这是因为，公司律师从公司领取固定薪酬，其处理案件的数量、标的额大小、案件的难易程度，甚至案件结果，都与公司律师的薪酬无关，这也就在某些方面导致公司律师在处理公司的各类诉讼以及仲裁案件时，积极性不高，有问题就甩给外部律师。因此，为了调动公司律师的工作积极性，有必要建立完备的公司律师案件激励制度。

公司律师案件激励制度，是指公司要模仿律师事务所，在公司内部律师处理公司诉讼以及仲裁案件之后，将一定比例的案件经济利益纳入公司律师的绩效薪酬的制度。如某集团案件管理办法规定，“法务人员办理诉讼案件，为公司挽回 20 万元以上的经济损失，给予行政奖励；为公司挽回 50 万元上的经济损失，按挽回损失额的 1% 给予经济奖励；为公司挽回 100 万元以上的经济损失，按挽回损失额的 0.8% 给予经济奖励”。其又规定，“法务部门半年内办结案件的胜诉率达 70% 以上的，给予部门 3 万元的集体奖励；一年内办结案件的胜诉率达 70% 以上的，给予部门 5 万元的集体奖励”等。

公司律师案件激励制度可以将公司律师的工作积极性调动起来，能够更好地推动公司各项争议的完美解决。但该项制度必须慎用，公司应注意引导公司律师不得以案件激励报酬为主要收入来源，否则将可能引发公司律师的职业道德风险，公司的案件激励制度是对于公司法律风险的事后防御制度，但公司律师归根结底还是要降低公司的法律风险。案件激励制度的滥用，可能会导致公司律师在审查合同或参与项目时，可能为了一己私利故意存留漏洞，人为制造案件，这就从根本上背离了案件激励制度的初衷。

六、建立完备的部门支持制度

公司律师有效的争议处理，离不开公司其他部门的各项支持。在对公司律师处理案件的技术支持方面，现今，可以用来协助公司律师处理案件流程的软件越来越多，比如现在比较有代表性的 Alpha 软件等。公司律师可以通过这些诉讼管理软件的 PC 端或者移动端随时随地实现对案件的动态控制。现在的诉讼管理系统可以将每一个案件的基本信息、案件事由、争议类型、案件庭审时间、案件现状、案件结果等全部纳入其中，并自动生成管理报告，这在很大程度上提高了公司律师的工作效率。

对公司律师的支持，还包括在法律数据资源等方面的支持，如法律数据库的购买，案例库的购买等。随着网络技术的发展，在线法律数据库越来越普遍，其功能不仅包括法律法规的检索与查询，司法判例的检索与查询，亦包括法律研究期刊的检索等内容。目前，在我国做得比较好的在线法律图书馆包括威科先行法律数据库、北大法宝法律数据库以及无讼法律数据库等。

在案件行政管理上，公司可以提供的对公司律师的支持服务还包括雇用专门的行政人员对公司日常合同以及案件的卷宗进行归档以及管理。这样，可以使公司律师的工作时间集中于处理法律专业问题，提高工作效率。

第四节
争议解决案件的管理

一、概述

对争议解决案件的管理，是公司法务部日常必不可少的一项专业管理工作。案件管理其实就是一个流程管理。流程管理最早是管理学中的范畴，是指以规范化的业务绩效为目的的系统化方法。其主要目的是通过对管理职能的统一、集中、合并和转换来理解管理中的分工过细、职能交叉重合等问题。

公司案件管理是指公司根据自身具体情况，依据有关法律法规，以公司的案件管理制度为基础，以公司的案件管理流程为保障，对案件进行事前预防、事中控制、事后反馈的全流程动态管理，以最小的成本将案件的影响控制在公司能够承受的范围之内，以达到防控公司案件法律风险的目的。这里的案件作广义理解，包括但不限于民事诉讼、刑事诉讼、行政诉讼、民商事纠纷、劳资纠纷、投诉、行政查处等。

二、案件管理的重要性

公司的法务部门同律所一样，对于有效的案件管理有着迫切的需求。

首先，案件管理是公司重视案件风险控制的标志。公司面临的各类案件的风险有大有小，小者对公司的运营几乎没有影响，大者会对公司带来毁灭性的打击，但如果不重视案件的风险控制，没有案件管理，则小案件亦可能演化成大案件，最终使事态不可控制，严重影响公司经营。

其次，案件管理是公司依法运行、合法合规的标志。公司的案件管理必须在法律法规及公司规章制度之下进行，必须以维护公司利益等合法需求为目的，否则会适得其反，导致更大的损失。中国是人情社会，人情固然重要，但也不能偏离法律法规及公司规章制度的范畴，否则会衍生出更多的案件。

最后，案件管理可以对公司的经营风险进行回溯。案件管理的全流程动态管理目的之一是对公司的经营现状进行回溯、复盘，根据已发案件的处理，对现有经营进行风险排查整改。根据对公司案件数据库的各项数据进行分析，可以对公司目前及未来的各项经营风险进行定性和定量分析，进而将各项分析进行排序，使得公司目前的各项风险一目了然，再根据公司资源配置情况选取排列前面的风险进行应对处理，以此为基础进行风险防范，维护公司利益。

三、案件管理的途径

案件管理的宗旨是实现本公司的案件风险控制目的。案件风险控制属于公司整体风险控制范畴。公司一般以追求利润最大化为目的，如果发生案件，公司的利益就会受到威胁，所以，公司的案件管理，必须权衡公司的利益，将公司利益最大化放在第一位，以最小的代价将案件对公司利润的负面影响降到最低。在此前提下，公司案件管理应当是事先预防、事中控制、事后反馈的动态管理，公司应当根据不同的案件，部署不同的方案，将风险控制放在每一个阶段进行考量，以风险控制为每一步行动的指引。

需要特别强调的是，在控制案件风险的前提下，案件管理的方式及目的应当是合法的，不合法的案件管理，包括伪造证据、隐匿证据、提供虚假证词、伪造印章等，不但无法控制公司的案件风险，反而会使公司面临承担民事法律责任、行政法律责任甚至刑事法律责任的风险，严重损害公司信誉。同时，在控制案件风险的前提下，案件管理的行为还应当是经济的，尽量做到“少花时间金钱多办事”，并且要做到局部利益服从全局利益，短期利益服从长期利益，以最小的代价控制公司的案件风险。

（一）落实案件管理的保障

案件管理要有组织、人力及资金保障。案件管理是公司风险管理的重要一环，是公司控制案件风险的重要手段。因此，案件管理不应当是纸上谈兵，更不应当是可有可无的摆设，需要以组织、人力及资金进行保障，真正落到实处。案件管理是为公司自身服务的，所以必须从公司自身的实际情况和需要出发。首先，公司案件管理的组织、人力及资金配置需要符合公司的实际规模，资源配置过度则会增加公司成本，资源配置不足则会影响案件的开展及效率，最终影响案件管理的结果；其次，案件管理的流程设计要符合公司当前的实际情况和需要；最后，公司案件管理的组织、人力、资金配置及流程设计要有一定弹性及包容性，可根据公司具体情况的变化作出相应的调整。

（二）对案件进行全流程管理

案件的全流程动态管理作为公司管理的一部分，贯穿于公司管理全流程，与公司其他业务的管理相互关联、动态互动、相互促进并相互制约。案件管理的全流程管理可分为事前预防、事中控制、事后反馈三个阶段，每个阶段又由许多细致的分工步骤组成。这些阶段、步骤之间有机联系，环环相扣，每个阶段、步骤都与下一个阶段、步骤甚至整个案件的成败息息相关。每一宗案件的顺利执行，达到既定的案件目标，就是一次成功的案件管理。反之，每一宗案件处理的失败，就是公司在案件管理上的一次挫折。但败诉并不一定意味着案件处理的失败，只要是在案件策略及案件管理范畴之内可预料的，即可认为公司正确执行了案件的管理。

（三）制定有效的案件管理制度

一套行之有效的案件管理制度应当包含这些要素：其一是总则。总则应当包含介绍案件管理制度的制定背景、制定方法及希望达成的目标。案件管理制度的制定背景一般为根据公司法人代表的授权，为了管理公司各类纠纷案件，明确各部门的职责分工而建立的一套动态的管理制度体系。其二是案件管理制度适用的主体范围及案件范围。主体范围如公司的各部门、下属控股企业或产业公司等。案件范围如诉讼及非诉讼案件等。其三是部门职责分工。明确主责部门、辅责部门及各部门在案件管理中的权限、责任及义务。一般来说，公司案件管理的责任部门可分为两类：法务部门及各业务部门。其四是案件策略审批原则。明确案件处理策略的审批层级，法务部门或行使法务管理责任的其他部门与业务部门（案件来源部门）一同协商并起草案件处理策略报告，报告内容可包括案件背景介绍、案件处理策略及方案、案件结果预估、资源需求等。根据案件的重要性原则及金额大小原则分层级进行审批。其五是案件处理流程。明确诉讼案件及非诉案件处理的流程节点、时间节点及步骤要求，一旦发案即可根据该部分规定的流程节点及时间节点一步步推进。其六是案件档案管理。它的作用和意义在于可以提高案件管理工作的效率、降低案件管理的劳动强度和管理成本。档案管理的电子化，更是可以将档案管理达到事半功倍的效果，使用电子软件管理档案通过网络就可以随时随地进行档案检索、借阅，亦可以进行档案业务管理工作。良好的档案管理还能减少档案丢失、泄密的风险，也能为企业变革管理，配合组织、流程、信息一体化的整合。

现今，商事合同中的争议解决方式正逐步呈现出系统化、多元化的特点，各合同文本体系都建立了适应商业发展需要的争议解决模式。因此，作为公司法务部门的成员，也应改变原有单一的救济模式思路，树立多元化的争议解决理念。

传统诉讼解决方式建立在竞争对抗、双方辩论的基础之上，一方的获利必定意味着另一方的损失或让步，属于零和博弈。但是，现代商事活动不仅强调公平竞争，更加注重效率和双赢，利益的获取建立在双方的合作互信之上。因此，替代性争议解决机制等争议解决方式体现了现代商事活动争议解决发展的新趋势。

现代商事合同尊重当事人的自主选择，各标准化的合同文本更是向简洁、明确、科学的方向发展。在争议解决机制的选择上，我们应尤其注意不同交易类型的特点，体现为交易服务、为公司服务的思想，发展多元化的争议解决机制，营造合作共赢的商事活动新秩序。

第六章

知识产权

扩展阅读 〉〉〉

文章标题	二维码
1.《从黑洞照片版权视角浅谈“知识共享协议”》	
2.《尽快完善知识产权管理体系　贯彻知识产权管理国家标准》	
3.《知识服务赋能智慧法治专题研讨会成功召开》	
4.《金融界采访：知识经济时代下该如何应对侵权？》	
5.《简评〈关于加强查处商标违法案件中驰名商标保护相关工作的通知〉》	
6.《“新形势、新期望、新发展——2019 大成知识产权与文化科技发展论坛”在北京成功召开》	
7.《一带一路背景下高科技企业的知识产权保护》	

第一节

知识产权概述

优盘之父朗科的崛起离不开知识产权的有效管理及运用，其成功经验对公司知识产权管理具有重要的借鉴意义。

1999年，深圳朗科科技有限公司创立，在世界上率先成功研制出了新一代移动存储器——闪存盘，“优盘”现为朗科公司商标。当时，市场上出现了许多同类产品，仅国内市场的同类竞争品牌就多达200余个，朗科前景一度不容乐观。但朗科选择通过专利来保护自身技术，并不遗余力地进行法律维权。朗科公司所有专利侵权诉讼都成功获胜，成为中国第一个靠收取专利费获利的公司，并且通过诉讼的形式维护专利权。这些基础专利为朗科的生存及此后的辉煌奠定了坚实的基础。

并且，朗科围绕优盘产品积极进行专利布局，彻底打消了竞争者“捡漏”的可能性，这种专利布局的意识在国内无疑是领先的。最后，积极上市，促进知识产权资本化。知识产权资本化有很多途径，而证券化是知识产权资本化的最高形态。截至2009年，朗科对于自主知识产权的维护为其带来了所有企业梦寐以求的境界，也为创始人带来了高于2亿的身价。这不可不说是知识产权运用的一个成功案例。[①]

一、知识产权价值

无形资产，是指由特定主体所控制的，不具有实物形态，对生产经营长

① http://www.sohu.com/a/224336305_99909727，最后访问时间2019年6月30日。

期发挥作用且能带来经济利益的资源。更多表现为权利、优势、良好关系和“垄断地位”等，其使用可以在与其配合使用的有形资产的正常获利能力基础上获得超额收益，相当一部分无形资产需要借助于法律确权和保护才能得以存在和发挥作用。

知识产权作为一种无形资产，其具有无形资产的属性，并通过法律制度加以保护，赋予其法律价值。同时知识产权具有技术价值和市场价值。其技术价值反映在专利的技术创新型，其市场价值可以反映在作为质量与信誉竞争力载体的商标标识上。最高人民法院强调“要以市场价值为导向，加大对知识产权侵权行为的惩治力度，提升侵权人的违法成本，有效维护权利人的合法利益”①，体现了加大知识产权保护力度的法律价值导向，强调了与知识产权的市场价值、创新贡献度相匹配的保护理念，突出了法律价值与技术价值、市场价值的辩证统一。知识产权有民事权利、无形资产和竞争工具的多重含义，其技术价值在法律价值的保障下最终转化为带来经济利益和促进经济发展的市场价值。

知识经济时代的到来、经济全球化的发展和国际知识产权制度的确立为知识产权国际发展和保护的形成奠定了基础，越发凸显出全球化进展中知识产权所撬动的价值。

一方面，基于高新技术的发展，以技术为依托的知识产权数量呈现几何级数增长的趋势，并大量占据核心领域，使得发达国家以知识产权形成贸易壁垒成为可能。在知识经济时代，知识产权成为继土地、资本、劳动力之后的又一重要生产要素，出现了知识价值的权利化和知识产权的资本化。

以美国为例，1977—2001 年间，美国 GDP 中版权产业的增速高达 7%，是美国同期 GDP 平均增长率的 2 倍多。据美国国家科学理事会于 2018 年 1 月发布的《2018 年科学工程技术指标》数据显示，2016 年全球知识产权跨境许可收入总规模达到 2720 亿美元，其中，美国是最大出口国，知识产权出口额

---

① 最高人民法院：《中国法院知识产权司法保护状况（2018 年）》，载最高人民法院网，http://www.court.gov.cn/zixun-xiangqing-153242.html，最后访问时间 2019 年 7 月 24 日。

占全球总量高达 45%，欧盟占 24%，日本占 14%，而中国占比不足 5‰。与此形成鲜明反差的是，中国对外支付知识产权使用费由 2001 年的 19 亿美元攀升至 2017 年的 286 亿美元，知识产权跨境交易的逆差超过 200 亿美元，同期美国对外许可知识产权每年净收入都接近或超过 800 亿美元。①

另一方面，知识产权等无形资产作用日益重要，成为企业维持竞争优势的重要手段，进一步多样化提升企业价值收益的方式。2017 年 11 月 20 日，世界知识产权组织（WIPO）发布《2017 年世界知识产权报告：全球价值链中的无形资本》（以下简称《报告》)。《报告》凸显了专利技术、外观设计和品牌等无形资产在国际制造业价值链中所起的关键作用。知名品牌的价值、良好的用户体验和精致的外观设计等无形资产，形成了产品对用户的整体吸引力，决定了产品在市场竞争中的成功率。

《报告》以智能手机行业为例，指出苹果和三星等智能手机公司和技术提供商严重依赖专利、商标和工业品外观设计，无形资产不仅为他们带来了高额回报，还有力地帮助苹果、三星实现了对高端手机市场的主宰，市场份额分别达到 57% 和 25%。

同时，知识产权等无形资产是制成品价值的主要来源。除了传统的作价许可、交易授权带来的直接收益外，还可带来品牌溢价。《报告》表明，2000—2014 年间，品牌、外观设计和技术等无形资本平均占所销售制成品总值的 30.4%；无形资本收入在 2000—2014 年间实际增长 75%，2014 年达到了 59000 亿美元；食品、机动车辆和纺织品这三大产品类别占制造业全球价值链中无形资本总收入的近 50%；无形资本对制成品总值的贡献是建筑、机械和其他类有形资本的两倍。②

---

① 杨云霞：《资本主义知识产权垄断的新表现及实质》，载《马克思主义研究》2019 年第 3 期。

② 《〈2017 年世界知识产权报告〉发布，凸显知识产权等无形资产在制造业价值链中的贡献》，https://mp.weixin.qq.com/s?src=11&timestamp=1564121761&ver=1751&signature=6UgeOi-eH0MvSJSw435EiEhSHjpWITL9IDo8KFlin4eaugnWXsoM0JbWzVnQwQqFOo31RFTJQXEw92aIOsDP3zskZ6MFL*kAmxQyJRtPGezThWwDptKgZovA43hxMspL&new=1，最后访问时间 2019 年 7 月 26 日。

二、公司知识产权发展现状

自 2001 年我国成功加入世界贸易组织，国内公司逐步进入国际市场的同时，国外跨国公司也纷纷进入国内市场，于是国内国际市场竞争紧张化并加快国际合作的开展。我国公司知识产权的意识逐渐增强，除了越发激烈的市场竞争刺激之外，政府推动的一系列国家知识产权战略更是起到推波助澜之效，引导公司加强知识产权机构、制度和人才队伍建设，将知识产权管理贯穿生产经营全流程，优化公司知识产权管理体系。各公司应自主建立符合本公司特征和需求的管理体系，从知识产权战略、知识产权运用、知识产权保护以及管理体系的检验和改进等多维度视角，提升知识产权管理能力，进而提升公司竞争优势。

根据国家统计局的数据，我国公司知识产权创造能力不断提高，公司科技创新积极性逐年高涨，截至 2018 年，全国专利申请数量高达 400 万项之多，授权专利数量也达到 240 万项。

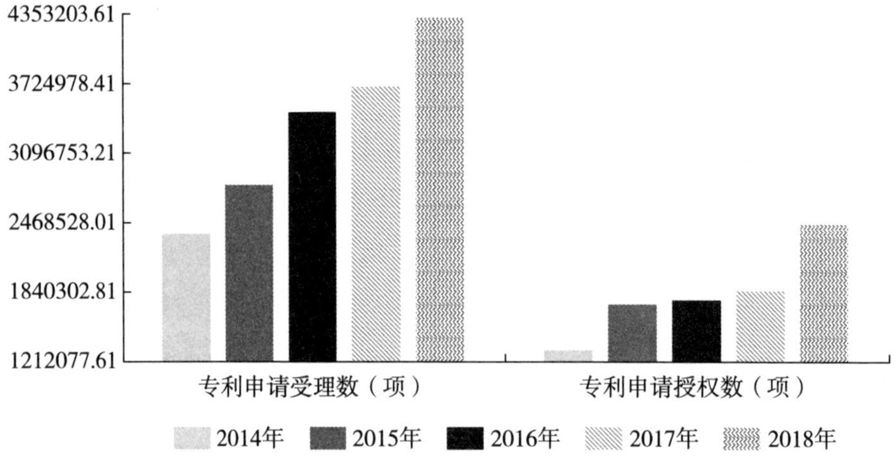

图 10　我国近 5 年专利申请受理与专利申请授权情况 [①]

① 数据来源：国家统计局网，http://data.stats.gov.cn/easyquery.htm?cn=C01&zb=A0N01&sj=2018，最后访问时间 2019 年 5 月 5 日。

三、公司知识产权管理现存问题

但我国公司知识产权管理的意识还较薄弱，相较于发达国家而言，我国公司知识产权保护意识不到位，侵犯知识产权现象屡见不鲜，一方面，公司大量技术成果、商标和著作权等知识产权被侵犯，既损害了消费者的合法利益，又降低了公司的产品或服务评价；另一方面，公司内部管理欠缺知识产权人才，知识产权管理制度不够完善，容易诱发商业秘密泄露等事件，同时，缺乏知识产权科技成果转化的动力，使得很多公司虽然拥有大量的知识产权却无法发挥其市场价值和竞争优势。

从公司知识产权管理实践中可知，目前我国公司知识产权资源分配不均且效率低下，知识产权管理目标定位局限于“法权保护”和“成本控制”视域，知识产权的质量不高且增值效益未显，公司知识产权竞争力未显。[①] 公司知识产权管理现存问题主要有以下几个方面：第一，没有进行科学系统的管理，欠缺知识产权战略的规划；第二，没有健全的知识产权管理制度，包括管理机构、基础管理和资产管理；第三，缺乏对知识产权的产权化和产业化意识，没有合理利用现有成果；第四，缺乏知识产权保护的风险意识；第五，欠缺完善管理体系的检验和改进环节。

第二节
公司知识产权管理

2010 年 1 月 22 日，证监会审核通过了东方财富和苏州恒久的 IPO 申请。据安排，苏州恒久本应在 3 月 19 日登陆创业板。然而，就在当

① 陈清爽、蒋丽梅：《高新技术企业知识产权管理模式探究——基于竞争力视角》，载《科技管理研究》2019 年第 1 期。

年2月24日，国家知识产权局网站公布，苏州恒久拥有的专利技术因未及时续费已被终止，这与苏州恒久招股说明书不一致。

因此，有关监管部门要求保荐机构就媒体报道的专利权终止问题进行核查，公司股票暂缓上市。2010年6月11日，创业板发行审核委员会重新审核苏州恒久首发申请，公司首发许可被撤销，证监会要求公司将申购款返还证券持有人。

6年后的苏州恒久光电再次冲刺IPO，而监管层此番对公司的专利情况也给予了重点关注。要求发行人代表进一步说明对发行人相关专利、商标管理的内部控制制度是否建立健全并有效运行，是否存在知识产权争议或纠纷等风险。

虽然苏州恒久光电终于得以成功上市，但是因为不注重知识产权管理而付出的6年时间却不会再回来。只有规范知识产权管理，剔除企业发展中的知识产权隐患，才能避免这样的事情再次发生。①

一、知识产权管理的重要性

知识产权在鼓励创新、促进发明成果的推广应用以及改善我国市场环境等方面日益发挥着重要的作用，极大推动我国技术创造的蓬勃发展。知识产权也是公司在市场竞争中保持优势并获得更多经济效益的要点，与市场紧密结合的有效知识产权管理是公司经营管理的重要内容，知识产权管理一方面保护了公司技术创新的成果，使公司获得较高的经济社会效益，另一方面有利于公司开展再一轮的科技创新，形成良性循环，促进公司和国家的技术创新持续发展。

第一，有助于增强公司的创新能力，提升公司的整体竞争力。

知识产权的创造是公司获得知识产权的重要途径，加强公司的知识产权管理，建立合理的知识产权激励制度和利益分配制度，有利于增强科研技术人员的创新积极性，提高公司知识产权创造的数量和质量。

同时，公司面对纷繁复杂的外部竞争环境，合理有效的知识产权管

① 搜狐网：http://www.sohu.com/a/224336305_99909727，最后访问时间2019年6月30日。

理是公司整体竞争力的一大支柱。具体可以反映在以下两方面：一是提高潜在或新进入市场的竞争者的壁垒和成本。以商标为例，良好的商标管理体系可以保证公司的“品牌壁垒”发挥作用，既加大潜在竞争对手进入市场的壁垒，又防止公司品牌被人仿冒或发生商标淡化等现象，从而经营维护公司形象。二是提升公司的议价能力和话语权，获取竞争优势。通常而言，买方和供应商的议价能力高低与公司的利润空间大小成反比，这也促使产业内专利池或专利联盟的形成。比如，DVD 6C 和 DVD 3C 专利池的形成，由少数的公司联盟集合原本分散在上游厂商的核心专利技术和芯片生产，从而降低买方的议价能力，在国际产业界形成颇具影响力的专利池。由此可见，行业内的公司可以通过知识产权管理和战略联盟，协调公司间的行动，以削弱外部竞争的他方议价威胁，增强公司乃至行业整体的谈判能力。加强知识产权管理也有利于公司摆脱恶性的价格竞争，转化为技术研发和个性化产品或服务设计的差异化竞争，从而使得公司获得竞争优势。①

第二，有助于增强公司的知识产权保护能力，有助于建立知识产权侵权的预防机制和反应机制。

公司采取知识产权保护的措施具有多样性，可选择专利、商标、著作权或商业秘密等方式对创新成果进行保护，合理的知识产权管理有利于公司知识产权保护能力的提升，根据需要选择适当的知识产权保护方式和手段可以起到事半功倍之效。

同时，有效的知识产权管理体系有利于培养公司的格局视野，结合市场竞争格局，跟踪竞争对手知识产权发展态势，分析竞争对手知识产权发展趋势，制定知识产权应对措施。公司知识产权管理部门应从产品质量、标记、商品范围、文字图形组合、责任追究等多个方面对被授权使用、许可使用注册商标进行监测，对于商标使用不当行为，根据侵权情节，及时向决策层提出预警预报和处理建议。

---

① 赵华编著：《智慧经营——企业知识产权管理实务》，科学技术文献出版社 2017 年版，第 10 页。

第三，有助于提升公司的知识产权运营能力，开展公司间、行业间以及与高校科研机构之间协同创新的合作模式。

公司需要掌握核心技术的竞争压力越来越大，公司的知识产权战略并非必须渐次推进式发展，也可跨越式推进，提早进行前瞻性布局与主动建构，在与竞争对手互动的过程中，主动出击，及早布局，确立自己的知识产权领域，形成知识产权优势。这要求知识产权的自主创新与合作创新有效结合，协调好知识产权自我创造与运用能力、协同管理能力的兼容。①

公司知识产权最终目的在于合理经营和利用知识产权以实现公司的最大化效益。而知识产权的管理水平影响着公司知识产权的运营能力，公司可以通过制定合理的知识产权策略以合理规划自身的知识产权资源，比如通过知识产权转让、许可和产品化、商业化，采取适当的方式进行知识产权贸易，提高公司的经营水平，获得更大的经济效益。

公司知识产权合作是开放式创新理念融入知识产权战略的结果，需要利用和获取外部知识资源，并通过知识产权的资源整合来维持公司的竞争优势。知识产权协同创新的合作是公司与外部主体，包括大学、科研机构、供应链公司，甚至竞争者等，以知识产权为基础，开展联合开拓市场、研发新产品、使用商标品牌等一系列利益共享活动。②

第四，有助于提升公司科技资源的合理利用以及协调能力。

有效的知识产权管理，不仅有利于公司奠定内部资源基础，同时有助于科技资源的整合与利用。对于公司而言，知识产权作为具有排他性的无形资产和民事权利，是公司竞争优势的重要资源，加强知识产权管理，有利于公司知识产权的资源积累，在合理经营和运用中使知识产权资源发挥提升公司竞争优势的作用。此外，公司的科技创新和研发是整个行业和国家科技创新的驱动力，促进科技创新的可持续发展。合理的公司知识产权管理，可以促进技术的流动和传播，可以规范技术市场，打击假冒伪劣产品，遏制知识产

---

① 李珮璘、黄国群：《我国跨国公司知识产权战略演进及影响因素分析——基于恒瑞和海正的案例研究》，载《情报杂志》2018 年第 12 期。

② 李朝明：《基于协同创新的企业知识产权合作》，经济科学出版社 2018 年版，第 27 页。

权的不正当竞争。以专利为例，公司拥有的技术通过公开换保护的方式申请专利，避免其他人重复创造，且提高了技术创新的高度，合理有效地利用科技资源，推动技术的不断进步发展。

公司除了需要为竞争优势奠定科技资源基础，还需要提高协调和运用这些资源的能力，不仅包括运用和保护知识产权的能力，还有公司内部组织机构间的协调配合。

二、公司知识产权战略

相较于国家和行业层面，微观的公司层面才能检验知识产权战略的可行性及有效性的最终体现。公司知识产权战略对公司知识产权管理工作具有整体性、全局性、纲领性的统筹安排，是公司发展的关键，也是其知识产权管理的保障。公司应结合自身实际情况和行业所处的市场导向，从战略高度对知识产权进行管理和规划，从公司知识产权的创造、管理、保护，到建立完善的知识产权管理体系的评价制度和预警机制，并且高度融合，有机统一公司知识产权管理战略与公司整体的运营发展战略。

根据权利内容的分类，公司知识产权战略可以分为专利战略、商标战略、著作权战略和商业秘密战略，其中前两类战略是主要支柱。根据战略的模式分类，主要可以分为三大类，即进攻型战略、防御型战略和混合型战略。根据公司自身知识产权的情形选择适合的战略，从而确立制胜之道。

我国目前一部分公司的知识产权管理和运用意识和能力尚未成熟，在全国乃至全球视野下的知识产权竞争中处于劣势，要在竞争实力不匹配的环境下谋求生存立足点，公司需要具有更独特和准确的战略目光和工作筹备。针对知识产权管理处于起步阶段的公司而言，可以采取以下知识产权战略形式：

（一）积极防御战略

积极防御强调在防守中积极对抗，公司在日常运营中要注意尊重他人知识产权，尽量避免卷入争端，同时积极布局自己的知识产权。

（二）迂回竞争战略

公司应尽量避免与进攻型竞争对手产生正面的知识产权交锋，比如主动避开专利壁垒区域，同时，公司需要对同行业同领域的强劲竞争对手有充足的了解，寻找竞争对手的盲点弱点，以备在以后知识产权争锋时，留有谈判空间或发挥主动攻击之效。

（三）局部领先战略

公司需要盘点和清理自身的知识产权储备，充分知晓公司自身的知识产权优势，并在局部领域重点突破以抢占制高点，将有限的资源和精力投入自己擅长的细化领域，并且注意围绕该领域展开周密的保护网，扩大自身与竞争对手的优势差异化。

（四）模仿—规避—再创新战略

在合法模仿、适当借鉴的基础上作出专利规避和自我再创新的战略，包括 IBM 和苹果公司在内的国际大公司，在他人技术创新的基础上，通过系列微创新，从而突破专利技术困境，也被称为“创造性的模仿者”。[①] 知识产权中技术的价值和难点反映在专利上，同时良好匹配的专利战略恰恰又是公司知识产权战略实施和奏效的重要支柱。公司应树立和培养知识产权战略的意识，充分发挥知识产权战略的作用和影响。

从国家和行业的角度而言，从国家推进的战略工作中推选典型公司，总结并分享其成功经验和知识产权保护模式，尽可能提炼出可复制可推广的公司知识产权战略大纲，以点带面，逐步深化公司内部知识产权管理改革。

从对公司自身的角度而言，由于不同公司的发展阶段以及现阶段对知识产权的需求表现不同，知识产权管理应具有不同的侧重方面。

一方面，公司应制定阶段性战略目标，形成完整的知识产权管理链，逐

---

① 柯晓鹏、林炮勤主编：《IP 之道：30 家国内一线创新公司的知识产权是如何运营的》，企业管理出版社 2017 年版，第 94—96 页。

步细化管理工作，从专利检索、预判、可行性研讨、研发、产品试验和战略布局等方面入手，既可以将侵权萌芽扼杀在研发初期，避免不必要的成本浪费，又可以确保技术研发的质量和经济效益。

另一方面，在日常管理中，公司应设立无形资产账目表，对自身拥有的专利权、商标权、著作权、商业秘密等无形资产进行盘点、整理以及价值评估，转让保护期快到期的知识产权，许可或交叉许可有高附加值的知识产权，提高公司知识产权的运用能力，研发核心技术，将自身产品嵌入技术标准的设定，提升公司的整体竞争实力。

三、公司知识产权管理制度

公司知识产权管理制度是指针对公司的性质、经营目标、市场策略、技术开发与国际国内法律环境等因素，对公司的知识产权加以分析、评估、融合所建立的一套经营管理和法律保护制度。①

《国家知识产权战略纲要》中指出，知识产权制度的建立和实施，规范了市场秩序，激励了发明创造和文化创作，促进了对外开放和知识资源的引进，对经济社会发展发挥了重要作用。但是，从总体上看，我国知识产权制度仍不完善，自主知识产权水平和拥有量尚不能满足经济社会发展需要，社会公众知识产权意识仍较薄弱，市场主体运用知识产权能力不强，侵犯知识产权现象还比较突出，知识产权滥用行为时有发生，知识产权服务支撑体系和人才队伍建设滞后，知识产权制度对经济社会发展的促进作用尚未得到充分发挥。

而我国《企业知识产权管理规范》主要面向有需求和有一定管理基础的公司，提供一套基于过程方法的公司知识产权管理模型，指导公司通过策划、实施、检查、改进知识产权管理体系，提升知识产权管理能力，进而提升公司竞争优势。

公司贯彻管理体系时需要着重把握以下几方面：第一，知识产权权属是

---

① 赵华编著：《智慧经营——企业知识产权管理实务》，科学技术文献出版社2017年版，第35页。

知识产权管理规范的管理核心；第二，知识产权管理体系的目的是遵守法律法规要求承诺的功能；第三，知识产权方针、目标和落实措施是实现持续改进的重要途径；第四，运行控制是公司知识产权取得效益和控制风险的关键步骤；第五，知识产权管理体系的监控系统对体系运行起到保障作用；第六，明确组织机构与职责是实施知识产权管理体系的必要前提。

公司知识产权管理工作的顺利进行离不开知识产权管理制度的构建，具体可以分为管理机构、基础管理和资产管理三个方面。

（一）管理机构

公司的知识产权管理机构或部门是切实开展公司管理工作的重要载体。部分公司缺乏专门管理的部门或人才，或是过多对公司知识产权管理机构的职权设限，导致公司的知识产权管理不力或管理积极性不高。

根据公司的组织结构，知识产权管理机构的隶属关系在公司具有不同的安排布置，比如，直属企业总部、隶属企业法务部、隶属企业研发部等。

公司应根据实际情况确定企业研发、技术、生产经营等相关业务主管部门，开展知识产权业务，或根据需要委托专业机构代管，明确知识产权管理的职责和权限。培养知识产权运营人才是开展知识产权运营活动的基础和保障，公司可以培养复合型知识结构人才，制定长期培养规划和激励制度。部门间建立知识产权沟通渠道，对知识产权管理体系的有效性进行沟通。

（二）基础管理

具体包括员工管理、财务管理和合同管理三个方面。

1. 员工管理

建立知识产权内部培训制度，针对公司内部不同部门及岗位，确定应具备的各种知识产权知识及技能，制定合适的培训方案开展员工知识产权的普及教育和培训。

2. 财务管理

公司应提供知识产权相关工作经费保障，用于公司知识产权申请、注册、登记、维持和诉讼等事务，以及公司知识产权工作机构的人力成本、宣传培训、设备添置和日常开支等工作。同时，公司应建立专项经费保障公司知识产权战略实施、知识产权数据库建设、知识产权预警分析、重大知识产权并购、海外知识产权布局等。既要保障公司知识产权的经费，又要规范使用该经费以及政府财政性的专项资金。

3. 合同管理

公司应加强合同中的知识产权管理，一方面，知识产权的合同管理在外部关系上可以表现为申请、诉讼、侵权调查、管理咨询等知识产权对外委托业务的合同，也可以表现为知识产权权属、许可、转让等知识产权开发阶段和使用阶段的合同；另一方面，在公司内部关系上，应注重与职员和合作单位签订保密合同，与涉及核心技术成果的职员签订竞业禁止协议等。

（三）资源管理

公司内部进行资源管理，应从宏观和微观两个维度出发，结合公司所处行业的特点与产品的优势，一方面整合资源进行综合管理，另一方面就具体的知识产权进行资源管理。

1. 综合管理

综合分析可以利用的资源、技术、文化优势，掌握高新技术企业内部人、财、物的配备与结合情况，着重了解本企业资源状况、组织结构状况、管理状况、企业文化状况等。[①]

2. 具体知识产权的资源管理

包括知识产权信息利用、知识产权的获得、知识产权的产业化和运用。按照管理模块，可以分为专利、商标、著作权、数据库和档案管理等五大方面。公司应根据生产经营需要和发展需要，健全知识产权管理制度，明确专利、商标、著作权和商业秘密等在公司生产经营和发展中的具体资源管理，统筹开展专利、商标、著作权、商业秘密等类型的知识产权运用管理。

---

① 徐志远、巩燕楠:《高新技术企业知识产权管理》，知识产权出版社2017年版，第27页。

四、公司知识产权运用

在公司知识产权的运用管理中，知识产权的成果转化和市场化运作尤为关键。然而，我国很多公司尽管拥有大量的申请量和专利量，却忽视知识产权成果的有效适时转化，比如宣传力度不足，推广利用率低，以及无法规模化生产，从而导致公司知识产权不能发挥应有的作用。公司应将拥有的知识产权成果适时有效地转化应用于公司产品生产、服务创新、商业模式创新或技术方案优化，努力使公司知识产权价值最大化。

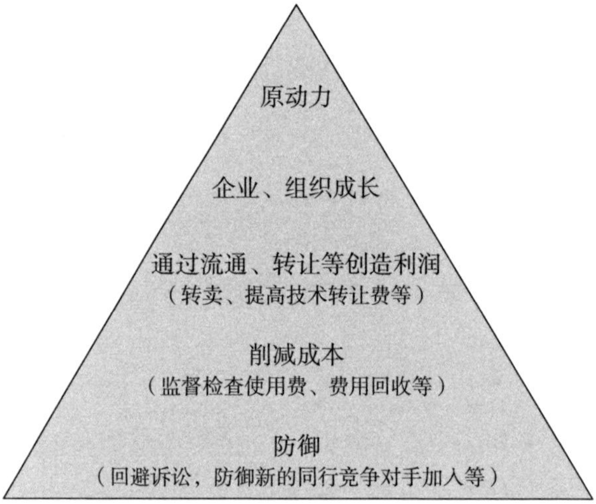

图 11　公司知识产权运用重要意义

公司知识产权运用对开发公司知识产权资源具有重要意义：

第一，防御：以回避诉讼、防止违法复制、防止新的同行业竞争对手进入为重点；

第二，削减成本：实施使用费的监督检查、费用回收、提高生产力等；

第三，通过流通、转让创造利润：将知识产权作为资产在外部市场进行转卖及提高技术转让费的收入等；

第四，为企业、组织的成长作出贡献：依照战略实施正确的管理，提高企业、组织的知识产权意识，同时使他们在业务管理、发展中充分利用知识产权；

第五，成为企业、组织成长的原动力：创造市场价值，提高市场竞争力。

公司所处的外部环境也会在一定程度上影响公司知识产权模式的建立，

公司知识产权运用能力的提升，不仅仅要靠公司自身的努力，同时也需要政府加大扶持。公司应积极与政府部门，特别是知识产权管理部门进行密切交流。政府要组织和引导、支持区域企事业单位构建知识产权运营公共服务平台，提高企事业单位知识产权运营水平；保障对知识产权专利技术转化以及产业的资金支持。①

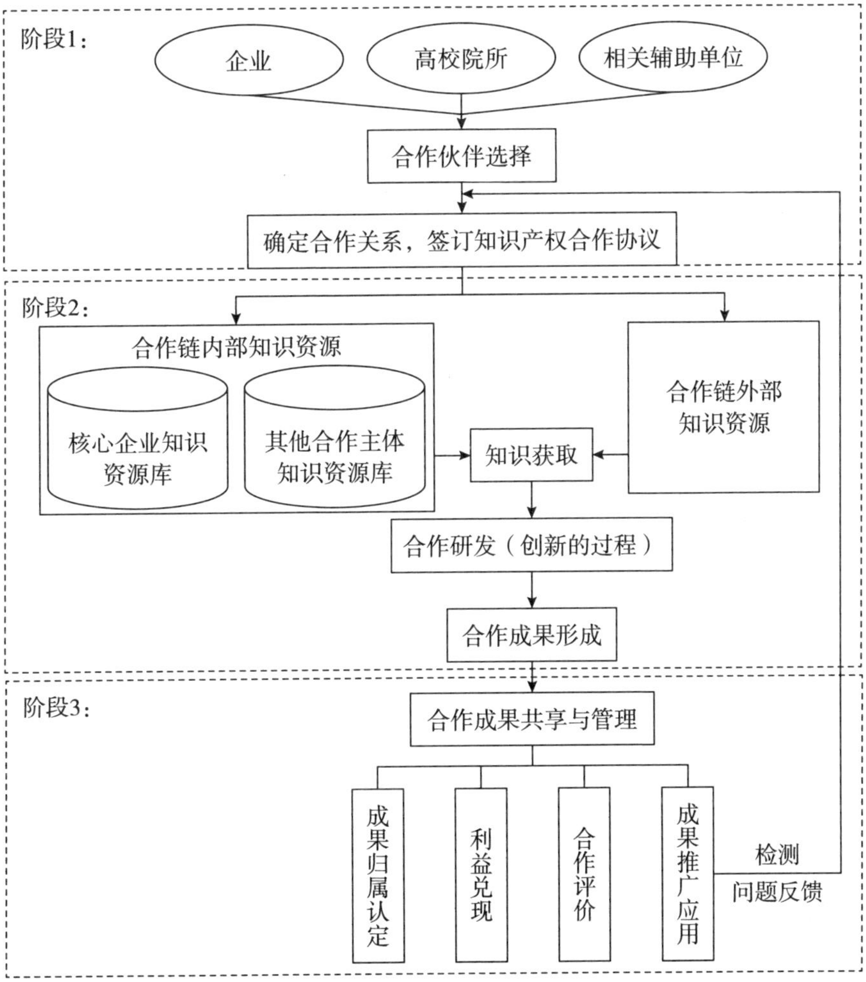

图 12　产学研公司知识产权合作流程②

① 侯曼、武敏娟、邢战雷：《基于协同视角的企业知识产权运营管理实证研究》，载《科技管理研究》2018 年第 14 期。

② 李朝明：《基于协同创新的企业知识产权合作》，经济科学出版社 2018 年版，第 74 页。

同时，公司可以通过加强与科研机构、高等学校的合作，通过媒体平台传播和推广知识产权的产品或服务，在产学研合作中加强协同运用，增强公司知识产权和经营实力。基于产学研协同创新是指以知识增值为核心，以实现重大科技创新为目的，由多方主体协同开展的大跨度整合创新组织模式，包括公司、政府、知识生产机构（大学、研究机构）、中介机构以及用户。①

在产学研合作中，有学者提出将知识产权合作分为确定合作关系、合作研发、合作成果共享与管理三个阶段（见图 12）。

阶段一：确定合作关系。公司根据创新需求发起并选择与自身知识产权资源创新互补的主体作为合作伙伴，在一般信息沟通后达成合作意向，并签订合作协议。

阶段二：合作研发。合作各方将其所拥有的知识产权资源按照合作协议的要求在合作关系内部进行共享、协作、转化与创新。

阶段三：合作成果共享与管理。成果共享包括研发前期共享的知识资源和合作研发的成果共享，涉及利益关系协调和利益的合理分配问题。同时成果的管理包括合作评价、技术转化、成果的市场推广与应用，以及成果归属、转让和许可等。②

除此之外，公司应根据经营需要实现拥有知识产权成果的产业化、市场化运营，主要方式有：技术出资、入股、产业化运作、质押贷款等。

五、公司知识产权保护

公司随时可能面临知识产权风险，而近来发生的诸多知识产权纠纷也提醒了公司对知识产权风险防范的疏忽。公司知识产权的风险意识包括两大方面，一是风险的识别与预防，既可以防卫公司自身的知识产权成果遭受侵犯剽窃，同时又确保公司没有侵犯他人合法的知识产权。关键在于知识产权预

---

① 李朝明：《基于协同创新的企业知识产权合作》，经济科学出版社 2018 年版，第 23 页。

② 李朝明：《基于协同创新的企业知识产权合作》，经济科学出版社 2018 年版，第 73—74 页。

警，根据风险来源的不同识别公司知识产权面临的风险类型，从成因层面找到相应对策予以风险预防。充分利用知识产权相关权属、法律政策等信息进行统计、分析、判断并及时作出警示预报，根据反馈的结果对信息进行分析，并对相关预警信息进行持续跟踪。二是风险管理，侧重成本管理和利润创造，即以较低的成本处理知识产权风险，同时辨别对公司现阶段价值较高的知识产权加以灵活运用。

余廉教授的预警管理理论是专利预警理论的重要理论基础。其核心思想是通过寻找警源、分析警兆、评价警度和预控警情的一系列方式，对企业可能遇到的风险提前做出判断并采取相应措施。

从风险来源可以区分为内部风险和外部风险，内部风险主要包括上述知识产权管理制度的欠缺或不完善，外部风险根据知识产权的创造和运用阶段，可以分为研发风险和生产经营风险。第一，研发风险管理，对研发活动实施过程跟踪监控，适时调整研发策略和研发内容，规避知识产权侵权风险；公司应对设计与开发成果进行评估、确认，形成知识产权评估报告，并明确其保护方式，采取相应的保护措施。第二，生产经营风险管理，在采购产品、技术和服务时，应对商品、商品包装、商品说明书等进行检查，以避免侵犯他人知识产权；公司在来料加工、贴牌生产、委托加工时，应避免侵犯第三人知识产权。

（一）诉讼管理

诉讼是企业知识产权危机的表现形态之一，企业管理和维护知识产权的大量工作也是围绕知识产权诉讼活动展开的。

1. 判断侵权类型

根据我国相关规定，知识产权侵权涵盖专利权侵权行为、商标权侵权行为和著作权侵权行为，更广义地来说，还包括商业秘密侵权行为、反不正当竞争行为和涉及部分反垄断行为。

2. 选择诉讼策略

公司遭遇知识产权侵权诉讼应及时展开细化管理工作，冷静分析并找出最佳对策。根据公司的诉讼地位，选择诉讼策略的侧重有所不同。如果公司作为知识产权权利人发现侵权，选择以诉讼方式维护权益，首先，应全面收集有关侵权的事实证据，依需对取证过程进行公证；其次，判断是否构成侵权，根据侵权行为的地域范围、持续时间综合评估因侵权遭受的损害大小，以及是否需要采取诉前禁令；再次，重新审查公司自身权利的合法性和有效性，尤其是专利诉讼，专利的有效性很大程度上影响专利诉讼的裁判结果；最后，在上述环节的分析基础上作出应对决定，具体包括发出侵权警告函、与他人进行协商谈判、请求行政管理机构处理和向法院直接提起诉讼。

3. 是否采取诉讼营销

知识产权诉讼策略是指主动发起或被动参与知识产权诉讼时，以相关诉讼案件作为事件进行营销，从而引起媒体和公众的关注，增加消费者对公司品牌的认知度。诉讼营销的本质是将公司需要传播的广告信息或品牌价值植入有关注热度的新闻事件之中，达到推广品牌影响力和知名度的目的。部分公司有意识地以知识产权诉讼案件作为营销方式，可能取得远大于诉讼本身的营销效果。①

加多宝和王老吉的商标诉讼堪称知识产权诉讼营销的经典案例。加多宝在失去“王老吉”的商标使用权后，相继推出了“改名篇”“销量篇”“传人篇”等系列广告语，然而上述广告语无一幸免，被王老吉以“侵害知识产权保护”或“涉嫌不正当竞争”等为由，分别在广州、长沙、重庆、北京等地告上了法庭。在品牌营销界人士看来，加多宝的广告营销策略向来精准到位。就广告营销来说，加多宝做到了每一个发展阶段都能推出合适的广告语。福来品牌营销顾问机构董事长娄向鹏认为，虽然上述广告语均引起了法律纠纷，但是由于加多宝传播范围广、力度大，在王老吉还未提起诉讼之前，其传播目的已基本达到。②经过长期的口水战，广药集团通过法律手段最终收回了王老吉的商标。但加多宝却获得了业绩上与渠道上

① 柯晓鹏、林炮勤主编：《IP之道：30家国内一线创新公司的知识产权是如何运营的》，企业管理出版社2017年版，第187页。

② 齐琳、阿茹汗：《加多宝下一步靠什么营销》，载《北京商报》2014年8月12日。

的巨大成就。从2000年到2010年，红罐王老吉从2亿元的销售额增加到了160亿元，不禁让可口可乐这样的国际巨头都望之生畏，这不得不说是中国饮品业的一个奇迹。

不过诉讼营销手段虽然潜藏着巨大的商业机会，但也面临着极大的风险和不确定性，因而采取诉讼营销策略的公司应有较为成熟的知识产权管理，同时注意联合公司多部门，包括法务、市场、公关等部门积极配合，形成全面可行的营销方案。

在基于商业目的和策略的知识产权诉讼中，公司是发起者和主导者。一旦启动相关知识产权诉讼，需要耗费大量的时间、人力和财力，因而企业需要明确、有针对性地提起诉讼，在选择诉讼对象、诉讼管辖法院、诉讼时机等方面给予较高的关注，从而使知识产权诉讼发挥一定市场价值，抢占或维持市场份额、起到广告宣传效果或是通过诉讼获取高额的利润等。

（二）非诉管理

我国知识产权的行政管理部门能有效且及时制止侵权行为，因而行政解决机制在公司保护知识产权方面具有广泛的应用基础。运用最多的是申请知识产权无效，由行政管理机关负责受理申请并作出决定，也是最常见的知识产权保护的非诉管理方式，除此之外，还有通过仲裁协议提起仲裁，仲裁的保密性、专业性和跨国执行性具有明显优势。

六、管理体系的检验与改进

完善的知识产权管理体系离不开有效的检验和改进，这是由于不断发展的行业和公司使得知识产权管理具有多层次性和多样性。因此，公司知识产权管理需要因需制宜，建立、保持及实施内部定期审核程序，作为对知识产权管理体系的一种评价。评价应包括对知识产权战略实施的评价；知识产权管理绩效评价，管理目标、体系、运用是否需要调整和改进等。

从公司内部来看，公司通过建立符合自身发展需求和发展特色的知识产权管理体系，通过对内部审核环节的检验，对知识产权管理效果进行监控和评审，达到预设目标并不断改进和完善。从公司外部来看，公司管理体系的自检和完善，可以作为利益相关方或公众提供评价的参考依据，有利于公司形象的塑造与提升。并且根据《企业知识产权管理规范》加快开展公司知识产权管理体系认证工作，公司知识产权管理除了自评自检，还可实现由第三方认证机构的外部审核并获得认证证书，更具社会公信力。

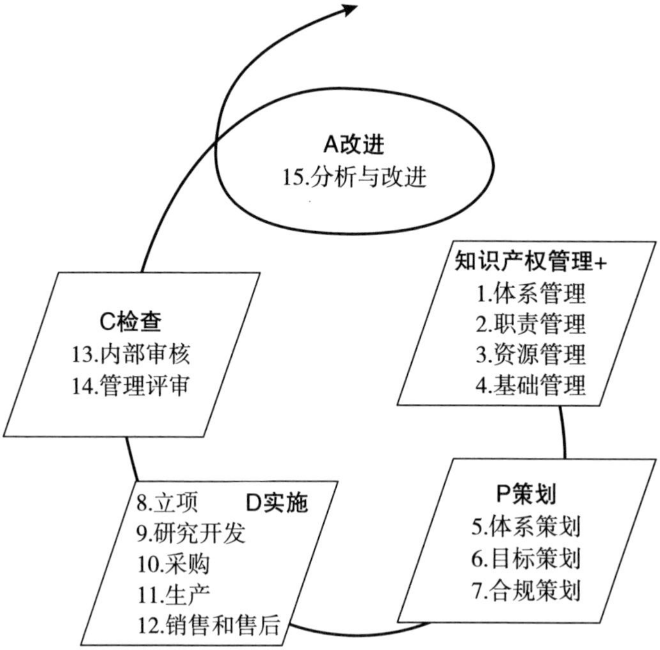

图 13　知识产权管理体系成熟评价要素[①]

《企业知识产权管理规范》是企业开展知识产权标准化活动的指南，该规范充分借鉴了全面质量管理体系的结构范式和策划、实施、检查、改进的管理循环理念，终极目标是指导企业开展知识产权管理活动，实现管理行为的持续改进，分别从三个维度：成熟度等级维、目标管理维、关键活动维进行构建。同时，公司还可以基于过程方法的应用，在策划、实施、检查和改进的基础上，补充关注体系文件管理、职责管理、资源管理、基础管理。

① 李西良：《企业知识产权管理体系成熟度评价研究》，载《知识产权》2018 年第 3 期。

第三节
具体知识产权管理实务

从2015年起，我国进一步推动知识产权质押融资方面的政策。国家知识产权局就进一步推动知识产权金融服务工作出台意见，提出知识产权质押融资工作要与投资、担保、信贷、保险等工作相结合，形成多元化多层次的知识产权质押融资困境服务机制，力争到2020年全国专利权质押融资金额超过1000亿元。2016年，国家知识产权局开展了专利质押融资试点示范工作。2017年，国务院出台《强化实施创新驱动发展战略进一步推进大众创业万众创新深入发展的意见》，指出要鼓励保险公司为知识产权融资提供保证保险服务。2017年，中国资产评估协会印发了最新修订的《专利资产评估指导意见》，进一步规范了专利资产评估的评估对象、操作要求、披露要求等。2017年，全国专利权质押融资金额为720亿元，比2015年的560亿元增长了28.6%。①

2018年，中建钢构有限公司以持有的133件专利作抵押获得北京银行深圳分行综合授信12亿元贷款，并享受5%利率优惠。该公司有关负责人表示，“企业将知识产权质押给银行获得融资，盘活了无形资产，让企业的知识产权直接转化为经济价值，拓宽了企业融资渠道，有效解决了企业融资难的问题”。②

① 薛秀娟、彭长江:《知识产权交易市场的健全与完善》，载《人民论坛》2019年7期。

② 《先行先试，化“知本”为“资本”》，载国家知识产权局网：http://www.sipo.gov.cn/mtsd/1130935.htm，最后访问时间2019年6月30日。

一、专利管理

公司的专利管理是一项动态和复杂的系统过程，覆盖实现专利的申请、授权、许可、转让、争议、维权的全过程管理。根据技术成果转化的过程，公司可以在研发端和市场端两方面把握好专利管理。

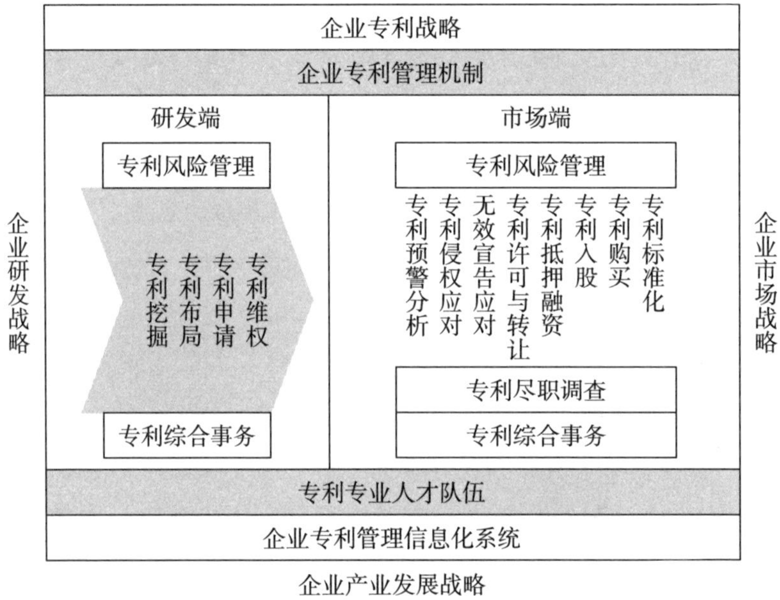

图 14　公司专利管理机制

（一）研发端

1. 专利挖掘

专利挖掘是指在技术研发和产品开发中，对所取得技术成果从技术和法律层面进行分析、整理、拆分和筛选，从创新成果中提炼出具有专利申请和保护价值的技术创新点和方案，对后期的专业管理、运用和保护具有重要的作用和意义。从专利点的挖掘到申请书的撰写，以及申请文件的专利号答复等一整套完整的评审体系和操作流程，进行规范化的操作，公司可以根据所属行业的特点，制定自己的专利评价体系和规则。

2. 专利布局

专利布局是指公司综合产业、市场和法律等因素，对专利进行有机结合，涵盖了公司利害相关的时间、地域、技术和产品等维度，构建严密高效的专利保护网，最终形成对公司有利格局的专利组合。公司在进行海外布局中需要尤为慎重，要根据自己的销售情况而定，切不可盲目跟风申请大量无用的专利，也不可完全放弃专利申请。公司可以采取路障式布局、城墙式布局、地毯式布局、丛林式布局等不同布局模式。

（1）路障式布局是指将实现某一技术目标之必需的一种或几种技术解决方案申请专利，形成路障式专利的布局模式，较为适合技术领先型公司在阻击申请策略中采用。

（2）城墙式布局是指将实现某一技术目标之所有规避设计方案全部申请专利，形成城墙式系列专利的布局模式，其优势是可以抵御竞争者侵入自己的技术领地，不给竞争者进行规避设计和寻找替代方案的任何空间。

（3）地毯式布局是指将实现某一技术目标之所有技术解决方案全部申请专利，形成地毯式专利网的布局模式。例如，全球专利巨头 IBM 公司是地毯式专利布局的典型代表，IBM 在任何 ICT 技术类目中，专利申请的数量和质量都名列前茅，每年靠大量专利即可取得丰厚的许可转让收益。

（4）丛林式布局也称糖衣式布局，此种布局可以分成两种情况：一是基础性专利掌握在竞争对手的手中，那么就可以针对该专利技术申请大量的外围专利，用多个外围专利来包围竞争对手的基础专利，就像大树周围的灌木丛一样。二是当基础专利掌握在自己手中的时候，就在自己的基础专利周围抢先布置丛林专利，把基础专利严密保护起来，不给对手实施这种专利布局的机会。

3. 专利申请

前期的研发工作需要进行海量的专利检索和分析，帮助研发部门确定研发方向和筛选研发项目。对于检索到的专利文献，应和研发人员一起进行专利分析，供研发部门参考。在专利申请的工作中，需要注意几方面：是否以专利方式保护技术成果、是否委托专利代理人申请、选择专利申请的类型、专利申请的时机把握和专利保护范围的确定。

依据专利法，发明专利申请的审批程序包括受理、初步审查、公布、实质审查以及授权五个阶段。实用新型或者外观设计专利申请在审批中不进行早期公布和实质审查，只有受理、初步审查和授权三个阶段。

发明、实用新型和外观设计专利的申请、审查流程图如下：

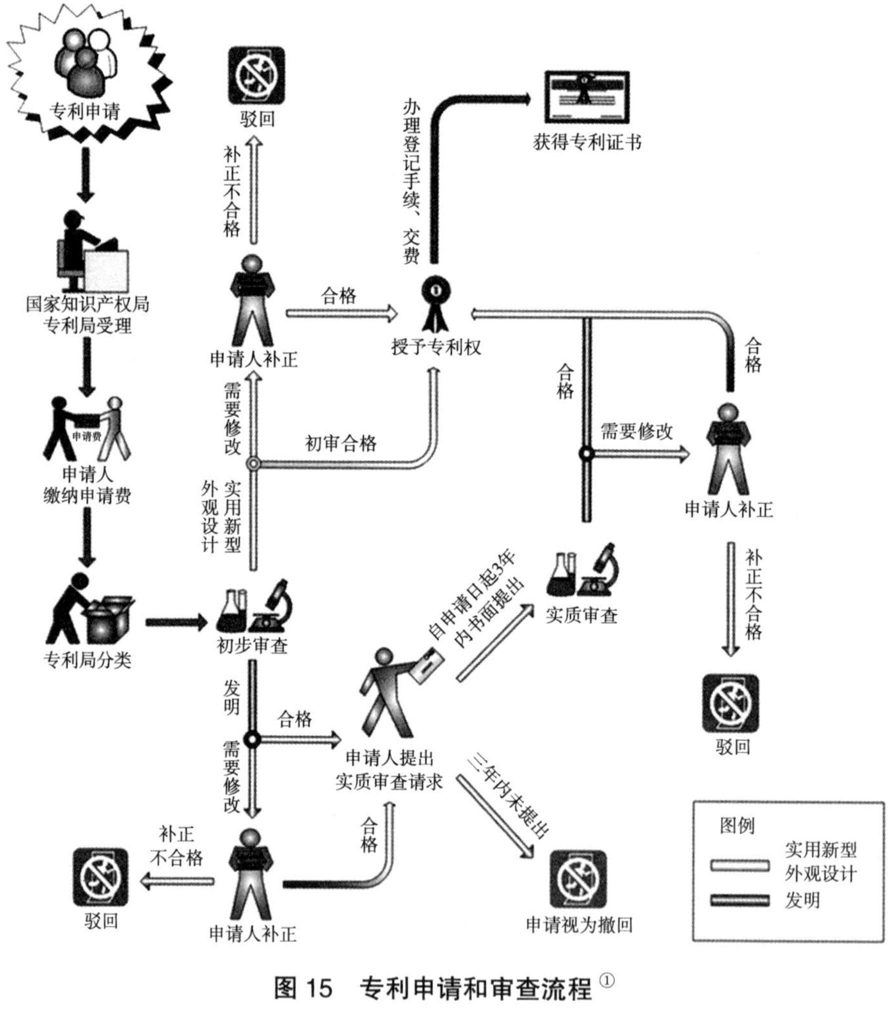

图 15　专利申请和审查流程[①]

公司同时可以利用外部资源，在技术和法律两方面发挥公司专利的最大

① 国家知识产权局网：http://www.sipo.gov.cn/zhfwpt/zlsqzn_pt/zlsqspcxjs/zlsqsplc/index.htm，最后访问时间 2019 年 5 月 8 日。

化效益。如公司专利工程师人手紧张时，可以将大部分专利撰写工作委托给资质较好的代理所进行撰写，但公司内部专利工程师一定要认真审核。发明人只关注技术是否正确，但是发明人不懂如何确定保护范围，需要专利工程师的最后把关和确认。也可以聘请一些资深的专利律师为公司员工培训，提高专利工程师的知识产权意识。

4. 专利维权

未经专利权人许可，以营利为目的，实施其专利，即是侵犯其专利权，专利权人可以通过自行和解、请求专利管理机关处理、向人民法院起诉三种方式维权。

（1）自行和解：在双方平等协商的基础上，达成和解协议，可以签订专利实施许可合同，侵权方应支付合同签订之前实施专利的费用，或由侵权方停止侵权行为并向被侵权方支付一定费用。其优点是自行和解能迅速、友好地解决纠纷，留下继续合作的空间，节约人力、物力、财力。

（2）向专利管理机关申请调解和处理：运用行政手段责令侵权者停止侵权并对其进行处罚。调处范围包括：专利使用费纠纷、专利奖励费纠纷、专利申请权纠纷、专利权归属纠纷、专利合同纠纷、专利侵权纠纷等。其优点是专利管理机关调解程序简便、处理快。

（3）向法院提起诉讼：向法院起诉可以有效打击竞争对手，巩固已经拥有的市场优势地位，而且还可以从侵权人手中得到一笔赔偿金。人民法院的判决书或调解书具有法律效力，并由国家强制力保证其执行。

（二）市场端

1. 专利预警制度

公司应注意建立专利预警制度，专利预警是指公司通过收集、整理和分析与本公司主要产品和技术相关技术领域的专利和非专利文献信息、国内外市场信息和其他信息，对可能发生的重大专利侵权争端和可能产生的危害程度向公司决策层发出警报。其中，公司专利预警是以专利情报分析为基础，系统地对重要的专利指标所蕴含的信息进行评价，从而判断公司可能或者将要面临的侵权风险，针对性地实时监控和预测报警。

2. 专利侵权应对

专利权人发现侵权行为时，可以采取向被控侵权人发送警告函、向法院提起诉讼、向专利行政管理部门提出处理请求等维权方式。

当公司被他人起诉侵权时，可以采取的侵权抗辩主要有四类：一是诉讼时效抗辩；二是不视为侵犯专利权；三是现有技术抗辩；四是免赔事由抗辩。

3. 无效宣告应对

通常情况下，宣告专利无效的主要理由是围绕专利的新颖性、创造性和实用性展开的。公司可以申请宣告他人专利无效以降低竞争对手的威胁或赢得市场份额，但反言之公司也可能面临自身专利被他人宣告无效的情形，专利权人应该在理解现有技术的基础上，分析自己权利要求和现有技术之间的本质区别，作为判断对方提出无效宣告请求的理由是否成立和充分，妥善应对专利的无效宣告。

4. 专利运用

公司申请和维护专利，要花费巨大的开支，因此，专利必须为公司带来收益，这样公司才有动力继续申请和维护专利。实现专利价值对公司的价值可以体现在专利许可和转让、专利投资融资、专利出资、标准化等。

（1）许可转让：公司应促进和监控自身专利成果的实施和运用，结合评估专利对产品销售的贡献情况，对专利的许可和转让作出决策。在知识产权许可和转让前，应进行调查和评估，针对公司作为让与方和受让方分别设定调查内容，明确知识产权许可和转让的决策程序。

（2）投资融资：在投资融资活动前，应对相关专利进行价值评估，投资融资活动包括专利出资入股、质押、担保等方式。

（3）合并与并购：在合并与并购过程中，应进行专利的尽职调查，根据合并与并购目的设定对目标公司知识产权状况的调查内容，进一步评估相关知识产权价值。

（4）标准化：参与标准组织前，公司应了解标准组织的知识产权政策，尤其是专利的标准化，在将包含专利和专利申请的技术方案向标准组织提案时，应按照知识产权政策要求披露并作出许可承诺；有条件的公司在牵头标准制定工作时，应明确标准的知识产权政策和工作程序。

实践中，专利权保护技术方案的市场价值还不够高。专利权人申请专利的意图是多元的，有的专利权人是为了获得专利权保护，但是有的专利权人更多是为了职称评定，或申请高新技术企业，获取政府的资助，甚至是为了在产品宣传中博噱头，这样申请的专利权往往质量较差，更谈不上用专利权来质押融资和转化运用。[①] 虽然我国专利权质押融资工作，相比其他知识产权，有着较多的政策推动并且取得显著成绩，但是还有待进一步研究风险多方分担机制的完善。一方面是服务体系完善，另一方面是企业专利质量的提升，后者既是对企业提出的高要求，同时也意味着富有挑战的机遇和较大竞争实力的提升空间。

（三）专利人才队伍建设

配备公司的专利管理人员，不但负责公司的专利申请，还要负责对公司所有员工进行专利培训，配合研发部门进行专利检索分析。

1. 对职员进行专利基础知识的培训

如关于申请专利的条件，专利点的挖掘，专利文献和专利情报的检索分析与查新等方面的专业知识和技能的培训。同时，根据公司知识产权发展的需要，有计划、有重点地选送职员到境内外进修、考察、培训、深造，组织参加国际学术会议和学术交流活动等。并且，采用高校培养（复合型人才）和短期培训（专项技能）相结合的方式进行培训。

2. 明确分工机制

正如日常的专利申请审核、答复审核、专利点的挖掘和规划需要专人负责，相同技术点的专利最好也有专人负责，大家做到各司其职，保证专利工作的顺利运转。另外，对于公司遇到的突发性的专利事件，如专利诉讼、许可，要迅速组织项目组进行应对，最好能设立专门的许可部门或者负责许可事物的专员进行处理。

---

① 郭建伟、郭文：《知识产权质押融资困境》，载《中国金融》2019 年第 5 期。

3. 激励保障机制

建立合理的奖励制度，激发员工的积极性和创造性。

4. 管理信息化系统

建立专利数据库，包括公司内部的专利数据和知识产权局或相关管理部门的公开数据。建立内部专利数据库，可以方便人员对专利进行管理，也可以方便公司专利工程师了解公司的专利申请情况，避免重复申请。建立外部专利数据库，以便公司了解最新的技术发展方向和行业发展方向。

（1）内部专利信息管理

内部专利信息管理不仅仅包括专利的一些基本信息，如申请号、申请名称、授权日期、缴费情况、授权国家，而且要包含该专利的技术点、技术发展趋势、关联产品及其销售情况等。

（2）外部信息监控和收集

对竞争对手的研发情况、市场销售情况积极监控，收集信息。一旦遇到紧急情况，如被竞争对手起诉，可以迅速发起反击，也可以主动发起诉讼或者谈判，阻碍竞争对手的发展势头。同时，及时收集整个行业的动态，适时调整自己的研发策略。

二、商标管理

国家工商行政管理总局商标局、商标评审委员会编著的《中国商标品牌战略年度发展报告（2017）》和《2017 年度各省、自治区、直辖市商标申请与注册统计表》数据显示：2017 年度商标注册申请量为 574.8 万件（同比增长 55.72%）；2016 年度商标注册申请量为 369.1 万件（同比增长 28.34%）；2015 年度商标注册申请量为 287.6 万件（同比增长 25.86%）。截至 2017 年 12 月底，中国累计商标申请量为 2784.2 万件。

2019 年 11 月 1 日，经过第四次修正的新商标法开始施行。从 2014 年修正的商标法首次明确商标注册申请及异议、评审程序的审查时限，加上商标主管部门配合出台加快审查速度、缩短审限、便利申请流程、降低申请官费等一系列推进商标注册便利化的改革措施以来，中国商标注册申请量在原有已经非常惊人的基数上继续快速增长。出现了以傍名牌为目的的恶意申请和为转让牟利而大量囤积商标等问题，严重扰乱了市场经济秩序和商标管理秩序，新商标法加强了对恶意注册行为的规制。

对公司而言，做好商标管理，可以降低商标在使用过程中的风险，不断完善无形资产的积累，提升品牌价值。因此，公司应设立专门管理岗位，保证商标管理的准确性和连贯性，并针对商标不同形态进行有效管理。商标管理是指覆盖实现商标的注册、使用、维护的全过程管理。

（一）商标注册

鉴于我国商标司法和行政实践对于已注册商标给予强保护，而未注册商标基于大量持续使用形成的民事权益寻求保护之路仍有待继续拓宽，由此，在未来一段时间内，尽早提交商标申请，争取获得商标注册，仍是最为经济和有效的保护方案。

公司应当及时、全面地对商标进行申请注册，在选择商标标识时应综合考虑企业形象、社会文化因素以及消费者心理等多方面因素，选择显著性强的申请标识，在申请前明确申请主体，确定申请注册商标的类别、商品范围等，并且确定没有在先权利冲突。

商标注册申请人办理商标注册申请有两种途径：一是自行办理；二是委托依法设立的商标代理机构办理。两种途径的主要区别是发生联系的方式、提交的书件、文件递交和送达方式稍有差别。在发生联系的方式上，自行办理的，在办理过程中申请人与商标局直接发生联系；委托商标代理机构办理的，在办理过程中申请人通过商标代理机构与商标局发生联系，而不直接与商标局发生联系，因而需要事先进行代理机构的考察，选择代理机构，与代理机构签订委托合同，之后对代理机构代理商标申请的事项进行全程的监督与跟踪。

我国商标申请注册的流程如下：

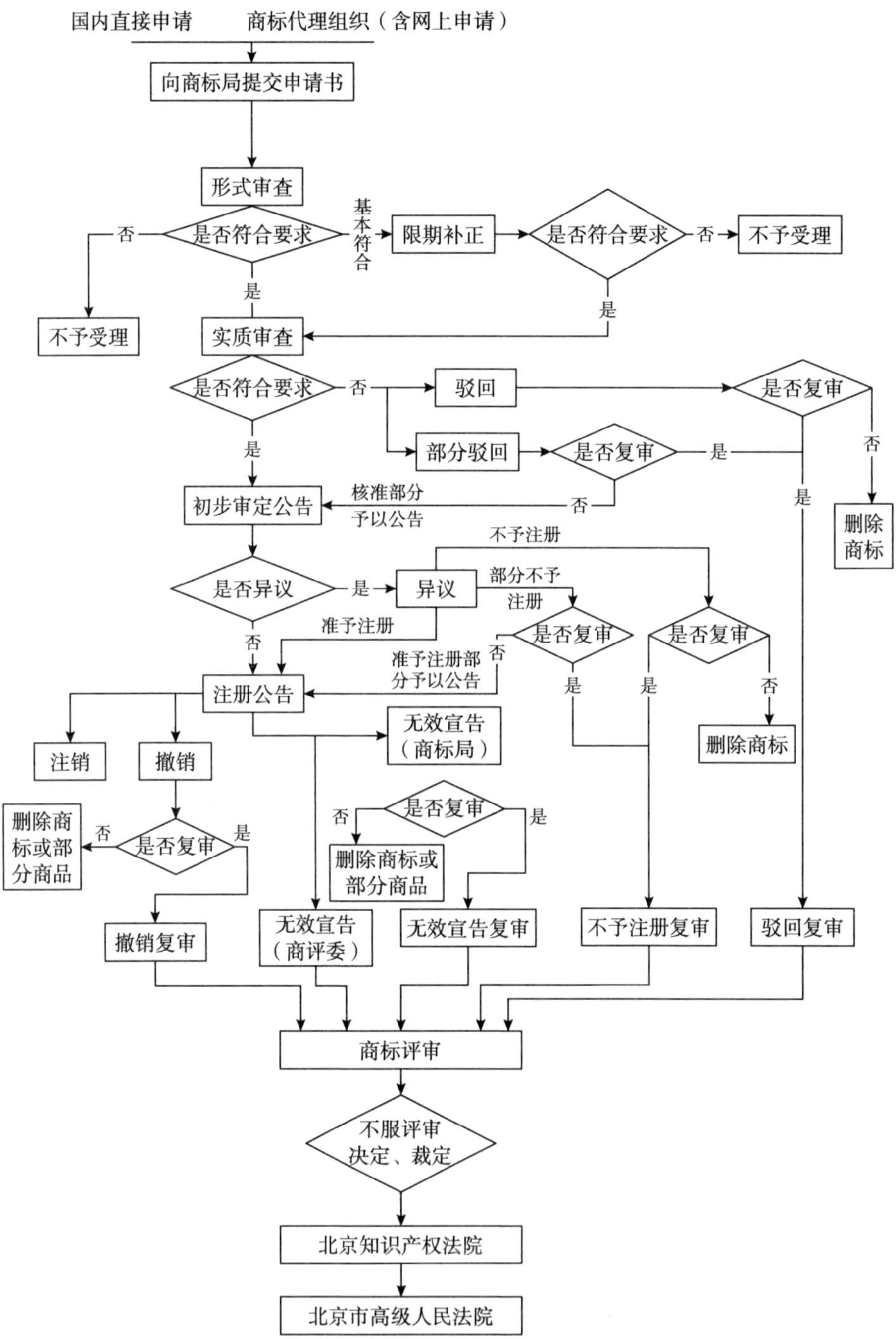

图 16 商标注册流程简图[①]

① 国家知识产权局网：http://sbj.cnipa.gov.cn/sbsq/zclct/，最后访问时间 2019 年 5 月 8 日。

（二）商标使用

商标申请注册的目的在于使用商标，建立良好的公司信誉和形象，从而获得更多消费者的认可和市场份额，因而保持商标使用的稳定性和连续性是商标信誉价值产生的前提和基础。

从全国范围来看，存量商标数量越来越大，而从单一企业来看，持有商标的数量也越来越多，拥有数万件、数千件商标的企业已经不在少数。原因既包括企业不同阶段更新原有品牌，推出新品牌；也包括企业为未来展业需要提前注册储备商标，以及为防御他人仿冒注册防御商标。但随着商标越来越多，给企业的商标管理工作带来越来越多的工作量。例如：企业的商标管理工作者管理大量商标信息和文件需投入更多的精力和时间，商标变更、续展将产生更多的各类官费和委托费用。特别是，近年对连续 3 年停止使用撤销申请成为商标管理工作的突出重点内容，为维持已经注册的商标，企业需付出相当大的代价。

实践上存在很多“睡眠商标”，如果公司将此类商标重新焕活，以合法、合理的方式重新回到经济生活当中，对于激活企业无形资产、节约商标申请时间、节省商标审查资源、减少商标争议所消耗的社会能量，都具有巨大益处，并且推进建立注册商标交易市场。

诚然，注册商标是企业无形资产的一部分，在保护优质无形资产的同时，更要对价值较低甚至可能会带来损失的劣质无形资产勇敢剥离和割舍，以保存实力，轻装前进。

1. 商标许可

从被许可人的视角，通过商标许可获得已注册商标的使用权，相较于申请注册商标的不确定性和长周期，能快速帮助被许可人通过商标的使用进行宣传和推广。

商标许可给他人使用的，公司作为许可方，应与商标被许可方签订商标许可协议，有偿或无偿均应在协议中明文规定，并及时进行商标许可备案，保证许可人、受许可人的合法权益。商标许可的方式，分为普通许可、独占许可和排他许可。其中，排他许可从法律效果上来看，接近附期限的商标转让。而普通许可和独占许可，由于同一商标存在多个商业使用主体，就会存在产品如何区分、市场如何分割等问题。

以普通许可来说，许可对象可以分为同一企业集团的不同子公司之间，以及与商标权人没有企业关联关系的第三方使用。纠纷多发生在后一类情形，商标权人将商标许可给某一被许可人使用，同时还可以许可给更多的被许可人使用。如果，在商标许可过程中，没有做出具体的约定，就会存在产品和市场如何区分，发生商业纠纷如何救济的问题。许可协议中应明确约定商标的使用范围，从法律角度来说，应当包括：商标图样范围、商品范围、地域范围以及时间的范围等。普通许可中地域范围尤为重要，由于原则上商标权在一国范围内是没有地域限制的，商标权人为了达到商业和经营管理的目的，往往需要限制不同的被许可人在一定的地域范围内进行经营。

2. 商标融资

商标作为一种重要的无形资产，在企业生产经营过程中既是核心竞争力，也能转化为资本。国家大力推动解决企业融资难题，在多地设立商标专用权质权登记受理点，使得公司商标运用水平得到有效提升。例如，浙江台州设立注册商标专用权质权登记受理点以来，商标专用权质押贷款工作取得重大突破，2016 年上半年，台州受理点共办理商标质权登记 151 件，占全国同期办理总量的 30.75%；质押金额 22.39 亿元，占全国同期总额的 11.5%。[①]

（三）商标维护

1. 商标续展

商标使用，让消费者在商标与公司的产品或服务间建立一一对应的稳定联系，而商标续展可以延续权利人使用商标载体所承载的信誉，继续发挥积极效果。商标续展是指注册商标期满需要继续使用的，应当在法律规定的期限内，通过向商标局办理注册申请手续，使商标有限期得以延长，权利人可

① 《总局商标局负责人就〈工商总局关于大力推进商标注册便利化改革的意见〉答记者问》，http://www.cicn.com.cn/zggsb/2016-08/04/cms89479article.shtml，最后访问时间 2019 年 12 月 25 日。

以继续使用商标。法律对续展的次数没有限制，所以从一定意义上来说公司的商标保护可以是无期限的。

2. 信息监控

做好商标信息的监控。包括商标有效性维持、权利唯一性等，这方面可与专业的代理机构合作，但要签订合作协议，做好双方的沟通与协调；如遇权利被侵犯事宜，应及时向上级汇报，同时采取应对措施。如有商标到期应续展，则应及时向商标局递交续展申请，如有商标到期计划不再使用而不续展的，应及时停止使用废弃的商标标识，并做好备案工作。

3. 商标清理

随着商标越来越多，公司的商标管理工作也有越来越多的工作量。公司的商标管理工作者管理大量商标信息和文件需投入更多的时间和精力，商标变更、续展将产生更多的各类官费和委托费用。特别是，近年对连续 3 年停止使用撤销申请成为商标管理工作的突出重点内容，为维持已经注册的商标，公司需付出相当大的代价。因此，公司需要盘点和清理商标，注销价值较低的商标或可能带来侵权诉讼风险、增加公司负担的商标。

三、著作权管理

著作权管理是指覆盖实现著作权的登记、变更、许可、转让、维权的全过程管理。

著作权的保护采用自动保护原则，作品一旦完成，作者即自动享有著作权，受著作权法保护。有的国家和地区将登记作为著作权取得的依据，在我国，著作权登记并非著作权取得的依据，不过登记的著作权在诉讼中的举证责任方面具有一定优势，是登记者享有著作权的初步证明。

对于公司而言，不同的公司构成和经营范围会影响其对不同著作权的关注程度。比如，从事知识产品生产及传播的公司，如音像出版公司、电影公司、动漫公司等，重视其文字作品、美术作品、音乐作品和摄影作品等。而对于软件公司而言，计算机软件著作权是公司著作权管理的重中之重。根据《计算机软件保护条例》规定，计算机软件著作权的保护需以固定为前提，软件著作权自软件开发完成之日起产生，且软件著作权保护不包括开发软件所用的思想、处理过程、操作方法或数学概念。公司进行软件著作权登记的办理步骤包括：填写申请表→提交申请文件→缴纳申请费→登记机构受理申请→补正申请文件（非必需程序）→取得登记证书。[①]

同时，软件著作权的权属问题需要公司在开发软件的过程中与相关技术开发人员事先明确约定，通常而言，软件著作权属于公司，开发的技术人员享有署名权。另外，需要公司注意的是关于员工的劳动合同或离职员工的竞业禁止协议要明确权利和义务，不允许擅自泄露公司开发的软件信息，提前预警和防范公司软件著作权遭受侵害。

在互联网环境下，著作权的侵权除了传统的纸质复制和传播，更是衍生出利用信息网络等方式侵害著作权的行为。根据我国著作权法和相关司法解释，任何人不得破解他人采取的技术保护措施。随着技术的发展，著作权保护技术日益更新，公司根据不同应用场合的需要，可以适用数字著作权管理技术、条件接受技术和数字水印技术等保护技术。

（一）数字著作权管理技术

数字著作权管理技术是以数字加密技术为基础，结合软硬件技术，实现对数字内容的保护，其对作品的保护和管理主要靠内容模块和许可模块的技术规范来实现。其中，内容模块是指通过加密的方式存储、保护数字作品内容，而许可模块则是指通过计算机可读的授权许可语言自动对加密内容发行许可。

（二）条件接收技术

条件接收技术是指对音频、视频和数据等信息进行加密传输，并为合法用户接收解密的过程。目前主要在广播电视行业中运用，只有获得授权的用户才能正常收看相应的内容。

---

① 徐志远、巩燕楠：《高新技术企业知识产权管理》，知识产权出版社 2017 年版，第 113 页。

（三）数字水印技术

数字水印技术是指在不影响载体使用价值的情况下，将一些表示信息直接嵌入数字载体，通过这些隐藏在载体中的信息，可以达到确认内容创建者、购买者，传送隐秘信息或者判断载体是否被篡改等目的，有利于解决著作权纠纷，保护数字产权合法拥有者的权益。①

四、商业秘密管理

2016年5月，“老干妈”工作人员发现本地另一家食品加工企业生产的一款产品与“老干妈”品牌同款产品相似度极高。经查，涉嫌窃取此类技术的企业从未涉足该领域，绝无此研发能力，“老干妈”公司也从未向任何一家企业或个人转让该类产品的制造技术。由此可以断定，有人非法披露并使用了“老干妈”公司的商业机密。报案后警方随即立案调查，并将侦查重点放在“老干妈”公司离职员工贾某身上。据悉，贾某曾任“老干妈”公司质量部技术员、工程师等职，由于工作需要，他掌握了“老干妈”公司专有技术、生产工艺等核心机密信息。

经过专业的核算，包括因商业秘密泄露致使相似产品上市，“老干妈”同款产品销量和去年同期的销量对比等，此次泄密事件导致“老干妈”损失估计超过一千多万元，后续损失更是难以预估。②

公司的商业秘密只有通过完善的知识产权制度管理体系进行保护，才能实现风险控制，避免企业的知识产权随企业员工的离职而受到侵害。

商业秘密是指不为公众所知悉、能为权利人带来经济利益、具有实用性并经权利人采取保密措施的技术信息和经营信息。根据我国《反不正当竞争法》和《国家工商行政管理局关于禁止侵犯商业秘密行为的若干规定》，技术信息是指生产者在实验、生产、装配、维修和操作等过程中所总结或发现

① 赵华编著：《智慧经营——企业知识产权管理实务》，科学技术文献出版社2017年版，第113—114页。

② 搜狐网：http://www.sohu.com/a/224336305_99909727，最后访问时间2019年6月30日。

的不享有一般知识产权保护，尤其是专利权保护的技术性成果；经营信息一般包括两类，一是具有秘密性质的市场及市场密切关联的商业情报或信息，比如原材料价格、招投标中的标底和标书内容、客户名单和销售策略等，二是经营管理方法和与经营管理方法相关的资料和信息，如管理的模式、方法和管理公关等。①

很多公司在商业秘密维权方面存在较大的法律障碍，在司法实践中侵权判定的难点在于证据的取得。法院在确定涉案的商业秘密时，会要求权利人对商业秘密的内容有明确界定并在客观上有适当的载体予以体现。因此，在商业秘密所有权方面公司的举证责任负担和举证较为困难。在经营信息的维护上，最常见的是客户名单泄露。此类案件一般都是因为员工跳槽引起的。根据相关规定，受到保护的客户名单当区别于公知信息，而且应该是深度信息，包括联系方式、交易习惯、交易价格、客户喜好等通过长期交易了解、积累得到的信息。如果公司没有事先固定自身商业秘密的内容，形成有效的可被法院认定的适当载体，那么在发生公司商业秘密被侵犯时，将对公司造成重大的损失。

（一）对内采取的措施

1. 采取切实有效的保密措施

公司可以根据自身人员结构和核心技术特点等选择适合的措施，比如在涉密区域设置门禁、由专门人员报关涉密电子档案密码和载体、禁止未经批准向外传输数据、在重要文件上标记保密标识和保密级别等。②

2. 与员工签署《保密协议》

根据我国《劳动合同法》的规定，公司有权与员工单独就保护商业秘密事宜签署《保密协议》。《保密协议》中应体现公司的保密制度，比如通过附件形式添加在协议之后，并且涉及竞业限制条款，约定职员在职期间不得在

---

① 赵华编著：《智慧经营——企业知识产权管理实务》，科学技术文献出版社 2017 年版，第 76 页。

② 徐志远、巩燕楠：《高新技术企业知识产权管理》，知识产权出版社 2017 年版，183 页。

与公司具有竞争业务的公司中任职或兼职，不得自行设立或参与与公司具有竞争业务的企业，离职职员在一定期间内不得在与原工作单位具有竞争业务的公司任职或自行设立、参与设立具有竞争业务的公司。

（二）对外采取的措施

公司在商务往来中注意对自身技术信息和经营信息进行保密，应当与往来对象约定保密条款。在寻求知识产权合作的过程中，一定程度上会对潜在的合作伙伴披露公司的商业秘密，因而公司应当注意在洽谈和披露信息前签订《保密协议》或保密条款，在合作过程中亦注意签订《保密协议》或是在经济合同中写明保密条款，要求对方保证不泄露执行合同时掌握的公司商业秘密，否则要承担违约和赔偿责任，以此避免因商业秘密泄露而带来经济损失和商业机会的丧失。

五、数据管理

（一）数据意识和知识产权数据库

长久以来，数据意识的缺失导致公司的数据资产管理能力十分孱弱，建立高效、便捷的数据资产管理体系成为提升大数据能力的重中之重。以中国电信为例，其通过建立 6 大能力、8 类系统，细化数据采集需求，设计数据采集策略，规范数据采集进度，打造了完整、高效的数据资产管理体系。数据意识不仅仅是数据价值，更应注意到数据资产管理不当所产生的危害，认识数据的局限性，对数据出处、采集、处理有一定的把握力，建立正确的数据意识，实现对数据正确的使用。①

而知识产权数据是公司数据资产的重要载体和内容，其数据库管理是指建立统一集中的公司知识产权数据库，实现知识产权信息的查询统计及信息化价值管理、无形资产统计评估等，其中需留意知识产权办理流程的跟踪与提醒，在实现知识产权信息的登记和维护基础上，根据流程中的关键时间节

① 中国信息通信研究院云计算与大数据研究所:《数据资产管理实践白皮书（2.0 版）》。

点，按时处理知识产权的申请、公告、续展、争议等。

（二）大数据信息管理

数据和信息作为一种存在已有久远的历史。而关于“大数据”的内涵与外延，存在多种解释和定义。这些定义多半是从人类通过技术感知、技术处理之后产生的商业价值等角度进行界定的。从法律视角而言，部分数据类型被法律特别界定，成为法律关系客体的一种形态，被纳入法律体系中进行特定的规范或保护，尤其是在知识产权法律制度的保护下，比如，符合条件规定的商业秘密信息，或者符合“数据库”定义的著作权的汇编作品。

公司数据管理应注意的问题：

1. 防范与外部合作时可能带来的风险

公司在进行数据共享和寻求外包服务时，首先应了解对方的数据合规情况是否较为完善以及是否具备相应资质，界定好与外包服务提供者、数据共享者权责范围，包括对第三方造成侵害时的责任承担和追偿范围等。

2. 加强公司数据安全的保护

公司的数据安全面临多方面的威胁，包括软硬件设施的故障、在职人员以及外来人员的数据泄露等，公司应建立健全组织和制度，加强自身数据安全的管理和保护。公司可以依据国家标准和安全等级制定公司自身的处理数据操作规范、数据保存规定，对接触公司重要数据信息的人员进行管理权限分级，有能力的公司还可以建立数据安全的日常监管制度和应急处理制度，在公司日常管理中及时发现数据安全问题。

第七章

合规管理

扩展阅读〉〉〉

文章标题	二维码
1.《合规之我见，暨同方受邀在汤森路透 ALB 泰和泰合规论坛上的讲话》	
2.《跨国企业经营中不可不知的美国〈反海外腐败法〉》	
3.《Big Story | No one’s safe》	

第一节
合规概述

合规起源于1978年，因为当时美国的公司发现很多海外企业涉嫌腐败贿赂犯罪。于是美国证券交易委员会（SEC）颁布《反海外腐败法》，并由此衍生出美国的“长臂管辖”原则，比如2018年罚款中兴10亿美元。之后，合规领域不断扩充。所以合规的最初源头是反商业贿赂。现在欧盟也逐渐开展海外合规监管，他们先拿Google和Facebook开刀，专注于数据安全和隐私保护。

所谓公司治理，是指公司为实现最佳经营业绩，对公司所有权与经营权所作的结构性制度安排。传统的公司治理结构主要调整股东大会、董事会、监事会和管理层在公司决策、经营等方面所形成的相互制衡关系。但出于公司防范法律风险、减少公司损失的需要，合规机制逐步被纳入公司治理的结构之中。在一定程度上，合规管理与业务管理、财务管理一起，并称为企业管理的三大支柱，成为当代公司治理结构的重要组成部分。

合规是企业履行社会责任的基础。企业社会责任指的是企业在创造利润、对股东负责的同时，还要承担对员工、社会和环境的责任，包括遵守商业道德，保证生产安全、职业健康、保护劳动者的合法权益、节约资源保护环境等。但是，这一切的前提是企业要合规经营。

一、什么是合规?

合规的发展趋势是范围越来越宽，造成的后果是合规所要关注的法律规范也越来越多；合规要推进工作，也不能只是局限于原来那些小的地方。要先明确合规是什么，合规部的使命是什么，以及如何平衡合规与业务之间产生的矛盾。

合规并不是划出法律底限，而是一个全方位的策略。合规是全方位、多层次的，要推动全公司遵守公司政策和相关法律，帮助业务发展。①

“合规”，由英文“compliance”翻译而来。通常包含三方面内容：第一，遵守法规，即公司总部所在国和经营地所在国的法律法规及监管规定；第二，遵守规则，即企业内部规章，包括企业的商业行为准则；第三，遵守规范，即职业操守和道德操守等。

最早的企业合规并不是所有的企业都面临的任务，而是集中在银行等金融行业。因此，合规是指商业银行的经营活动与法律、规则和准则相一致。巴塞尔银行监管委员会规定，银行的合规特指遵守法律、法规、监管规则或标准。我国《商业银行合规风险管理指引》对合规的定义是：“商业银行的经营活动与法律、规则和准则相一致。”

可见，原本的合规是银行等金融行业面临的任务，要求银行经营与治理行为与银行的经营业务和治理相关的法律、规则及标准相一致。当今的企业对合规越来越重视了。这是基于企业合规与企业责任之间的联系越发密切，企业的合规不当可能遭受法律制裁或监管处罚、重大财务损失或声誉损失的风险。加强企业合规建设就能够合理、合法地控制因银行自身原因导致违反法律、法规和监管规则等而遭受的经济损失，减少和防止企业责任。

企业合规，是指企业的经营与治理行为符合规范的要求，合法、合规经营的基本保障。从企业的视角出发，首先，应遵守企业经营和治理的规范，包括公司法、合伙企业法等各种企业法。其次，应遵守有关企业的行政法规、行政规章，隐私、数据保护、消费者保护、税收以及劳动就业等法律、法规，监管部门制定的规则、准则、市场公约，行业协会制定的行业守则，同时，包括适用于企业内部员工的内部行为守则，也包括诚实廉正和公平交易的行

---

① 蒋怡：《企业合规体系建设》，http://lawv3.wkinfo.com.cn/topic/61000000452/index.HTML，最后访问时间 2019 年 8 月 7 日。

为准则。

合规建设的宗旨，在于防控企业的合规风险，增加企业在商业风险中的抗压能力，减少损失，保障企业健康发展，使自己立于经营的不败之地，有效地防控合规风险。

当前，企业合规建设已经得到普遍认可，成为企业发展的重要任务和保护自己的方法。所以，企业合规建设的目的，就是增强企业经营与治理行为的合规性、合法性，使企业建设得更好，更能够适应市场发展的要求，提高经营效益，使企业得到更好的发展。[①]

二、合规管理的重要意义

随着国企改革开放的进一步深化和“一带一路”倡议的全面展开，中国企业越来越多地走向国际舞台参与国际竞争，面临巨大的机遇、风险和挑战，尤其是在内外部环境不断变化中的很多领域面临着合规风险。同时，由于经济全球化深入，各国政府对企业合规要求越来越高，监管力度日益加大。中美经贸摩擦，中兴事件、华为被调查等令我们深刻地认识到，企业是否合规管理已经关乎企业的生死存亡，加强企业合规管理已迫不及待、势在必行。[②]

（一）防范企业面临的国内和国际风险

2018 年中兴事件之后，如何全面了解国际强化合规管理和合规监管的趋势，如何在日常经营中强化合规制度执行的严肃性，如何在认真落实合规管理责任中提升抗御经营风险的能力，成为走出去的中国企业在做大做强过程中不能回避的问题。

首先，从国内角度出发，2018 年 12 月，国家发展改革委等七部门联合印发《企业境外经营合规管理指引》，旨在推动企业增强境外经营合规管理意识，遵循市场导向、商业原则、国际惯例开展对外经济合作，坚持依法合规经营，积极履行社会责任，提升境外经营合规管理水平，强调合规是企业

---

① 杨立新：《企业合规与企业责任》，载《新产经》2019 第 4 期。

② 郝幸田：《合规管理：企业高质量发展的有效途径》，载《企业文明》2019 年第 1 期。

走出去行稳致远的前提，合规管理能力是企业国际竞争力的重要方面。这为中国企业主动实现合规管理从自发到自觉的转变，为企业的做大做强提供了坚实的法律规则支撑和有力的风险防范保障。[①]

其次，放眼世界，从 1977 年美国制定 FCPA，越来越多的企业开始关注反腐，关注依法合规经营，到 2010 年英国《反腐败法案》要求企业采取有效措施防止雇员、代理人等关联人员的违规行为，再到 2016 年法国《萨宾第二法案》强制要求符合条件的企业必须建立合规制度，都在诠释合规是对企业健康发展的必然要求。我国《反不正当竞争法》第七条第三款也明确规定良好的合规管理体系可为正确区分员工责任和企业责任提供有力证据。

最后，对于企业高管而言，孟晚舟事件以后，中国企业普遍对美国法律的域外管理心存恐惧，特别是感觉企业高管的人身安全没有保障，对相关人员出国进行严格审核，长此以往将对企业正常运营带来巨大影响。了解美国法律制度的总体设计，特别是长臂管辖的具体运用场景，对企业的法律与合规部门具有重要意义。[②]

除此之外，世界银行等国际金融机构对使用其资金的企业也有相应的合规要求。企业违反这些合规要求，将被列入黑名单，影响企业继续参与由世界银行等国际金融机构提供资金支持的各类项目。

合规助力企业防范风险，提高风险处置效率，降低风险处置成本。中兴通讯、长春长生等企业集团，都因严重违法违规而受到严厉处罚，遭受数亿元甚至十几亿美元的损失。合规已成为企业的生存基础，而做好合规管理，能帮助企业避免合规风险，减少财产损失。

合规风险管理通过合规风险评估，编制合规风险清单，开展合规风险日常监测和预警，建立合规风险的快速反应和应对机制，实施后续整改与持续改进。合规帮助企业提高合规风险应对处置效率，控制合规风险并防止合规

---

① 荣民：《合规管理是企业走出去的生命线》，载《中国贸易报》2019 年第 1 期。

② 叶小忠：《国际视野下中国企业合规管理与权利保障》，http://lawv3.wkinfo.com.cn/document/showarticle?showType=&language=1&aid=NjAwMDAwNTQxMjE%3D&collection=article&format=&sysLang=en_US&free=0&searchKeys=&bid=，最后访问时间 2019 年 8 月 1 日。

风险的影响和损失的扩大。[①]

可以说，在各国法律法规和国际金融机构都不断强调合规的情况下，加强合规管理不仅是企业发展的必然趋势，也是企业健康发展的有力保障。[②]

（二）提升企业走出去的软实力和竞争力

当前，全球价值链竞争中拼技术、拼产品且差异日渐缩小的同时，各国政府监管力度也在不断加大，合规已经成为企业经营软实力的内在体现，成为决定企业在竞争中胜出还是落败的核心竞争手段之一。企业只有靠不断提升经营合规性来提升其竞争能力。

企业走出去所面对的国际化经营竞争形势，要求企业更主动地树立起合规管理是企业生命线的意识。企业在根植国内市场、顺应国内监管方向的同时，应认真提升境外合规管理自觉性，努力确保贸易和投资行为符合国际合规管理发展的新趋势的要求。[③]

以美国 FCPA 调查为例，美国当局启动的 FCPA 调查往往持续数年，其间企业需要投入大量的内部人员与资源来应对监管部门提出的各种要求。同时，聘请包括外部律师、会计师等第三方顾问参与调查，也会花费企业不少的开支。比如，2014 年化妆品直销巨头雅芳就其违反 FCPA 的指控与美国政府达成最终和解，缴纳罚金 1.35 亿美元，但仅雅芳的内部调查费用就已经高达 3.44 亿美元。

此外，FCPA 调查会给东道国政府提供相关线索，是企业面临潜在的双重处罚后果。比如，2019 年 9 月美国政府宣布对中石化瑞士子公司涉嫌通过中间人向尼日利亚官员违规提供 1 亿美元的贿赂展开调查。瑞士子公司向瑞

---

① 郭青红:《合规创造价值》，http://lawv3.wkinfo.com.cn/document/showarticle?showType=&tokens=a046aa1c3d7bcf1873b076ece5a8e5ad&language=1&collection=article&aid=NjAwMDAwNTAzMTI%3D&modules=&bid=&format=&sysLang=zh_CN&searchKeys=a046aa1c3d7bcf1873b076ece5a8e5ad，最后访问时间 2019 年 9 月 4 日。

② 吴巍、刘艳洁:《合规大势将至，你准备好了吗？》，http://lawv3.wkinfo.com.cn/document/showarticle?showType=&language=1&aid=NjAwMDAwNDI2OTk%3D&collection=article&format=&sysLang=en_US&free=0&searchKeys=&bid=，最后访问时间 2019 年 8 月 1 日。

③ 荣民:《合规管理是企业走出去的生命线》，载《中国贸易报》2019 年第 1 期。

士当局支付了3100万瑞士法郎的罚金来了结瑞士当地的案件，而美国的调查尚处在早期阶段。双重处罚结果对于企业而言，无疑是雪上加霜。

面对国内外法治化要求的大环境，走出去的中国企业要积极行动起来，在合规管理上下功夫、肯投入、真落实，不同类型的企业要努力实现在合规管理上的“齐步走”，才能用主动合规管理的行动与实绩在国际竞争和全球市场树立起中国合规新形象，积极推动全球的合规建设水平，培育更加规范、有序的国际市场运营环境，促进全球经济贸易高质量发展。[①]

第二节

识别合规风险

当企业分配给合规管理相应的经济和人才资源后，合规风险识别即作为企业合规管理体系搭建的起点，帮助企业迈出合规管理有效性的重要一步。对于企业合规风险的识别应伴随着风险的评估与判定。只有将风险进行结论化、细节化，才能确实对企业的经营决策起到影响。

2018年12月，中国石油和天然气公司被裁定明显违反针对伊朗的制裁，因其适用美国原产氮气泵组件并最终出售给伊朗公司。美国财政部海外资产控制办公室（The Office of Foreign Assets Control of the US Department of the Treasury，简称OFAC），认定该公司的出口管制与制裁政策，“要么根本没有，要么不能执行”。根据和解方案，杰瑞集团同意支付277万美元罚款并采取诸多补救措施，包括解雇参与明显违规行为的3名涉事员工、聘请全职合规员工、委托外部法律顾问进行审查并开展合规项目、安排多次关于出口管制与制裁的培训和设立合规委员会。

① 荣民：《合规管理是企业走出去的生命线》，载《中国贸易报》2019年第1期。

一、企业合规管理的风险来源

企业合规管理体系，本质上是管理体系的一种，但核心是合规。管理体系的建立与实施，有其一般规律。管理体系是一种有规律的重复发生的活动，是基于一定目标，包括企业的（战略）计划、预算编制、执行和业绩评价等行为的综合体系。合规管理体系的重点明显应当是“合规”，且应融入整个管理体系中，否则容易产生“合规”与“业务”两张皮的“普遍”现象。如何融入业务管理体系，成为合规管理发挥价值的出发点，也是合规管理体系的难点。它要求不仅要熟悉合规相关理论和操作，还要认识业务相关运转和特点。①

通俗地说，“合规管理”中“合规”是内容，“管理”是过程，目的是防范“合规风险”带来财产和声誉损失，包括违反合规要求可能遭受法律制裁、监管处罚、出现财务损失和声誉损失的法律、规则和准则。从另一个角度来看，合规风险可以归结于人的行为，因此，合规管理本质上也可以理解为一种运营风险的管理。

二、合规义务

识别合规风险，必须先识别“合规义务”。合规义务就像一把“尺子”，一把衡量企业生产经营行为正确性的尺子。有了尺子，才能度量出企业行为过程中可能出现的合规风险。

合规义务的识别，包括合规要求的识别和合规承诺的识别，应当由企业法务部、合规部及业务部门共同对企业所受管辖的法律法规及企业签署的合同或作出的声明等，归纳出企业可能面临的所有合规义务，并形成合规义务清单文件。

根据《合规管理体系　指南》中给出的“合规义务”的定义，合规义务包括合规要求或合规承诺。

合规要求的示例包括：

---

① 陶光辉：《如何构建一套完整的合规管理体系？》，https://mp.weixin.qq.com/s/K5kx_DqXM_rkYqn7o-lM5g，最后访问时间2019年7月26日。

——法律法规；

——许可、执照或其他形式的授权；

——监管机构发布的命令、条例或指南；

——法院判决或行政决定；

——条约、惯例和协议。

合规承诺示例包括：

——与社会团体或非政府组织签订的协议；

——与公共权力机构和客户签订的协议；

——组织要求，如方针和程序；

——自愿原则或规程；

——自愿性标志或环境承诺；

——组织签署协议产生的义务；

——相关组织的和行业的标准。

三、合规要求

合规要求是企业有义务遵守的要求，具有强制性。例如，某短视频平台及其所属企业必须遵守以下规定：法律《网络安全法》、行政法规《电信条例》《信息网络传播权保护条例》《互联网信息服务管理办法》、部门规章《互联网视听节目服务管理规定》《互联网新闻信息服务管理规定》《互联网直播服务管理规定》《电信和互联网用户个人信息保护规定》等。

四、合规承诺

合规承诺是企业选择遵守的要求。它是企业对相对方的一种承诺，是自愿性的，如与社区团体、非政府机构签订的协议、原则或行为守则等。

例如，2016年4月，北京市网络文化协会与百度、新浪、搜狐、爱奇艺、乐视、优酷、六间房、酷我、映客、花椒等20余家从事网络表演（直播）的主要企业共同发布《北京网络直播行业自律公约》。这便是一种合规承诺。该自律公约规定，网络平台对新申请主播需要人工认证，且申请者需在与审核人员视频聊天过程中回答若干问题，认证过程不得少于1分钟。审核人员认定申请者满足认证要求的予以认证，否则不予认证。认证过程视频录像永久保存备查。这种规定不是所有的网络直播企业都必须遵守，而仅限于北京地区的以上直播企业。

广义上讲，企业与客户、商业伙伴等所签订的全部协议及合同，也是企业的合规承诺。一旦企业签署，即应遵照执行。企业应当本着经济适宜的原则来选择确定自己的合规承诺，如很多企业向客户承诺“存在质量瑕疵的产品将 100% 无偿召回”。

五、识别方法和效果

合规风险的识别方法，可以是多样的，如基于过往案例、专家经验、归纳推理、头脑风暴等方式。例如，某集团法务与合规部通过对过去 5 年间发生的诉讼案例进行整理，归纳出集团可能面临的所有法律诉讼的风险。这就是一种过往损失数据追踪法。如果对企业发生的诉讼案件产生的管理和经营原因不熟悉的话，则很可能会误判企业的法律诉讼风险点。这是基于过往案例发现合规风险的常用方式。

识别合规风险的效果取决于两方面：一方面是对合规义务的熟悉程度，也即对法律、法规及企业所签合同和所作承诺的熟悉；另一方面是对企业经营管理行为的熟悉程度，也即对企业的各项流程、制度、岗位职责，乃至战略的熟悉。①

第三节

企业合规的义务来源

英国信息监管局（ICO）对英国航空作出 1.83 亿英镑的罚款是 ICO

① 陶光辉：《如何构建一套完整的合规管理体系？》，https://mp.weixin.qq.com/s/K5kx_DqXM_rkYqn7o-lM5g，最后访问时间 2019 年 7 月 26 日。

至今所作出的最大一笔罚款，也是《通用数据保护条例》（GDPR）生效后在欧盟境内首笔大额的罚款，达到英国航空2018年全年营业额的1.5%。

该罚款针对的是2018年9月英国航空网站发生的数据泄露事件。在该事件中，用户被移转到虚假网站，攻击者通过这个虚假网站收集了客户详细信息，包括客户个人信息和银行卡信息，如姓名、地址、邮箱，以及信用卡的号码、有效期和背面的验证码（CVV）等。英国航空最初表示只有38万份客户资料外泄。在经过ICO详细调查后，确定信息泄露人数扩大到50万。

就此事件以及作出的处罚，ICO负责人Elizabeth Denham表示，"公民个人信息数据是极其私密的。当受委托的组织未能保护其客户数据免受损失、损坏或者被盗时，客户的潜在损失已经远远超过了给他们带来的不便"。

中国企业全面合规管理的时代已经来临。企业的合规管理主要分为小合规和大合规。

企业小合规是从企业内部出发，企业经营管理各领域的全合规，即包括发展战略，公司治理，产品研发、生产、采购、市场开拓、销售和售后服务等方面的业务合规，财务管理，并购重组，对外投、融资和担保，环境、安全和卫生合规，劳动人事合规，工程项目合规等各个方面。

企业大合规，要求遵守适用于企业的所有层级的法律和规范，包括国际条约和国际规则，国家和地区法律法规，地方性法规，行业监管规定，国家及行业标准，行业自律性文件，社区规范，企业的股东协议、章程、股东决议、董事会决议及内部规章制度，企业与第三方之间的合同，公认的道德规范以及公序良俗。企业大合规，要求遵守所有部门法领域的法律和规范，除反腐败、企业内部会计控制外，还包括企业应当遵守的各个法律领域，尤其是：进出口管制，反洗钱，公平竞争与反垄断，知识产权保护，公司治理，个人隐私保护，产品质量与安全，网络安全和数据信息保护，税务合规，广告合规，消费者权益保护，环境、安全和消防合规，劳动人事合规，平等就业以及禁用童工和强迫劳动等。[①]

一、小合规

（一）企业内部合规

1. 合同审核

合同管理是企业项目管理工作的核心内容之一，合同管理也需要在合规管理运行机制的约束下进行有效实施。离开了合同管理，企业有关工作就很难实现科学化管理，脱离了合规管理，又会使合同管理失去轨道。也是基于合同审核不言而喻的重要性，本书将“合同审核”独立成篇，不仅从合规视角，还从商业逻辑视角解读合同审核。

在合同审核中，一个优秀的公司律师一定要带着敏锐的商业嗅觉，尽可能多地从商业角度去考虑合同整体框架的把握以及具体条款的设计。

与此同时，公司律师也应该充分利用信息技术的优点对合同管理的指标体系进行优化，有效提高合规管理的考核质量。

一方面，企业内部可以推行信息管理系统，将合同管理指标体系与合同管理流程进行结合，让相应流程对应的部门及时知晓考核要求，提高合同的有效性和规范性；另一方面，企业应该依据考核指标加大考核力度，提高合同管理的科学性和有效性。企业相关部门工作人员要注重合同的审核过程，在合同签订的时间、流程，合同执行过程的监督，合同履行等环节提高相应指标的考核力度，保证责任落实到人，提高考核的有效性。[②]

2. 资产转让

公司资产转让是公司调整改善其经营结构的重要途径。在资产转让过程中，需要进行合规的活动主要包括：审核公司产权、股权、资产转让的方案，归纳和总结应当审计和评估的相关资产，在决策审批流程和进场交易流程中

---

① 郭青红：《企业合规事务指引》，http://lawv3.wkinfo.com.cn/topic/61000000588/2.HTML，最后访问时间 2019 年 8 月 17 日。

② 贾景宏：《试论国有企业基于合同管理的合规管理运行机制》，载《现代经济信息》2019 年第 15 期。

注意合规化操作，起草设计合规的产权、股权、资产转让公司内部管理制度，设计产权、股权、资产转让的相应法律文书及合同条款。

3. 安全环保

近些年来，国家高度重视生态文明建设，全党全国贯彻绿色发展理念。在党的十九大报告中，“美丽”一词已经成为国家发展五大方向之一，“实行最严格的生态环境保护制度”。面对环保督察日益高压的情形，公司需将环保合规作为公司发展和日常经营中十分重要的、不可分割的一部分。公司需要根据自身所处行业、地方、生产工艺等方面建设和完善符合自身特点的安全环保风险预控管理体系。此外，公司还应加强安全环保的监督自检体系建设，对于生产经营中出现的安全环保违规问题及时整改，并改正潜在的违法行为。

4. 产品责任

公司作为最为广泛、高效的经济组织形式，其最基本的功能是为社会提供商品和服务，因而其最基本的法律义务就是为社会提供合格的产品。产品责任合规对于公司是一门必修课。公司必须搭建设计产品质量合规体系和程序，合规工作要贯穿研发、审批、注册、生产、宣传和流通多环节。面对监管部门检查，公司更要及时作出整改方案，严禁商业贿赂、洗钱、垄断、欺诈、腐败、不正当竞争等行为。若不慎卷入产品质量相关的侵权纠纷和合同纠纷，应秉持理性积极的态度，尽量减少公司损失。

5. 劳动用工

劳动合同用工是我国公司用工的基本形式，劳务派遣用工则是补充形式。因此，公司需要规范和健全劳动合同管理制度，审查公司劳务派遣的合规性。面对审查公司并购、破产、重组、裁员等涉及劳动者权益的特殊事件，必须谨慎审查行为的合规性。随着不少公司“走出去”，面临不同的法律文化体系，如何构建境外用工合规管理体系也成为公司需要攻克的难关之一。

6. 财务税收

财务税收合规早已成为公司合规管理的一个重要环节，尤其对于那些想要进入资本市场的公司来说，一个没有健全完善的财务税收合规体系的公司是无法吸引投资者的。因此，公司需要全面开展财务税收合规审查工作，建立和完善财务事项操作和审批合规流程，能够识别、分析财务税收法律风险，对于重大事项重点合规审查。如果不小心涉及财务税收违规问题，需要及时应对处理。

7. 知识产权

知识产权是公司的核心竞争力，知识产权合规亦是一项复杂的工作。公司首先需要梳理知识产权定位及需求，设计知识产权保护策略，做到“量体裁衣”。要对已有的知识产权成果进行固定，加强对商业秘密、技术秘密、商标、专利、著作权分类分级保护，建立使用知识产权注意规范和申报流程，严格审查评估知识产权许可、转让的合规性。面对知识产权纠纷诉讼，要秉持积极理性的心态，与外部律师配合制定诉讼策略，维护公司利益。

8. 商业贿赂

商业贿赂是国际社会严厉打击的对象。公司一旦爆发商业贿赂丑闻不仅会造成经济上的损失，对于公司的声誉、形象也是严重的打击。堡垒往往是从内部攻破的，公司一定要自上而下杜绝商业贿赂，养成合规文化，建立畅通高效的内部举报系统。除了自查系统以外，公司建立对商业伙伴或第三方合规管理体系也十分重要，要对重大事项、重要商业伙伴进行尽职调查和合规调查，根据合作事项设计与具体商业伙伴的合规方案，起草合规协议、合规承诺以及风险应对与追责方案。

（二）行业自治合规

1. 银行

原中国银行业监督管理委员会 2006 年发布的《商业银行合规风险管理指引》中提出，合规是指商业银行的经营活动与适用于银行业经营活动的法律、行政法规、部门规章及其他规范性文件、经营规则、自律性组织的行为准则、行为守则和职业操守相一致。

2. 保险

2007 年 9 月 7 日，原中国保险监督管理委员会根据《公司法》《保险公司管理规定》《关于规范保险公司治理结构的指导意见（试行）》，颁布实施了《保险公司合规管理指引》。《保险公司合规管理指引》从合规职责、合规管理、合规管理的外部监管等方面加以规范。可以说，企业合规管理率先在银行业、保险业等金融行业探索发展，积累了丰富的制度经验。

3. 资本市场

金融类产品有大量日常报批管理，金融类企业的合规机构、人员、考核都有明确统一的要求（如《证券公司合规管理实施指引》第二十七条规定，证券公司总部合规部门中具备3年以上证券、金融、法律、会计、信息技术等有关领域工作经历的合规管理人员数量占公司总部工作人员比例应当不低于1.5%，且不得少于5人），不符合监管部门的规定无法开展正常工作，这也是为什么金融类企业对合规管理高度重视和能够有效运作的主要原因。[①]

4. 网络安全

中国政府历来十分关注互联网可能引发的风险。中国企业须时刻考虑如何在中国监管部门允许范围之内合规经营。

2016年11月7日，《网络安全法》通过具有里程碑式的意义。《网络安全法》是我国第一部有关网络安全与数据合规的综合性立法。此后，网络安全、数据泄露与丢失的监测与防范，将成为企业在合规过程中建立安全管理体系的焦点。

网络安全与数据合规是相对较新的领域，而且与网络技术、新兴商业模式相关，很多企业家和投资人只预见到数字化转型广阔的商业前景，但未能洞察网络安全与数据合规的风险。以数据合规中较常见的个人信息保护为例，根据中华人民共和国首席大检察官、最高人民检察院检察长张军2018年11月8日在第五届世界互联网大会“大数据时代的个人信息保护”分论坛上的专题发言，2016年1月至2018年9月，中国检察机关共起诉侵犯公民个人信息犯罪8719人。

因此，任何一个公司在进行数字化转型时必须对网络安全与数据合规的重要性有清晰的认识。

---

① 叶小忠：《国际视野下中国企业合规管理与权利保障》，http://lawv3.wkinfo.com.cn/document/showarticle?showType=&language=1&aid=NjAwMDAwNTQxMjE%3D&collection=article&format=&sysLang=en_US&free=0&searchKeys=&bid=，最后访问时间2019年8月1日。

表 3　网络安全监管体系[①]

立法 / 监管部门	通　用	行　业
法律及行政法规 全国人大 全国人大常委会 国务院 **司法解释** 最高人民法院 最高人民检察院 **部门规章及国家标准** 网信办 工信部 公安部 全国信息安全标准化技术委员会 市场监督管理总局 卫健委 中国人民银行 银保监会 ……	**法律、行政法规及司法解释** 《网络安全法》 《民法总则》 《互联网信息服务管理办法》 《最高人民法院、最高人民检察院关于办理侵犯公民个人信息刑事案件适用法律若干问题的解释》 《刑法》《刑法修正案（七）》 《刑法修正案（九）》…… **部门规章** 《网络产品和服务安全审查办法（试行）》 《网络关键设备和网络安全专用产品目录（第一批）》 《个人信息和重要数据出境安全评估办法（征求意见稿）》…… **国家标准** 《信息安全技术数据出境安全评估指南（征求意见稿）》 《信息安全技术个人信息安全规范》 《信息安全技术关键信息基础设施安全检查评估指南（报批稿）》	**电信和互联网** 《电信和互联网用户个人信息保护规定》 **银行和金融业** 《中国人民银行关于银行业金融机构做好个人金融信息保护工作的通知》 《金融行业信息系统信息安全等级保护实施指引》 **医疗健康** 《人口健康信息管理办法（试行）》 **交通运输** 《地图管理条例》 《汽车数据保护安全和隐私保护通用要求》（预研） **邮政和快递业** 《寄递服务用户个人信息安全管理规定》 **消费者权益保护** 《消费者权益保护法》 ……

二、大合规

（一）国际条约[②]

1. 出口管制

关于出口管制的重要国际条约及国际组织控制机制如下表所示。

① 江苗：《企业数据合规之网络安全与数据跨境运输》，http://lawv3.wkinfo.com.cn/topic/61000000712/index.HTML，最后访问时间 2019 年 8 月 17 日。

② 王春民、王昱琦、黄晓墨：《跨国企业必须重视的法律问题》，http://lawv3.wkinfo.com.cn/topic/61000000641/index.HTML，最后访问时间 2019 年 8 月 7 日。

表 4 国际条约

条约名称	主要内容	生效时间	缔约国数量	中国是否参加
NPT（Treaty on the Non-Proliferation of Nuclear Weapons）《不扩散核武器条约》	宗旨是防止核扩散、推动核裁军和促进和平利用核能的国际合作	1970 年 3 月	190	是
BWC（Biological Weapons Convention）《禁止生物武器公约》	全面禁止发展、生产、贮存生物与有毒武器公约，是最早全面禁止一整类大规模杀伤性武器的国际条约	1975 年 3 月	182	是
CWC（Chemical Weapons Convention）《化学武器禁止条约》	是第一个全面禁止且彻底销毁一整类大规模杀伤性武器并具有严格核查机制的国际军控条约，对维护国际和平、国际安全具有重要意义	1997 年 4 月 29 日	190	是
NSG（Nuclear Suppliers Group）核供应国集团	一个由拥有核供应能力的国家组成的多国出口控制机制。该组织在国际防核扩散及核出口控制领域发挥着重要作用该集团的宗旨是通过加强核出口管制，防止敏感物项出口到未参加《不扩散核武器条约》的国家	成立于 1975 年	48	是
AG（Australia Group）澳大利亚集团	作为生化领域的多国出口管制非正式安排，在防止生化武器及相关物项和技术扩散方面发挥了一定积极作用。中国在制定生化出口管制条例和清单时，借鉴了“集团”的有关准则及管制清单	成立于 1985 年	43 个成员国（包括欧盟委员会）	否
MTCR（Missile Technology Control Regime）导弹及其技术控制制度	是美国等西方七国建立的集团性出口控制制度，旨在防止可运载大规模杀伤性武器（WMD）的导弹和无人驾驶航空飞行器及相关技术的扩散。与 NSG、“澳大利亚集团”（防止生化武器扩散）和“瓦森纳安排”（关于常规武器和两用物品及技术的出口控制）共同构成全球四大出口管控机制	成立于 1987 年	35	否

续表

条约名称	主要内容	生效时间	缔约国数量	中国是否参加
WA（the Wassenaar Arrangement）《瓦瑟纳尔协定》	《关于常规武器与两用产品和技术出口控制的瓦瑟纳尔协定》，简称“瓦瑟纳尔协定”。 该协定未正式列举被管制国家，只在口头上将伊朗、伊拉克、朝鲜和利比亚 4 国列入管制对象。 中国和以色列不是缔约国，但仍受到缔约国向非缔约国出售限制货品或技术的报告审核限制。 协定秘书处设在维也纳。每 6 个月，协定成员国需通报向协定成员国以外国家出口传统武器的情况。 武器主要分为八类：主战坦克、装甲战车、大口径火炮、军机、军用直升机、战舰、导弹或导弹系统、小型武器或轻武器	1996 年 9 月	49	否

世界主要国家不仅参加国际条约或组织，同时也在国内积极立法。美国时间 2018 年 8 月 13 日，美国总统签署了《2019 财政年度国防授权法案》（National Defense Authorization Act for Fiscal Year 2019，以下简称《国防授权法案》）。该法案于 8 月 1 日在美国参众两院通过。《国防授权法案》除了确定国防拨款外，重点在于一并通过了两个非常重要的法案：《外国投资风险评估现代化法案》（the Foreign Investment Risk Review Modernization Act，FIRRMA），以及《2018 年出口管制改革法案》（Export Control Reform Act of 2018，ECRA，以下简称《出口管制改革法案》）。

《出口管制改革法案》为美国商务部在实践中制定的出口管制法规提供了正式授权和合法化基础。特别是，该法案确认了美国监管范围超越出口和再出口的范围，涵盖美国国内转让和物品在国外使用用途情况的变化。此外，《出口管制改革法案》授权政府机构发布法定许可限制。最后，《出口管制改革法案》将适用于军民两用物品出口管制的刑事和民事处罚写入法典。

2. 反腐败和商业贿赂

从国际贿赂犯罪立法实践来看，20 世纪 70 年代，在对美国“水门事件”的调查中，特别检察官发现很多企业都设有秘密的贿赂资金，以用于国内的政治献金及行贿外国公职人员，由此引发了国际社会对海外贿赂问题的关注。在发展中国家和中欧国家推荐草案的基础上，1975 年 12 月联合国大会通过 3514 号决议，谴责了包括海外行贿在内的各种腐败行为。这是国际社会第一次明确提出打击跨国商业交易中的腐败行为。

（1）《OECD 反腐公约》

《经合组织关于打击国际商业交易中行贿外国公职人员行为的公约》（OECD Convention on Combating Bribery of Foreign Public Officials in International Business Transactions），简称《OECD 反腐公约》，联合国政府间国际组织经济合作与发展组织（Organization for Economic Co-operation and Development，OECD）于 1997 年 12 月签署，1999 年 2 月生效，至今已有 40 个国家签署执行。中国未加入该公约，但为观察员国。公约要求签字国在国内法中须规定任何个人或企业在国际商业交易中行贿外国公职人员的行为均属犯罪行为（公约第 1 条）。缔约国每年需要上报国内进入司法调查的海外贿赂案件（称之为“公开和蒙羞”），据 2014 年 12 月 OECD 公布的《OECD 外国贿赂报告》（OECD Foreign Bribery Report），自公约在 1999 年 2 月 15 日生效以来至 2014 年 6 月 1 日，共 427 起外国贿赂犯罪的诉讼判决申请执行，其中针对自然人的案件有 263 起，针对经济实体的有 164 起。①

《OECD 反腐公约》在很大程度上受到美国《海外反腐败法》FCPA 的影响，既有反贿赂条款，要求签署国通过国内立法将本国主体向外国官员行贿的行为列为犯罪行为，进行刑事处罚，又有会计账目条款，要求签署国通过国内立法，明确禁止公司设立账外账或通过不实记账隐瞒行贿行为，并对此类行为给予民事、行政或刑事惩罚。

（2）《联合国反腐败公约》

2003 年 10 月 31 日在第 58 届联合国大会上通过的《联合国反腐败公约》

① 《OECD 外国贿赂报告》第 8—9 页，https://www.oecd-ilibrary.org/governance/oecd-foreign-bribery-report_9789264226616-en，最后访问时间 2019 年 8 月 7 日。

（UN Convention Against Corruption），是联合国历史上通过的第一个指导国际反腐败斗争的法律文件，为世界性的反腐败斗争以及国际反腐败合作提供了国际法的依据与保证。公约亦是迄今为止关于治理腐败最完整且具全球性、综合性和创新性的国际法律文件，对腐败犯罪的界定、腐败利益的剥夺及反腐败国际合作的严谨规定，不仅为国际社会反腐败提供了基本法律指南，而且在世界范围内倡导了治理腐败的科学理念和长远策略。公约于 2005 年 12 月 14 日生效后，联合国在 2006—2011 年召开了 4 次缔约国会议，就预防措施、国际合作、资产追回等问题进一步深化公约贯彻与执行。中国于 2005 年 10 月 27 日经第十届全国人民代表大会常务委员会第十八次会议批准加入。与《经合组织关于打击国际商业交易中行贿外国公职人员行为的公约》的缔约国大多为发达国家不同,《联合国反腐败公约》则纳入了多数发展中国家。

目前涉及治理贿赂犯罪的国际性或区域性公约不下十余项，重要的除上述之外，还有《美洲反腐败公约》(1996)、《欧洲反腐败刑法公约》(1999) ① 等。

此外，透明国际（Transparency International，简称 TI）以推动全球反腐败运动为己任，今天已成为对腐败问题研究得最权威、最全面和最准确的国际性非政府组织，目前已在 90 多个国家成立了分会。从 1995 年起，透明国际制定清廉指数（Corruption Perceptions Index，CPI）并每年公布，提供一个可供比较的国际贪污状况列表。②

（二）美国

1. 反腐败

根据英国标准协会首席专家高毅民提供的数据显示，当前全球每年有高达 1.5 兆美元（1.5 万亿美元）的行贿金额，全球通过行贿以保障其业

① 钱小平:《治理贿赂犯罪国际公约立法发展及其启示》，http://www.iolaw.org.cn/showNews.asp?id=36075，最后访问时间 2019 年 8 月 7 日。

② 王春民、王昱琦、黄晓墨:《跨国企业必须重视的法律问题》，http://lawv3.wkinfo.com.cn/topic/61000000641/index.HTML，最后访问时间 2019 年 8 月 7 日。

务开展的企业比重高达30%，行贿金额占到了企业总成本的10%。另据调查显示，在中国企业海外投资过程中，约有69%的中国海外经营企业遭受过反商业贿赂执法或处罚。截至2018年4月，世界银行网站上公布的数据显示，共有超过1180家企业受到世界银行制裁或交叉制裁，其中中国企业超过110家。

当今天我们强调企业合规体系建设时，追根溯源，与美国的司法制度发展息息相关。在某种程度上，2004年11月生效的《美国审判指南》（the U.S. Sentencing Guidelines，USSG）第8B2.1条将企业腐败犯罪量刑与企业合规体系相关联，促使美国公司开始被动建立合规体系，以适应法律要求。

在过去十余年，美国反腐败司法制度继续发展完善，联合国在反腐败领域也陆续推出一系列公约文件。随着全球反腐败合规教育的发展，以及美国公司在全球经营起到的带动作用，全球跨国公司遂从一开始的被动建设合规体系逐渐发展到普遍性的主动合规。时至今日，建立一套有效的合规体系，已经成为一家跨国企业的标准配置，任何一家志在全球化的中国企业均应当把合规体系建设提高到新的高度，以适应全球法律环境。[①]

（1）《海外反腐败法》（FCPA）

1977年12月19日，美国在“水门事件”之后出台了《海外反腐败法》（Foreign Corruption Practices Act，FCPA）并立即生效。FCPA由两部分条款组成，会计账目条款和反贿赂条款，违反任一条款，均构成刑事犯罪。

随后20年间，美国政府一方面不断改进FCPA内容，另一方面致力于FCPA的国际化，积极推动OECD讨论出台反腐败国际公约。

（2）《联邦商业机构检控原则》

1999年6月，美国司法部（DOJ）颁布《联邦商业机构检控原则》（The Principles of Federal Prosecution of Business Organizations）。作为FCPA的执法机构之一，DOJ在针对企业进行FCPA执法时，有关是否启动调查、是否撤销调查、是否以延迟检控协议（DPA）或免予检控协议（NPA）方式处理案

① 吴明：《企业反腐败合规体系九要素》，http://www.sohu.com/a/299566988_806432，最后访问时间2019年8月2日。

件时，主要是依据《联邦商业机构检控原则》第 9 条—第 28.300 条进行。

（3）《联邦商业机构检控原则》

罗列了美国司法部在执法时应考虑的九项因素，其中至少有三项与公司合规体系相关，即：公司内部违法行为存在的普遍性；公司事先合规体系的存在及其有效性；以及公司事后的救济行为。①

公司律师应注意境外经营企业违反美国 FCPA 的潜在风险的高发区，一是与商业伙伴的合作，二是高管的执业风险，三是与他人好处的往来。

第一，与商业伙伴的合作。当前的国际合规管理认知中，普遍认为合作伙伴的责任和义务等同于企业本身所享有的责任和义务。通常情况下，企业会较多关注对于商业伙伴经营能力的核查如商业伙伴过往的相关项目经验、经营业绩、人员团队规模等。对于合规能力的审核，较多停留在基础的法律文件要素审核阶段如经营资质、行业资质等。

公司律师需要尽可能在事前阶段捕捉到在经营操作中隐含的、潜在的、尚未转化成损失的风险。

对于商业伙伴的合作来说，譬如收付款账号信息的合规性、政府人员背景的关联性、该商业伙伴在交易中出现的必要性、合作中的匿名性、既往是否有欺诈行为等均为合规相关的核查要素。此类经营中体现的合规风险要素，均有对其进行提前风险预防的必要性。对这些风险要素审核的过程也是逐渐剔除商业伙伴违规风险的过程，审核越细致越深入，商业伙伴在合作中的规范性越可控，后续违规风险发生的可能性越低。

第二，高管的执业风险。某香港高管代表中国某能源集团向非洲政府行贿，由于行贿中涉及美国金融支付体系，从而导致被美国 FCPA 判罚。对于企业高管来说，一旦所服务的公司具有贿赂行为的嫌疑或被调查，其高管个人也将处于美国《海外反腐败法》的监控和管辖之中。

对于企业高管，尤其负责境外经营业务的管理者，更需要格外明确哪些风险是可以通过合规管理所控制，而哪些风险是绝对不可触碰的红线。遵守

---

① 吴明：《企业反腐败合规体系九要素》，http://www.sohu.com/a/299566988_806432，最后访问时间 2019 年 8 月 2 日。

相关的合规管理规定，以免成为境外国别管辖下所列示的高风险人物。

第三，与他人好处的往来。此处的他人，指美国 FCPA 中所指的政府官员。FCPA 禁止一切以腐败政府官员（美国之外的外国官员）为目的的不当利益往来。其中，其管辖下的政府官员范围较我们通常认知的“政府官员”范围有所扩展。①

2. 出口管制法律

伴随着中美贸易战进程，出口管制合规再次成为热点。美国商务部 2019 年 4 月 16 日宣布，禁止美国公司向中兴通讯销售电子技术或通信元件，为期长达 7 年。中兴通讯涉及美国出口管制处罚的案例，从一个侧面反映了中国企业对该法律风险重视程度不高。美国政府对于出口管制及相关交易的规则和限制，对于中国企业和在美投资的中资企业而言，是需要引起充分重视和认真对待的合规课题。

下述一系列法律、法规及规则，构成美国完整的出口管理制度，是美国各相关执法部门执法的主要法律依据。

（1）法律

以下三部法律都是由国会颁布并经总统签署的正式立法，构成了美国出口管制制度的基础，也是美国关于出口管制的最高级别的法律：

《出口管理法》（Export Administration Act，EAA）；

《武器出口管制法》（Arms Export Control Act，AECA）；

《国际突发事件经济权利法》（International Emergency Economic Powers Act，IEEPA）。

（2）法规

除法律外，美国相关政府主管部门根据上述法律的授权还制定了一系列出口管制法规，如：

美国商务部根据《出口管理法》制定的《出口管理条例》（Export

① 周鈴：《以美国为例分析企业境外经营中遭遇的国别风险及应对策略》，http://lawv3.wkinfo.com.cn/document/showarticle?showType=&tokens=14b87c87ae5c311c3b99a8b8634e3a62&language=1&collection=article&aid=NjAwMDAwNTkwMTM%3D&modules=&bid=&format=&sysLang=zh_CN&searchKeys=14b87c87ae5c311c3b99a8b8634e3a62，最后访问时间 2019 年 8 月 10 日。

Administration Regulations，EAR）；

美国财政部制定的《伊朗交易与制裁条例》（Iranian Transactions and Sanctions Regulations，ITRS）；

美国国务院根据《武器出口管制法》制定的《武器国际运输条例》（International Traffic in Arms Regulations，ITAR）等。

（3）规则及指引

为明确具体的相关出口管制物品及实施细则，各相关政府主管部门又根据上述法律法规进一步制定相关规则及指引，这些文件主要规定受到管制的具体产品和技术以及限制或禁止出口的国家，如：

美国商务部制定的《商业管制清单》（Commerce Control List，CCL）、《商业国家列表》（Commerce Country Chart，CCC）；美国国务院制定的《美国防务目录》（United States Munitions Lists，USML）等。

公司律师应注意防范与出口管制相关的风险，尤其是从事与美国出口管制法律项下的管制物品交易（包括贸易与投资）相关的公司，为避免不必要的风险，在企业合规体系中应注重以下内容：

第一，审慎签署与美国公司的交易文件。

交易标的：确定交易标的是否为美国出口管制法律项下的管制物品，要求对方提供相应管制物品清单。

特定国家：确定对于管制物品出口受到限制或禁止国家或该国的公司。

禁止/限制行为：确定相关法律法规明确禁止或限制的任何行为及相应责任。

许可证及其程序：确定相关管制物品交易的许可制度、获取相关许可的程序以及对相关交易的影响。

第二，交易环节风险评估及防范措施。

根据美国出口管制法律的规定以及与美国公司交易文件的约定，细分各具体交易环节，甄别其中潜在的风险，拟定防范措施，避免违约行为及违法行为的发生。

第三，妥善保存所有交易记录。

建立与管制物品交易相关的文件收集、整理及保存制度，确保相关交易记录完整、真实且可以随时查询。

第四，完善、规范出口管制合规体系。

由合规部门或法务部门建立必要的出口管制合规制度，建立、完善与出口管制相关的预防、预警、咨询、报告、调查、处理等程序。对公司相关人员进行适当培训，提高出口管制合规认识，自觉化相关行为。[①]

3. 萨班斯法案

2002 年 7 月 25 日美国国会出台了《2002 年公众公司会计改革和投资者保护法案》，亦称《萨班斯—奥克斯利法案》，Sarbanes-Oxley 法案（简称《萨班斯法案》），要求所有在美国的上市公司必须建立和完善企业内部控制体系。此后，企业内部控制越来越多地被西方国家纳入国家法律法规的范畴。

该法案的目标：第一，强化公司治理和重建投资者对股票市场的信心；第二，提高投资者所依赖的财务报告的内部控制，包括：职责分离，对于管理者逾越内部制度的控制，聘用合格并能胜任的员工，运用相关的信息技术来强化内部控制等；第三，管理层和审计委员会对实施财务报告的内部控制负有责任。

《萨班斯法案》涵盖的范围广泛，并为所有上市公司董事会、管理层和会计师事务所制定了新的或强化的标准，从审计师独立性、公司责任到刑事处罚等方面的内容共 11 章，要求美国证券交易委员会对上市公司遵循该法案要求的情况实施监管。

实施《萨班斯法案》的关键步骤如下：① 风险评估 / 范围确定；② 记录，包括流程描述、流程图、控制矩阵等；③ 穿行测试；④ 识别设计有效性的差距；⑤ 设计测试的计划；⑥ 测试；⑦ 评估测试的结果；⑧ 识别内部控制有效性的差距；⑨ 弥补（修复）缺陷；⑩ 监控 / 季度测试；⑪ 高级管理层签署书面声明 / 审计师签发审计意见。[②]

---

① 《如何防范与出口管制相关的风险》，http://lawv3.wkinfo.com.cn/topic/61000000371/index.HTML，最后访问时间 2019 年 8 月 10 日。

② 张玉：《〈萨班斯法案〉内部控制实施指南》，http://lawv3.wkinfo.com.cn/document/showarticle?showType=&tokens=14b87c87ae5c311c3b99a8b8634e3a62&language=1&collection=article&aid=NjAwMDAwMDA5OTI%3D&modules=&bid=&format=&sysLang=zh_CN&searchKeys=14b87c87ae5c311c3b99a8b8634e3a62，最后访问时间 2019 年 8 月 10 日。

4.《针对机构实体的联邦量刑指南》(FSGO)

20 世纪 90 年代美国刑法和刑事诉讼法界出现了有利于促进合规管理制度实施的重要诱因。1991 年国会司法部下辖独立委员会之一的美国量刑委员会（U.S. Sentencing Committee）将《联邦量刑指南》（Federal Sentencing Guidelines for Organizations）对组织的规定法制化。新法案中明确规定，高额罚金数量较过去大幅度减少；并且在组织正确实施了合规管理制度的情况下，可对罚金数量进行必要的减免。在《联邦量刑指南》的规定下，若其他条件相同，则实施了合规管理的企业较未实施的企业须缴纳的罚金额可能降低 30% 至 83%。

《联邦量刑指南》制定时，所要求的合规管理程度以制定之前的企业为基准。

第一，罚金刑减轻事由。《联邦量刑指南》在计算罚金额时导入合规管理机制的目的在于，“通过给予企业奖励的方式，在企业内部创造并维持预防犯罪、发现犯罪、报告犯罪的良好机制”。而且，合规管理制度的引入被认为创造了名为“良好企业公民”（good corporate citizen）的新社会群体形态。

第二，《联邦量刑指南》所追求的合规管理制度。该文件中认定可减轻罚金数额的合规管理行为的意义为“能合理进行规划、实施并执行完成，并对一般犯罪行为能起到预防与发现作用的机制”。此外还规定“不能以未能成功发现或阻止犯罪作为实际采用的机制无效的判定依据”。《联邦量刑指南》认定合规管理制度是否得到正确应用，有循序渐进的以下 7 个标准：① 制定了能降低犯罪率的工作规范与操作程序。② 上级组织成员中有一特定成员监督工作规范与操作程序的执行，并对全体组织成员负责。③ 随时注意不将实质上的裁量权赋予被认为存在违法活动倾向的管理者。④ 将工作规范与操作程序用适当的手段有效地传达给受雇佣者或代理人（例如，召开说明会、发布解释说明册）。⑤ 建立健全保障工作规范与操作程序实施效果的机制（例如，使用监督机制、设立举报制度）。⑥ 始终如一地执行包括惩戒制度在内的工作规范与操作程序。⑦ 发现犯罪行为时对工作规范与操作程序进行必要的修正，以预防未来的犯罪。[①]

5.《企业合规程序评估》

2019 年 4 月 30 日，美国司法部刑事局出台新版企业合规指南——《企业合规程序评估》（以下简称新版指南）。新版指南大量引用了司法部的其他资料，加入更多关于如何满足美国司法部对企业合规的要求，但并未对政府评估企业合规程序的政策进行重大修改。更值得注意的是，新版指南是由美国司法部刑事局发布的，因此仅对该局有约束力，对其他负责起诉公司犯罪的部门并无约束力。

尽管如此，新版指南依然对在美营商的中国企业建立全面合规体系或评估现有合规体系的有效性有重大意义，也可以以此为标准确保其合规体系符合全球优秀合规实践。

新版指南旨在帮助检察官在办案中更好地判断“在犯罪发生时，企业的合规管理是否有效”，继而决定相关问题，比如：与企业达成的解决方案抑或起诉企业；罚金是否恰当；企业犯罪问题的处理方案中应包括的企业合规义务。

然而，新版指南并不是审查企业合规程序时的清单或公式，因为司法部要求联邦检察官针对特定企业的风险特点和防控方式作出个案分析。[②]

《企业合规程序评估》的主要内容是不当行为的预防和管控，涉及不当行为（腐败、欺诈、串通、胁迫等）、礼品与招待、政治捐献和捐款、第三方商业伙伴、并购、合规风险管理、培训与沟通、违规举报与调查、奖惩、持续改进等方面的内容，属于诚信合规管理范畴。

相比较而言，我国《合规管理体系　指南》《中央企业合规管理指引（试行）》《企业境外经营合规管理指引》等，在关注企业诚信合规管理的同时，强调建立

---

① 川崎友巳：《美国合规管理制度的形成与发展》，http://lawv3.wkinfo.com.cn/document/showarticle?showType=&language=1&aid=NjAwMDAwNTc4MjE%3D&collection=article&format=&sysLang=en_US&free=0&searchKeys=&bid=，最后访问时间 2019 年 8 月 10 日。

② 刘相文、王德昌、Graham · Adria、王晶涛：《美国司法部发布新版企业合规指南——〈企业合规程序评估〉》，http://lawv3.wkinfo.com.cn/document/showarticle?showType=&language=1&aid=NjAwMDAwNTgxNzk%3D&collection=article&format=&sysLang=zh_CN&searchKeys=&bid=，最后访问时间 2019 年 8 月 10 日。

和运行全面合规管理体系，除合规风险管理、培训与沟通、违规管理与问责外，还包括合规管理组织建设、合规管理制度建设、合规审查、合规管理评估、合规审计、合规考核评价、合规计划与合规报告等。就我国企业全面合规管理体系的合规管理评估与合规审计而言，美国司法部《企业合规程序评估》的合规管理评价问题清单是远远不够的，我国企业需要取长补短，批判性地借鉴和运用。[①]

（三）欧盟

2018 年 5 月 25 日，《欧盟通用数据保护条例》（General Data Protection Regulation，简称 GDPR）正式生效。这是具有重大意义的法规，因其严格、管辖范围宽、处罚严厉的特点，被认为是当今有关个人信息保护立法水平最高的一部法律。同时，GDPR 的通过也意味着欧盟对于个人信息保护的重视程度，以及对其监管的严格程度。

GDPR 法规要求在其管辖范围内的个人信息的控制者（Controller）以及某些情况下的个人信息处理者（Processor）必须制定相应的公司制度和程序来保证其符合该法案的规定，保障个人信息安全。[②] 具体的几个要求包括：

一是在符合某些条件时，公司必须设置专员来处理数据保护的问题；

二是对数据收集、处理、使用等过程进行完整的数据保存，以备查询；

三是公司需要制定一个“违反信息保护的应对方案（Data Breach Response Plan），以确保违反 GDPR 或其他信息保护义务时及时向相应的监管机构汇报，并且及时通知受影响的权利人，减少损失”；

四是在采用一个新的科技手段、新的服务或产品时，应该考虑到个人信息保护的问题，并注意落实相关的信息保护机制，以确保新的服务和产品不会构成对个人信息的侵犯；

---

① 郭青红：《美国司法部〈公司合规管理评价〉对我国企业合规管理评估与合规审计的借鉴意义》，http://lawv3.wkinfo.com.cn/document/showarticle?showType=&language=1&aid=NjAwMDAwNTg4NzM%3D&collection=article&format=&sysLang=zh_CN&searchKeys=&bid=，最后访问时间 2019 年 8 月 10 日。

② 参见《欧盟个人信息保护新规终获通过：全球跨国企业都准备好了吗？》，http://blog.sina.com.cn/s/blog_1518913060102wn9k.html，最后访问时间 2019 年 8 月 7 日。

五是在进行高风险的个人信息处理时，必须要进行专门的风险评估。并且需要根据评估的风险，采取有针对性的措施，在必要时先咨询监管机构。高风险的情形包括：收集特殊类别的个人信息，在公共区域进行大规模的监控，系统性地对个人信息“建档”（Profiling），即通过搜集、处理个人信息来还原一个人的特征、爱好以及行为模式。①

GDPR 执法机构对于设立在欧盟境外的组织亦积极执法，我国企业应敲响合规警钟。根据 GDPR 第三条的规定以及 EDPS 发布的《关于 GDPR 地域管辖的指引》，只要该组织向欧盟境内的个人提供商品或服务（不管是否付费），均要受到 GDPR 的规制。例如，在万豪国际事件②中，虽然万豪国际设立在美国，其泄露的 3.83 亿客户数据也并不全是来自欧盟居民，但只要其向欧盟境内的个人提供了商品或服务，万豪国际就要受到 GDPR 的管辖。

这一要求为我国在全球范围内提供服务的企业敲响了警钟，特别是我国某些已经在欧洲积累了较多的用户的企业，例如国内极为火热的手游国际版在欧洲、北美地区上线后，注册用户已经超过 2 亿，每日活跃用户高达 8000 万。如此大规模的用户除了带来可观的收入之外，也为企业数据合规带来极大风险。

然而，与前述中国企业全球服务趋势相矛盾的是，我国企业对于用户数据保护的自觉意识仍十分缺乏，整体合规程度低。南都大数据研究院对企业隐私政策的测评显示样本中 50% 的 APP 存在越权获取用户信息的情形，整体上不合规企业所占比例高达 80%。这样的情况下，如果欧盟各国 GDPR 监管机构对有出海业务的国内企业进行严格检查，可能导致严重的结果。

公司律师对于数据安全合规要注重两方面的内容。第一，进行个人信息

---

① 王春民、王昱琦、黄晓墨：《跨国企业必须重视的法律问题》，http://lawv3.wkinfo.com.cn/topic/61000000641/index.HTML，最后访问时间 2019 年 8 月 7 日。

② ICO 对万豪国际作出的 9920 万英镑的罚款是有关数据泄露的第二笔巨额罚款，占万豪国际 2018 全年营业额的 3%。该罚款针对的是万豪国际因其旗下喜达屋酒店的客房预订数据库被黑客攻击，泄露了全球约 3.83 亿条住户记录，其中包括 3000 万欧洲经济区（EEA）居民，700 万英国居民。据 ICO 调查，喜达屋酒店客房预订系统因黑客攻击导致的数据漏洞自 2014 年便存在。万豪国际在 2016 年收购了喜达屋酒店，但在 2018 年才发现此漏洞。ICO 认为万豪国际在收购喜达屋酒店时未作充分的尽职调查，并且在保证酒店系统安全方面，万豪国际也未采取更多的保护措施。

安全影响评估。通过定期个人信息安全影响评估不仅帮助检查组织内部的合规性，还可以帮助组织在持续合规性审计或调查中证明其遵守了相关个人信息与数据保护法律法规和相关国家标准要求。一旦发生个人信息安全风险或违规事件，个人信息安全影响评估报告作为证据证明组织已经采取适当措施试图阻止上述情况发生，这有助于减轻，甚至免除相关责任和名誉损失。此外，通过个人信息安全影响评估，组织还可以对员工进行个人信息保护教育，使之警惕可能给组织带来损失的个人信息安全问题。

第二，重视资本市场投资并购项目中的数据合规尽职调查。在万豪国际事件中，ICO 认定万豪国际在收购喜达屋酒店时未作充分的尽职调查发现系统漏洞，并且在保证酒店系统安全方面，万豪国际也未采取更多的保护措施。这一巨额处罚本可以在 2016 年收购时的尽职调查过程中予以避免，但因为当时对数据调查未施以过多的重视，没有进行得足够深入，2016 年埋下的隐患于 2018 年爆发。这一教训也提醒了在资本市场的投资、并购项目中，数据合规以及尽职调查的重要性。只要标的公司的业务涉及数据，就应当把数据合规尽职调查放到与公司其他资产尽职调查同等重要的地位，从而避免此类数据漏洞日后给企业带来的巨额损失。①

（四）英国

2011 年 7 月 1 日实施的英国《反贿赂法》（Bribery Act 2010），被认为是迄今为止处罚最为严厉的贿赂犯罪立法。该法具有以下两个鲜明特征：

第一，规定了“商业组织不履行贿赂义务罪”，即商业组织疏于构建内部行贿预防制度而导致行贿行为发生，需要承担相应的刑事责任。

第二，广泛的域外适用原则（该法第七条），即：如果是在英国有经营行为的商业组织（无论其注册在何地，包括了在英国注册的公司和合伙企业以及虽不在英国注册但全部或部分业务在英国的任何公司或合伙企业），无论为其提供服务（工作）的相关人员（职工、代理人等——根据实际情况判断）

① 孟洁、张淑仪：《解读：ICO 对英国航空和万豪国际开出巨额罚单》，载《数据合规》2019 年第 5 期。

在世界上任何地方实施了贿赂行为，该等商业组织皆为违法（严格的无过失责任），涉嫌构成商业组织不履行贿赂义务罪。比如，中国企业只要在英国有经营行为，其工作人员在任何地点的贿赂行为，即使与英国的组织或项目毫无关系，该中国企业（总公司）也可能受该法追究。此时，能够减轻罪责的唯一方法，就是证明其已经实施了有效的合规体系和程序。

为了明确英国《反贿赂法》的实施，2011 年 3 月，英国国务大臣颁布了《反贿赂法指南》（Bribery Act 2010 Guidance，以下简称《指南》），规定了六项原则，即：

相称原则（Proportionate procedures），即商业机构预防相关人员贿赂的程序应当与其面临的贿赂风险和业务的性质、规模和复杂性相对称，应当清晰、务实、可行而且得到有效的观察和执行；

高层责任原则（Top-level commitment），即商业机构的高层管理人员包括董事会、所有权人或其他任何同等的机构或人员有义务预防相关人员贿赂，应在商业机构培养杜绝贿赂的文化；

风险评估原则（Risk Assessment），即商业机构应对其相关人员实施的内部和外部的潜在贿赂风险影响的性质和范围进行评估，并应当定期公告和记录；

尽职调查原则（Due diligence），即为了减少可知的贿赂风险，商业机构应当采取一项基于风险的方法，对于那些为了或者代表机构履职或将要履职的人员适用尽职调查程序；

沟通原则［Communication（including training）］，即商业机构应当通过包括培训在内的内部和外部传达方式确保与风险相对称的预防贿赂政策和程序深入到整个机构且得到理解；

监督和复查原则（Monitoring and review），即商业机构应当监控和检查预防管理人实施贿赂的程序，且在必要时加以改进。

此外，从《指南》列出的 11 个案例可以看出，加强提供正式培训或教育、调查管理人员背景以及签署书面的合同强调遵守该法案是建立预防体系的重要措施。[①]

---

① 王春民、王昱琦、黄晓墨：《跨国企业必须重视的法律问题》，http://lawv3.wkinfo.com.cn/topic/61000000641/index.HTML，最后访问时间 2019 年 8 月 7 日。

第四节

企业合规的常见问题

由于起步较晚，我国企业在合规体系建设上总体是比较薄弱的，在参与国际市场竞争后，合规管理方面的问题更加突出，主要体现在以下三个方面：合规意识淡薄，合规文化缺失；合规机构不足，合规人才缺乏；合规激励缺少，违规处罚乏力。

由于近年来才开始重视合规问题，在合规方面独立设置工作机构的企业屈指可数，有些企业即使设置了合规的职能，也是将该职能一并并入法务部或审计部，有的归入其他综合管理部门。企业对于合规的独立性没有充分地重视，合规部门的监督作用自然也大打折扣。同时，与外资企业相比，我国企业里还缺少专门做合规的人员队伍，具有相应知识结构的合规人才储备严重不足，在涉外经营领域的合规人才也是少之又少。

在考核机制上，我国企业普遍存在“高举低放”的问题，缺失合规经营的激励机制，同时反映出违规处罚的力度不到位。尤其在涉外经营中，由于对海外子公司的激励和约束的机制设计缺陷，加上信息不对称等问题，导致对海外子公司的违规行为追责力度较弱。追责问责力度不足是导致企业合规工作机制不顺畅，合规文化难以形成的原因之一，甚至会给企业带来严重的经济损失。①

第一，我国企业对合规缺乏实际行动层面的发自内心的重视，仍然是现阶段最根本的合规风险。有些大型跨国企业的合规投诉电话甚至没有专人接听，根本无法保证重要合规问题被及时发现。如果思想上不真正重视起来，就很容易在权衡企业自身行为的法律后果时因侥幸心理而低估不合规行为带来的巨大法律风险。

在企业决策过程中，需要注意为追逐短期利益而怀着侥幸心理从事不合规

---

① 杨莹：《国企“出海”：合规才能强大》，载《法人》2019年第7期。

行为，以免导致企业在战略层面遭受难以估量的损失。例如，2008 年美国政府发起对一家德国工业品和消费品制造商的商业贿赂调查。调查发现，2001 年到 2007 年间，该德国公司制订了详细的行贿计划，包括通过融资基金，表外账户，中间人等隐蔽手段进行商业贿赂。调查发现，该企业员工有时在银行取出大量现金后装在手提箱中转移到国外，以支付贿赂款。美国政府指控该德国公司违反了其 FCPA，该德国公司最后不得不向美国政府支付超过 16 亿美元的罚金。

第二，我国企业面临的一个合规风险来自对国际合规法律或公约的管辖范围认识不足。首先，美国 FCPA 赋予了美国政府对外国企业极为广泛的管辖权。其次，中国、美国，以及世界上一百多个国家都是《联合国反腐败公约》的缔约国。最后，美洲国家、欧盟国家，以及其他大量国家在联合国公约的基础上，还分别签署了单独的反腐败公约。

因此，一个企业的不合规行为很可能同时受到包括美国在内的多个国家的司法管辖。可见，相关国际合规法律法规实际上有极为广泛的管辖权，即使从来没有在海外开展业务或在海外上市的“纯”国内企业，也有可能成为美国或者其他国家海外反腐败法的制裁对象。一旦将来需要与外资企业进行业务往来或者接触外国市场，则会遇到诸多障碍。①

一、企业层面

（一）从决策到执行

无规矩不成方圆，企业治理是一项全面性、广泛性、长期性的作业管理，因此在企业合规管理体系的构建中，落实制度性的原则意义重大。分析制度性管理规定的实施，对于企业的稳定发展，以及企业规范的形成、企业的扩张、企业核心竞争力的提升发挥了重要的作用。另外在具体实施的过程中，制度性的实施有助于提升企业发展中的生产作业效率，以及安全管理质量。同时对于工程企业分析制度性管理体系的实施，对于工程施工质量的提升，

① 连捷、李元：《以 FCPA 为视角：如何进行中国企业海外合规建设？》，http://lawv3.wkinfo.com.cn/topic/61000000476/index.HTML，最后访问时间 2019 年 8 月 7 日。

以及工程施工应用中的安全性保障发挥了重要的作用。[①]

企业的合规管理制度，有的是行业内部通用的，通常是相互借用，不可通用的便在各网站进行搜索套用，进行一些表面的更改后便应用于企业的合规管理中，但这些套用的规章制度在自己单位是否适用，适用率有多高，这些问题并没有得到深入的思考，以至于有些管理制度引起企业员工的反感，对企业的管理形成逆反心理，既不利于构建和谐企业，更不利于企业的合规发展。[②]

企业合规管理的“规”出了问题，使得企业员工不知如何去合规，管理人员也不知如何管理，这种现象严重影响我国企业合规管理工作的实效性。[③]

企业在设计合规管理顶层架构时，应当充分参考国际国内标准，结合实践与企业自身实际。2017 年 12 月 29 日，由中国标准化研究院牵头制定的 GB/T 35770—2017《合规管理体系　指南》国家标准经国家质量监督检验检疫总局、国家标准化管理委员会正式批准、发布，并于 2018 年 8 月 1 日起正式实施。这对所有中国企业的合规管理体系建设都有着极大的参考作用，更是企业的一剂良药。《合规管理体系　指南》以 ISO 19600：2014—Compliance management systems — Guidelines 为蓝本，对各类组织开展合规管理体系建设和运行提供了普适性的指导意见。按照《合规管理体系　指南》的意见，企业应从了解组织环境、期望着手，明确合规管理体系的对象与范围，设定治理结构与原则，明确合规义务，开展合规风险评估，并对体系的运行进行持续监督。

为实现合规管理体系的有效运行，以下四大支柱尤为重要：高层态度、合规文化、合规风险评估与应对机制、设置首席合规官（CCO）并赋权。高层态度对于企业诚信文化建设以及合规经营至关重要，决定了整个企业的价值观和道德环境。合规文化，尤其是讲诚信的企业文化，对于实现经营目标，真正落实企业合规管理的相关制度和措施起到至关重要的作用。合规风险评估与应对机制，对企业实现目标的影响与日俱增，企业通过定期开展合规风险评估以有效地识别、分析和应对这些风险。为更好地维护

---

① 幸赛丽：《试论企业治理中的合规管理体系构建》，载《现代经济信息》2019 年第 6 期。

② 刁月利：《如何提高企业合规管理的执行力》，载《现代国企研究》2019 年第 2 期。

③ 韩玉超：《试析我国企业合规管理面临的困境》，载《商场现代化》2019 年第 5 期。

公司声誉，应对合规风险，一流跨国企业普遍设立了 CCO。[①]

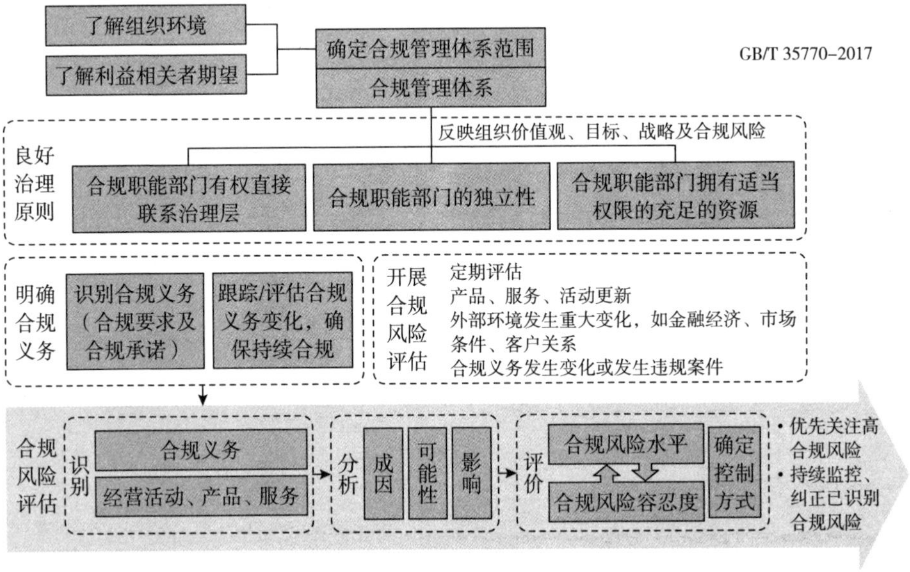

图 17　合规管理体系[②]

（二）部门间的职能交叉与协作

一个企业运营中，可能多个不同部门之间同时存在合规的职能交叉，比如风险管理、内部控制、法务部等。

合规管理是全面风险管理体系内对特定风险的管理，因此在搭建合规管理体系时在职能设置、报告、考核等方面需要与企业现有的全面风险管理体系相协调。内部控制虽然具有风险管理功能，但其目的并非仅仅是风险管理，而是实现企业既定的管理目标，内部控制与合规管理是两个相对独立的体系，两者在具体职责的履行过程中会存在一定的交叉合作。[③]

尽管合规管理工作应做到全面覆盖，但合规管理部门并不能也不应直接

① 法务人俱乐部：《合规企业管理的重点与难点》，载《新产经》2019 第 6 期。

② 法务人俱乐部：《合规企业管理的重点与难点》，载《新产经》2019 第 6 期。

③ 杨洁：《合规体系搭建之实务问答》，http://lawv3.wkinfo.com.cn/document/showarticle?showType=&language=1&aid=NjAwMDAwNTA4NDg%3D&collection=article&format=&sysLang=en_US&free=0&searchKeys=&bid=，最后访问时间 2019 年 7 月 26 日。

参与到业务运营中的方方面面来对合规风险的防控发表意见。对于一些由合规部门直接管理效果较好或需要具有一定集中性的合规工作，应由合规部门直接管控，而对于其他工作则需要区分职责分工，合规部门给予配合、监督、培训等支持。

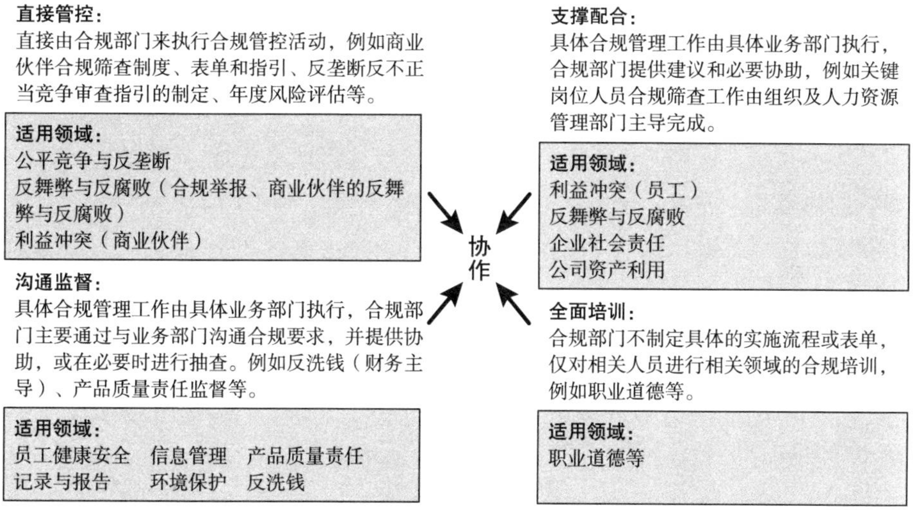

图 18 合规管理工作的部门协作①

《合规管理体系 指南》强调合规部门是合规管理体系中的执行者，其独立性在合规管理的执行过程中至关重要。一个缺乏独立性的合规部门，当员工尤其是管理层违规时，往往难以发挥出应有的作用。合规管理体系不能仅仅为普通员工而设置，而应为整个公司设置，一体化的合规管理理念，一致的违规处理标准，才能让员工从心底信服，从而遵守企业的合规制度。

同时，合规部门应负责对合规方针进行解读，由于合规方针是由合规部门或者法律服务机构起草，往往具备了专业性，而这种专业性在向企业员工宣传合规方针时，反而变成了弱点。并不是所有员工都具有相应的专业知识，合规方针一旦被悬空，就会变成空话、套话，无法落实在企业日常合规管理中。因此，合规部门应该做好对合规方针的解读，语言应通俗易懂，便于所有员工的理解和记忆，这样才能让员工理解合规管理体系对自己的要求，从而去遵守它。

---

① 法务人俱乐部：《合规企业管理的重点与难点》，载《新产经》2019 第 6 期。

合规部门需要将合规义务转化成可以实际执行或者操作的程序和过程，从而使企业各个部门配合其合规管理工作。在此转化过程中，合规部门可以借助法律服务机构的力量来设计更加专业化、可分解的合规管理程序，从而避免合规义务落地后无法达到合规管理目的的困境。[①]

二、合规机构层面

目前，我国各个行业合规管理存在许多问题，难以充分发挥其在市场竞争环境下的监管作用。大体上讲，现代企业合规管理主要有三点缺陷：一是合规管理体系尚未完善，比如：权威性和独立性较差、组织结构不明确、制度体系不完善等，直接导致员工的执行力不足，很难将项目落实到位；二是缺乏专业人才，比如：合规管理从业人员的专业素质不高，公司也没有组织相应的教育培训，导致他们没有全面掌握行业规则和规章制度；三是缺乏相关技术，比如：行业的迅速发展，使得经济环境发生了巨变，增加了许多不可预见的风险，但是当前我国对风险的评估和解决技术十分滞后，特别是检查手段陈旧、预防措施不科学、风险监测不到位等，这些合规管理技术迫待改进。[②]

一个企业的合规管理状况是展现企业风貌、队伍形象以及员工素质的重要因素，但当前形势下，企业的合规执行力不高，员工合规意识较薄弱等现象较为明显。

第一，员工对法律法规的学习程度不够。在企业运行过程中，基层员工上岗后在经过最基本的业务培训后便投入到日常工作中，对于工作岗位需要了解的法律法规学习程度不深，了解不透。即便是有的员工法律意识较强，对岗位的法律风险有所认知，也是在出现法律纠纷时再去查找法律依据，而很少有人会先学法后用法，颠倒了运用法律解决问题的程序。

第二，基层员工对企业规章制度了解不深。任何企业都会制定适用于自身业务的规章制度、操作规程、标准规范等，一般情况下，编写、审核、发

---

① 北京道可特律师事务所：《国有企业改革中的合规管理制度探析——基于〈合规管理体系 指南〉》，http://lawv3.wkinfo.com.cn/document/showarticle?showType=&tokens=a046aa1c3d7bcf1873b076ece5a8e5ad&language=1&collection=article&aid=NjAwMDAwMzI3MDI%3D&modules=&bid=&format=&sysLang=zh_CN&searchKeys=a046aa1c3d7bcf1873b076ece5a8e5ad，最后访问时间2019年8月4日。

② 韩玉超：《试析我国企业合规管理面临的困境》，载《商场现代化》2019年第5期。

布的人会对规章制度内容较为熟悉，基层一线员工只有在组织集中学习的时候对其内容有所了解，而无法真正做到用规章制度去指导每日工作，这样就会导致有些岗位操作游离于规章制度之外。①

当然，将“合规管理”的相关措施落实到位，不是单纯地听从上级指挥，而是需要一批合规管理技能出色的人才，这样才能促进企业的长远发展。在市场竞争日益激烈的现代社会，人才是一切竞技的核心，而人才的评判标准则是技能的高低，优秀的企业管理人员必须具备良好的合规技能，这也是现代企业强化合规管理工作的关键。

从目前来看，虽然我国许多企业在这方面都做出了努力，但是绝大多数从事合规管理的专职人员技能不足，甚至合规管理水平参差不齐，所学知识不够专业，也不熟练，工作马马虎虎，根本达不到企业合规管理的要求。

此外，从事企业合规管理的专职人员数量不足，这也是由于合规管理人员参与的合规项目较少，没有给予合规管理人员更多的经验性指导。②

第五节

企业的合规要求

中国中铁党委常委、副总裁、总法律顾问于腾群谈及企业合规管理时，认为中国中铁应摒弃过去体系建设做加法的老做法，引入体系融合做减法的新思路。中国中铁构建“大合规”管理体系，以优化整合既有管理系统和资源、杜绝重复建设和管理资源的浪费为前提。实践表明，企业无论从哪个维度、利用何种方式、追求何种目标、构建何种管理系统进行管理，都绕不开规章制度这个纽带。合规管理正是以规则为核心

① 习月利：《如何提高企业合规管理的执行力》，载《现代国企研究》2019 年第 2 期。
② 韩玉超：《试析我国企业合规管理面临的困境》，载《商场现代化》2019 年第 5 期。

的管理活动，通过规章制度综合管理，形成一套符合所有体系要求的规章制度体系是解决企业多体系同时运行互不兼容的“金钥匙”。[①]

一、《合规管理体系　指南》解读

2014年，国际标准化组织ISO在澳大利亚合规标准体系的基础上，推出ISO 19600《合规管理体系　指南》国际标准，合规管理成为各国企业关注的热点话题。2017年12月29日，国家质检总局与国家标准化管理委员会联合发布了国家标准：GB/T 35770—2017《合规管理体系　指南》，并于2018年7月1日起正式实施。

中国版《合规管理体系　指南》是对ISO 19600的直接翻译，在内容上与国际标准保持一致。根据ISO对各类标准的分类，《合规管理体系　指南》属于指导性标准，企业可以在建立、发展、完善合规经营体系时进行参考，但不能根据《合规管理体系　指南》进行标准化体系认证。

作为中国首个合规方面的国家级标准，《合规管理体系　指南》值得广大企业给予充分关注，企业在用工合规方面，需要把握以下要点：

（一）企业管理层树立正确的合规意识

在中国的职业经理人阶层尚未形成成熟规模的现实背景下，企业管理阶层是否具备牢固的合规用工意识，对企业能否建立合规用工体系，以及合规管理的现实效果，具有举足轻重的作用。

事实上，在《合规管理体系　指南》出台前，企业家应当具有合规经营意识，已经不再是一个纯倡导性的要求，而是逐渐成为评估企业家能力的重要指标。例如，2017年6月，深圳市出台《反贿赂管理体系》，鼓励企业进行反贿赂合规认证。通过认证的企业，不但可以在政府采购、建设工程招标投标、融资贷款等方面取得一定政策支持，而且在对外贸易中，更容易取得海外市场的认可。[②]

---

① http://www.360doc.com/content/19/0129/15/22551567_811979881.shtml，最后访问时间2019年8月11日。

② 何东闽：《〈合规管理体系　指南〉施行，企业用工把握5大要点》，http://lawv3.wkinfo.com.cn/document/showarticle?showType=&language=1&aid=NjAwMDAwMzI5NzU%3D&collection=article&format=&sysLang=en_US&free=0&searchKeys=&bid=，最后访问时间2019年8月13日。

无论是国有企业、外资企业还是民营企业，企业管理层自身树立强大的合规意识是第一位的。如果管理层本身就不重视合规或者仅仅把合规作为装点门面的东西，那么制定再多的合规制度也是摆设，起不了真正的作用。但是企业管理层的合规意识并非天生的，它需要领导人经常受到合规风险的提醒和教育，因此在企业里面设立合规部门和合规官就显得尤为必要。

（二）建立独立的合规团队，并提供充足的企业资源

缺乏独立权限的合规部门，只能沦为业务部门的附庸，导致合规管理流于形式。企业要设立企业合规部并配备首席合规官，这是建设良好合规体系的前提。

体系化合规措施，包括起草制定比较完善的合规制度和内控流程、定期举行员工合规培训、定期出具本企业合规风险报告、在重大项目上提醒企业领导人相关风险、及时对员工的违规行为进行调查。①

（三）建立完备的规章制度体系

实际上，对企业而言，在绝大多数情况下，填补规章制度漏洞，保证公司经营管理的可持续性，其重要程度远远高于个案。原因在于，规章制度作为公司规定的行为规范，具有一切规范性文件共有的特点与弊端，比如滞后性、模糊性。

另外，规章制度是法律赋予企业对员工进行合规管理的重要手段。一个比较完善的规章制度体系应当具备“奖—惩”两方面功能。对企业鼓励的行为，进行奖励；对企业否定的行为，予以惩处。运用奖惩机制，规范员工的行为。②

制定合规制度和规章主要是合规部门的工作，同时需要法律、财务等部门的配合。但是如果合规部门的规模有限，一般建议合规部门和外部律师顾

---

① 乔文骏、蔡军祥:《企业合规体系建设的法律视角》，http://hk-lexiscn-com-s.vpn.ruc.edu.cn/topic/legal.php?tps=cp&act=detail&id=259001&newstype=3&eng=0&keyword=合规管理体系指南%2C指南%2C体系%2C管理%2C合规&crid=0cb09f57-a64a-420a-836a-12e45a5dff81&prid=，最后访问时间2019年9月4日。

② 何东闽:《〈合规管理体系　指南〉施行，企业用工把握5大要点》，http://lawv3.wkinfo.com.cn/document/showarticle?showType=&language=1&aid=NjAwMDAwMzI5NzU%3D&collection=article&format=&sysLang=en_US&free=0&searchKeys=&bid=，最后访问时间2019年8月13日。

问一起起草相关的合规制度。[①]

（四）加强合规文化建设和合规培训

真正重视合规的企业会把合规作为企业文化基因的一部分。在企业合规文化方面，应加大合规宣传，定期向员工公布外部和内部发生的典型案例，作为对员工的警醒教育。

此外，在强调内部合规管理的同时，企业还需要对业务部门人员进行合规培训，企业合规培训需要定期做，尤其是一些在腐败程度比较高的行业（比如医药、房地产、矿产资源、教育等），企业尤其应重视对业务人员的合规培训，确保员工在开展业务的过程中符合企业风控流程，对业务风险具备基本识别能力。

对员工明显违反合规要求的行为，企业应当进行严肃处理。必要时，可以请司法机关介入，处理员工不合规行为。这不但可以充分落实合规制度，而且可以在最大程度上免除企业和企业家个人承担法律责任。[②]

二、《中央企业合规管理指引（试行）》解读

2014年，国务院国有资产监督管理委员会（下称“国资委”）曾在“中央企业法制工作新五年规划”中明确提出大力加强企业合规管理体系建设，并在2016年选定中石油、中国移动等5家央企逐步试点合规管理体系建设。但这阶段的央企的合规管理工作仍处于小范围试点，并未全面推开。

2018年11月2日，国资委印发《中央企业合规管理指引（试行）》（下称《央企指引》）是在落实7月1日起生效的国标《合规管理体系　指南》的基础上，对央企合规管理提出全面、系统的要求和指引，旨在进一步提升中央企业依

① 乔文骏、蔡军祥：《企业合规体系建设的法律视角》，http://hk-lexiscn-com-s.vpn.ruc.edu.cn/topic/legal.php?tps=cp&act=detail&id=259001&newstype=3&eng=0&keyword=合规管理体系指南%2C指南%2C体系%2C管理%2C合规&crid=0cb09f57-a64a-420a-836a-12e45a5dff81&prid=，最后访问时间2019年9月4日。

② 何东闽：《〈合规管理体系　指南〉施行，企业用工把握5大要点》，http://lawv3.wkinfo.com.cn/document/showarticle?showType=&language=1&aid=NjAwMDAwMzI5NzU%3D&collection=article&format=&sysLang=en_US&free=0&searchKeys=&bid=，最后访问时间2019年8月13日。

法合规经营管理水平。可以预见，今后一段时期，依照《央企指引》进一步全面完善企业合规体系将成为央企管理的一项重要举措，预示着央企合规管理工作将全面推开，必将成为打造法治央企征途上的又一重要里程碑。

（一）《央企指引》的主要内容

《央企指引》全篇六章三十一条，主要涵盖了什么是合规，合规该由谁来管、管什么、怎么管，以及需要提供哪些保障等主要内容。

第一，明确了“大合规”理念。《央企指引》明确，法律法规、监管规定、行业准则，企业章程、规章制度，以及国际条约、规则均为央企及其员工应当遵守的合规要求，央企在建立合规管理体系的过程中，应本着全面覆盖的原则，将合规管理工作覆盖到各业务领域、各部门、各级子企业和分支机构、全体员工，贯穿决策、执行、监督全流程，彰显了《央企指引》的“大合规”的管理理念。

第二，明确了合规管理的职责和组织架构。《央企指引》规定，董事会、监事会、经理层应分别承担相应的合规管理职责，要求央企建立由合规管理委员会组织领导、合规管理负责人挂帅指挥、合规管理牵头部门协调监督、业务部门负主要责任的合规管理组织架构。

根据《央企指引》，合规委员会可与企业法治建设领导小组或风险控制委员会合署，合规管理负责人可由央企总法律顾问出任，并可将现有法律事务机构确定为合规管理牵头部门，无须单独设立新的合规管理委员会、选任新的首席合规官、成立新的合规管理部门。

第三，明确了合规管理的三大重点。《央企指引》第十二条规定，中央企业应当根据外部环境变化，结合自身实际，在全面推进合规管理的基础上，突出重点领域、重点环节和重点人员，切实防范合规风险。由于合规体系建设涉及制度制定、流程再造甚至组织重构，不能全面铺开，而是要根据企业经营特点，选好重点切入领域。

重点领域指市场交易、安全环保、产品质量、劳动用工、财务税收、知识产权、商业伙伴七个领域。重点环节指制度制定、经营决策和生产运营三个环节。重点人员指管理安全人员、重要风险岗位人员和海外人员。

此外，《央企指引》还要求央企强化对海外投资经营行为的合规管理，明确海外投资经营行为的红线、底线。但施加的笔墨不多，更详细的内容规定在 2018 年 12 月 26 日发布的《企业海外经营合规管理指引》中。

以中国移动为例，作为国资委首批合规试点央企，中国移动在市场竞争、反商业贿赂、行政执法配合和信息安全四个重点领域狠下功夫，在上述领域出台了操作指南，同时以合规制度向第三方延伸，妥善保护用户个人信息，治理垃圾短信、虚假主叫、骚扰电话和互联网恶意程序为抓手，构建符合其经营特色的合规管理体系。

跨国企业合规一般比较关注反腐败、反垄断、安全环保、政府与社区关系、劳动用工与人权保护等领域，而中央企业通常更重视公司治理、管理层履职、“三重一大”、国有资产产权交易等方面。同时，根据企业经营内容，还有可能重点关注出口管制与制裁、数据保护等合规管控的新领域。因此，在制度框架的建立过程中，央企要注意在借鉴成熟经验的基础上，扎扎实实地调查、摸清自身真正的重点领域和关键环节。①

（二）强化合规管理是企业发展的有力保障

《央企指引》是国资委印发的政策性、指导性的文件，也代表着企业未来发展的一种潮流和趋势。

放眼世界，从 1977 年美国制定 FCPA，越来越多的企业开始关注反腐，关注依法合规经营，到 2010 年英国《反腐败法案》要求企业采取有效措施防止雇员、代理人等关联人员的违规行为，再到 2016 年法国《萨宾第二法案》强制要求符合条件的企业必须建立合规制度，都在诠释合规是企业健康发展的必然要求。中国《反不正当竞争法》第七条第三款也明确规定良好的合规管理体系可为正确区分员工责任和企业责任提供有力证据。

除此之外，世界银行等国际金融机构对使用其资金的企业也有相应的合规要求。企业违反这些合规要求，将被列入黑名单，影响企业继续参与由世界银行等国际金融机构提供资金支持的各类项目。

可以说，在各国法律法规和国际金融机构都不断强调合规的情况下，加

---

① 王志乐主编：《企业合规管理操作指南》，中国法制出版社 2017 年版，第 58 页。

强合规管理不仅是企业发展的必然趋势，也是企业健康发展的有力保障。为了更好地帮助企业开展合规管理，国际标准化组织在 2014 年发布 ISO 19600《合规管理体系　指南》,2016 年发布 ISO 37001《反贿赂管理体系国际标准》,为全球企业走向合规管理的标准化和国际化提供了指引。

（三）如何开展合规管理工作

截至目前，各大央企的合规管理工作进展不一。金融保险行业的合规管理工作较为成熟，自成体系。中石油、中国移动等 5 家合规管理体系建设试点企业也已取得初步成果。但大多数央企的合规管理工作仍处于起步阶段，面临很多问题。例如，缺乏系统的合规管理组织架构，缺乏对合规管理制度的梳理整合，尚未形成对合规事项的闭环管理等。①

1. 合理搭建合规体系的组织框架

《央企指引》第四条第三项规定，央企要“推动合规管理与法律风险防范、监察、审计、内控、风险管理等工作相统筹、相衔接，确保合规管理体系有效运行”。根据我们的实操经验，央企在建立合规组织框架时，首要问题往往不是填补管理空白，而是面对分散的既有合规职能，如何理顺内部组织框架，划清合规部门与相关职能部门的职能边界和协作关系。

在合规体系建设过程中，央企经常遇到的问题就是如何搭建合规组织框架。央企的内部组织架构中，审计、风险、内控、法律等部门均可能承担部分合规职能，纪检、党建巡视等部门在执纪问责和反腐败中更是起到不可或缺的作用。同时，许多央企还可能存在总部部门独立，事业部或子公司合署办公，管理条线上下不垂直的现实情况，需要在合规组织体系搭建中予以通盘考虑。

以东方电气为例，作为国资委首批合规试点央企，东方电气建立了以“董事会—战略、投资及风险管理委员会—公司管理层—总法律顾问”为架构的合规管理顶层设计。同时，以法务审计部为归口管理部门，以纪检监察部为专项

---

① 吴巍、刘艳洁:《合规大势将至，你准备好了吗？》, http://lawv3.wkinfo.com.cn/document/showarticle?showType=&language=1&aid=NjAwMDAwNDI2OTk%3D&collection=article&format=&sysLang=en_US&free=0&searchKeys=&bid=，最后访问时间 2019 年 8 月 15 日。

部门，以公司各部门和所属企业为直接责任部门，构建起完善的合规组织框架。

在根据企业实际明晰主要工作部门的关系后，企业可以依照《央企指引》要求，从领导层、管理层和执行层三个层面入手，根据自身特点搭建合规组织框架。

2. 合规风险的识别、分析和评估

识别和评估合规风险是做实合规体系建设的重要内容。《央企指引》第十八条要求企业建立合规风险识别预警机制，全面系统梳理经营管理活动中存在的合规风险，对风险发生的可能性、影响程度、潜在后果进行系统分析，并对重大风险及时发布预警。在评估时，企业通常应当考虑审计结果、近期诉讼或者和解情况、合规举报、员工反馈、行业监管趋势以及某个领域合规制度的完善程度等因素。

实践中，企业可以采取风险矩阵的方式进行风险评估，并列举每个领域的风险级别、违规可能性以及违规对企业的潜在损害。[①]

第六节
企业的合规管理

正如《企业境外经营合规管理指引》中规定的，合规治理结构企业可结合发展需要建立权责清晰的合规治理结构，在决策、管理、执行三个层级上划分相应的合规管理责任。企业的决策层应以保证企业合规经营为目的，通过原则性顶层设计，解决合规管理工作中的权力配置问题；企业的高级管理层应分配充足的资源建立、制定、实施、评价、维护和改进合规管理体系；企业的各执行部门及境外分支机构应及时识别归口管理领域的合规要求，改进合规管理措施，执行合规管理制度和程序，收集合规风险信息，落实相关工作要求。

① 王志乐主编：《企业合规管理操作指南》，中国法制出版社 2017 年版，第 58 页。

中国交通建设集团建构海外业务合规风险管理体系的基本工作思路是：1. 通过深入调研与全面对标，找出合规风险较高的业务及关键环节。2. 建立合规监管机制，设置独立的合规管理组织体系。3. 梳理并设置合规审批权限，实施合规风险分级分类管理。4. 建立员工自查、管理部门负责人审查、合规官审查和合规官交叉审查组成的四道合规管理防线，形成全员参与、职责清晰、全程监督的合规管理格局。

一、合规架构

企业应以倡导合规经营价值观为导向，明确合规管理工作内容，健全合规管理架构，制定合规管理制度，完善合规运行机制，加强合规风险识别、评估与处置，开展合规评审与改进，培育合规文化，形成重视合规经营的企业氛围。

合理有效的合规架构能够降低违规发生的风险，企业可以借鉴《合规管理体系　指南》进行合规管理的组织确定、运行、评价和改进管理体系。

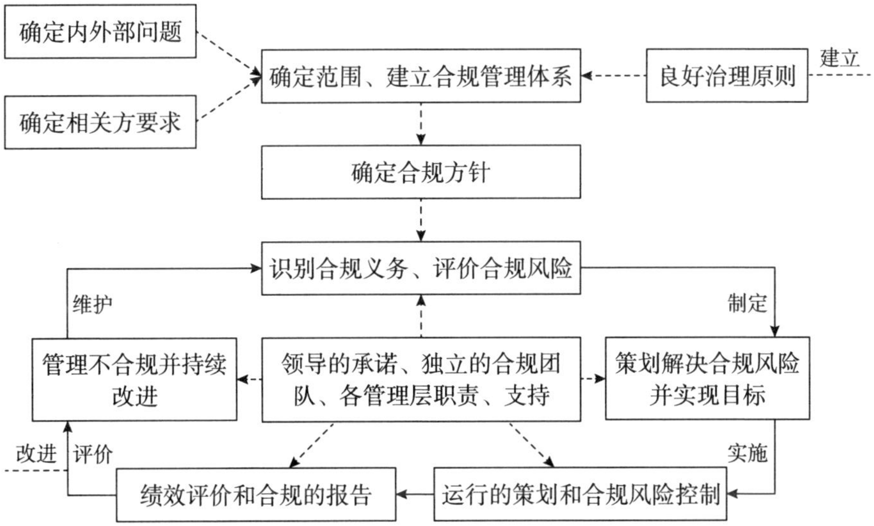

图 19　合规管理体系流程图[①]

① 国家质量监督检验检疫总局、国家标准化管理委员会发布：GB/T35770—2017《合规管理体系　指南》。

二、合规管理团队

开展合规工作就需要一定的组织，现在各企业的做法不尽相同，在建构自己的合规体系时可以考虑以下几个问题：

第一，公司是否需要设立专门的合规部门。有的公司可能很小，法律部门可能只有一两个人，有的公司可能目前发展还在早期，或者是管理层对合规的重视不够，不愿意投入资源，导致无法设立专门的合规部门。我们对这个问题应该持开放的态度，能有专门的合规部门当然好，没有也可以开展合规工作。

第二，合规部与法律部的关系。由于传统的观点将合规视为法律风险，合规功能由法律部承担就顺理成章，但其实法律部提供一般法律支持的功能和合规功能有时候是有一定的冲突性，因为公司商务法律部的客户其实是公司业务部门，帮助业务部门实现目标是首要目的。合规部门则一定会把合规放在第一位，短期业务的成功第二位。既然有冲突性，是否需要将合规部独立在法律部之外，是一个需要思考的问题。

第三，公司多个职能部门都具有合规管理职责。财务、HR、IT、安全等各个部门都或多或少有一个职能，即符合国家法律规定、公司政策。考虑这个因素，才能回答一开始的问题，是否设立专门的合规部门。

从职能和管理对象上来看，企业可以划分为业务部门和职能管理部门。具体如下：

表 5　公司部门分类

分类	具体部门
业务部门	技术和产品研发、市场运营、采购、加工制造、销售、物流等部门
职能管理部门	战略、规划、投融资、财务、风控、内控、内部审计、法律事务、人力资源、质量、环安卫等部门

第四，合规部门内部员工组成。一般有调查人员、律师。合规律师的角色也可能不一样，有些公司的合规律师是在合规工作进行中对是否符合法律规定提建议，因此，合规组织是要根据公司具体情况来考虑的。[①]

---

① 蒋怡：《企业合规体系建设》，http://lawv3.wkinfo.com.cn/topic/61000000452/index.HTML，最后访问时间 2019 年 8 月 7 日。

（一）合规负责人

国际标准暨我国国家标准 ISO 19600《合规管理体系　指南》只对合规团队作出了规定，而未提及合规负责人。《商业银行合规风险管理指引》《保险公司合规管理办法》《证券公司和证券投资基金管理公司合规管理办法》《企业境外经营合规管理指引》都要求设立合规负责人，并对合规负责人的职责进行了规定。《中央企业合规管理指引（试行）》第九条规定，"中央企业相关负责人或总法律顾问担任合规管理负责人"。

合规负责人在欧美企业多称为合规总监。合规总监属于企业高级管理人员序列是欧美跨国公司的惯例。我国原银监会、原保监会、证监会等也都将商业银行、保险公司、证券公司和证券投资基金管理公司的合规负责人或合规总监作为企业的高级管理人员加以规定。《中央企业合规管理指引（试行）》第九条规定："中央企业相关负责人或总法律顾问担任合规管理负责人"，也应属于企业高级管理人员序列。

（二）合规部专职合规管理员

1. 合规部专职合规管理岗位

合规部的专职合规管理人员，跨国公司多称之为"compliance officers"。关于专职合规管理人员的岗位名称及设置，我国人力资源与社会保障部以及相关政府部门规章并无规定。有学者提议将专职合规管理人员统称为"企业合规官"。我国也有诸多企业，如各大银行与保险公司等，在企业内设置"合规管理岗"，将合规管理人员称为"合规管理员"，我国证券业协会制定的《证券公司合规管理实施指引》以及中国中铁、中兴通讯等将其称为"合规专员"。因此，我们认为，企业合规部门岗位和职责层级可以设置为：合规总监（合规负责人）；合规主管；合规经理；合规管理员或合规专员；合规助理等。

2. 专职合规管理人员配备

我国《商业银行合规风险管理指引》《保险公司合规管理办法》《证券公司和证券投资基金管理公司合规管理办法》都规定，企业应当根据业务规模、人员数量、合规风险水平等因素配备足够的合规人员，坚持按需定岗定编，满足合规管理需要。

《证券公司合规管理实施指引》第二十七条规定，证券公司总部合规部门中具备3年以上证券、金融、法律、会计、信息技术等有关领域工作经历的合规管理人员数量占公司总部工作人员比例应当不低于1.5%，且不得少于5人。

《央企指引》第二十五条要求中央企业建立专业化、高素质的合规管理队伍，根据业务规模、合规风险水平等因素配备合规管理人员。

关于企业专职合规管理人员的配备，并无定论。大型跨国企业集团，如西门子的专职合规管理人员超过600人，戴姆勒集团的专职合规管理人员超过160人。中国中铁股份有限公司在2016年、2017年开始建立合规管理体系试点时，在全系统增设合规管理岗位200多个。[①]

三、合规制度

企业的合规管理制度，可以从合规行为准则、合规管理办法以及合规操作流程三个层面建设。

合规行为准则，应规定公司在经营活动中必须遵守的基本原则和标准，包括但不限于企业及员工使用的合规行事准则、违规的应对方式和后果等。

合规管理办法是针对特定风险领域制定的具体合规管理办法，以及针对特定行业或地区合规要求制定相应的合规风险管理办法，例如金融业及有关行业的反洗钱政策、银行等行业的数据隐私保护政策。

一方面，对于开展境内经营活动的企业而言，应加强市场交易、安全环保、产品质量、劳动用工、财务税收、知识产权和商业伙伴等重点领域；另一方面，对于开展境外经营和投资活动的企业而言，应确保经营活动全流程和全方位的合规，掌握关于贸易管制、质量安全与技术标准、知识产权保护等开展对外贸易方面的合规要求，掌握关于市场准入、贸易管制、国家安全审查、行业监管、外汇管理等境外投资方面的合规要求。

---

① 郭青红：《企业合规管理团队架构建设》，http://lawv3.wkinfo.com.cn/document/showarticle?showType=&language=1&aid=NjAwMDAwNTQ4NzE%3D&collection=article&format=&sysLang=en_US&free=0&searchKeys=&bid=，最后访问时间2019年8月20日。

合规操作流程，结合企业的经营实际，在前两者制定和完善的基础上，进一步细化合规的操作流程。也可将具体的标准和要求融入现有的业务流程，便于员工理解和落实，确保各项经营行为合规。

四、运行机制

有些公司在制定规章制度的时候将标准定得很高，而在执行的时候又由于各种原因不能严格按章行事，这种状况对合规工作无疑是很大的障碍。从公司管理层至合规部门具体执行者，要充分认识到合规工作的目的不是杜绝违规，而是不断地改进企业的业务运营。公司合规的良好的运行效果，离不开对企业合规达成以下共识：

第一，日常监控。基于广义的合规，合规涉及所有适用法律法规和企业方方面面的规章制度，所以在执行的时候，要将具体执行和管控工作交给相关政策发布部门负责，而不仅仅是合规部门。

第二，常规检查。常规的合规检查由公司内审部门负责。公司运营到一定程度后一定要有内审部门，对公司的日常要有测试、有抽查。

第三，专项审查。专项审查一般也是内审部门负责，比如内审部门针对突出问题（例如报销，抽查报销的发票、车票等）的审查，有时还会有专门的由董事会或管理层指示进行的专项问题审查，必要时会引入外部审计参与。

第四，预防为主，惩罚为辅。经过这些常规和专项的调查之后，若发现问题须出具书面报告。在整个合规体系中，要注意预防为主，惩罚为辅。

第五，长期持续。合规管理是一个长期持续的工作，并不是一次调查就结束的事情，而是不断地调查、预防、优化、发现并解决问题的过程。[①]

（一）策划、实施和控制

企业可以计划、实施和控制满足合规义务必需的过程，并实施确定的行动，通过：

---

① 蒋怡：《企业合规体系建设》，http://lawv3.wkinfo.com.cn/topic/61000000452/index.HTML，最后访问时间 2019 年 8 月 7 日。

——确定过程的目标；

——确立过程的依据；

——根据准则实施过程控制；

——记录必要的文件化信息，确保过程已按计划实施。

企业宜控制计划变更，并重新评审计划外变更的后果，必要时采取措施缓解任何不利影响。

（二）控制措施和程序

落实控制措施，管理确认的合规义务和对应的合规风险，实现预期的行为，采取有效的控制措施，确保履行合规义务，预防或发现不合规事件并纠正。充分而严格的各类、各层次的控制措施以促进组织的活动和经营环境实现具体的合规义务。在合理的情况下，这些控制宜植入正式的组织流程。控制措施可以包括但不限于：

——清晰、实用并易于遵循的文件化运行方针、程序、流程和说明；

——体系和异常报告；

——审批；

——划分有冲突的岗位和职责；

——自动化过程；

——年度合规计划；

——员工绩效计划；

——合规评估和审核；

——管理层以身作则和促进合规行为的其他措施；

——对预期的员工行为标准、价值观和行为准则进行公开和宣传。

企业应维护、定期评价并试验这些控制措施，以确保持续有效。控制程序宜考虑：

——将合规义务整合到程序中，包括计算机系统、表格、报告系统、合同和其他法律文件；

——与组织的其他评审和控制职能保持一致；

——持续监视和测量；

——评估和报告（包括管理监督）以确保员工遵守程序；
——专门安排识别、报告和逐级上报不合规实例和不合规风险。

（三）控制和监视外包

如果存在外包情形，企业应确保外包过程受到控制和监视。企业的业务外包通常不减轻其自身的法律职责或合规义务。企业将任何活动外包都需要执行有效的尽职调查，以确保不会降低相关标准和合规承诺。可以采取必要方式对承包商进行适当控制，以确保有效遵守合同，例如第三方绩效考核。与经营过程有关的第三方的合规风险，如产品和服务供应、产品分销，都可以通过合同条款的合规义务进行规制。

五、风险识别、评估和处置

（一）风险识别

建立合规风险识别预警机制，全面系统梳理经营管理活动中存在的合规风险，对风险发生的可能性、影响程度、潜在后果等进行系统分析，对于典型性、普遍性和可能产生较严重后果的风险及时发布预警。

企业应当建立必要的制度和流程，识别新的和变更的合规要求。企业可围绕关键岗位或者核心业务流程，通过合规咨询、审核、考核和违规查处等内部途径识别合规风险，也可通过外部法律顾问咨询、持续跟踪监管机构有关信息、参加行业组织研讨等方式获悉外部监管要求的变化，识别合规风险。

（二）风险评估

企业可通过分析违规或可能造成违规的原因、来源、发生的可能性、后果的严重性等进行合规风险评估。

企业可根据企业的规模、目标、市场环境及风险状况确定合规风险评估的标准和合规风险管理的优先级。

企业进行合规风险评估后应形成评估报告，供决策层、高级管理层和业务部门等使用。评估报告内容包括风险评估实施概况、合规风险基本评价、原因机制、可能的损失、处置建议、应对措施等。

根据合规风险评估情况明确界定重要风险岗位，有针对性地加大培训力度，使重要风险岗位人员熟悉并严格遵守业务涉及的各项规定，加强监督检查和违规行为追责。

（三）风险处置

企业应建立健全合规风险应对机制，对识别评估的各类合规风险采取恰当的控制和处置措施。

定期排查梳理投资经营业务的风险状况，重点关注重大决策、重大合同、大额资金管控和子公司治理等方面存在的合规风险，妥善处理、及时报告，防止扩大蔓延。

针对发现的风险制定预案，采取有效措施，及时应对处置。对于重大合规风险事件，合规委员会统筹领导，合规管理负责人牵头，相关部门协同配合，最大限度化解风险、降低损失。

发生重大合规风险时，企业合规管理机构和其他相关部门应协同配合，依法及时采取补救措施，最大限度降低损失。必要时，应及时报告有关监管机构。

六、评审、改进

（一）管理评审

企业合规负责人或管理层可以按计划定期评审合规管理体系，以确保其持续的适用性、充分性和有效性。此类评审的实际深度和频率将随组织的性质和方针变化。

管理评审宜考虑：

——以前管理评审行动的状态；

——合规方针的充分性；

——合规目标实现的程度；

——资源的充分性；

——与合规管理体系相关的内外部问题的变化。

合规绩效信息包括以下各项趋势：

——不合格、纠正措施和解决的时间表；

——监视和测量结果；

——与相关方的沟通，包括投诉；

——审核结果；

——持续改进的机会。

管理评审的输出宜包括与持续改进机会相关的决定和合规管理体系所需的任何改动。还宜包括以下建议：合规方针所需的改变，它与目标、体系、结构和人员相关；合规过程的改变以确保与运行实践和体系有效整合；宜监视的未来潜在不合规可发生的区域；与不合规相关的纠正措施；当前合规管理体系和长期持续改进的目标之间的差距和不足；认可组织内的示范性合规行为。组织宜保留文件化信息作为管理评审结果的证据，并向治理机构提交副本。

（二）改进

改进主要是指不合格、不合规和纠正措施。

发生不合格和 / 或不合规时组织宜：

对不合格和 / 或不合规做出反应，在适用情况下：

——采取行动控制和纠正它；

——管理后果；

评价是否需要采取行动，消除不合格和 / 或不合规的根本原因，为了避免再次发生或在其他地方发生，通过：

——评审不合格和 / 或不合规；

——确定不合格和 / 或不合规的原因；

——确定是否存在或有可能发生类似的不合格和 / 或不合规；

实施任何必要的行动；

评审所采取的任何纠正措施的有效性；

必要时修改合规管理体系。

未能避免或发现一次性不合规并不一定意味着合规管理体系预防和发现不合规总体无效。

纠正措施适合于发生的不合格和/或不合规造成的影响。组织宜保留文件化信息作为以下方面的证据：

——不合格和/或不合规的性质和随后采取的任何行动；

——任何纠正措施的结果。

通过分析不合格和/或不合规所得的信息能用于考虑：

——评估产品和服务绩效；

——改进和/或重新设计产品和服务；

——改变组织惯例和程序；

——对员工进行再培训；

——对通知相关方的必要性进行再评估；

——对潜在不合规提供早期预警；

——对控制进行重新设计或评审；

——强化通知和上报步骤（内部和外部）。

（三）持续改进与上报机制

企业宜设法持续改进合规管理体系的适用性、充分性和有效性。可以将合规报告中对已收集信息进行的分析和相应评价作为识别该企业合规绩效改进机会的依据。

企业可制定并宣传上报机制，以确保所有不合规都能被提出、报告并最终上报给相关管理层，确保合规团队得到通知，为上报提供支持。在适当的情况下，可向最高管理者和治理机构上报，其中包括相关委员会。该过程应详细说明报告的对象、方式和时间以及内部和外部报告的时间表。

当组织需按法律要求报告不合规时，需根据适用法规或其他商定方式通知监管机构。即使法律未要求企业报告不合规，企业也可考虑自愿向监管机构自我披露不合规，以减轻不合规的后果。

七、文化建设与员工培训

（一）文化建设

合规文化要在开始做合规工作时就培养。公司文化，更多是一种氛围，是从上到下各个部门一直持续下来的，是大家日常行为的习惯和认知。

首先，合规文化是公司文化的重要组成部分，不是凭空存在的，它产生于公司的使命和价值观，是员工行为的土壤，指引全体员工前行的方向。

其次，在形成合规文化的时候，管理层的身体力行是非常重要的一个方面。2018 年，华为公司的一份文件流传出来，几位高级管理层因为经营质量不善和虚假业务被处罚，其中包括创始人和精神领袖任正非先生，被罚款 100 万元。华为的管理层在传达一个信息：凡是违反公司要求的行为都要受到处罚，无论责任人是谁。这种方式无疑会大大帮助公司培养合规文化。

再次，国家法律和政策的执行要贯彻在每一个员工的行为模式中，通过持续不断的熏陶，让员工知道自己的行为边界。

最后，宣导公司的文化比一味宣导合规要有效，将合规的内容包含在公司文化中，以正面的方式，采取不同的形式进行宣传，让全体员工潜移默化地接受合规教育。

每个公司的文化可能不一样，并不需要每个公司都采取同一个方式，各企业可以根据自己的情况推进。举例来说，爱立信和 IBM 这两家公司的合规工作都比较好，但是风格并不相同：爱立信是欧洲公司，员工对法律很尊重，各部门之间合作比较友好，强调“以人为本”；IBM 是美国公司，它的特点则是通过流程管控来保证公司运营，每一步如何审批、受谁审批都有非常严格的制度。①

（二）合规培训

合规文化的建设离不开合规培训。合规培训有不同的种类，包括全员培训、分组培训、针对管理层的专项培训、针对销售、研发的专项培训等。用贴合实际的方式对员工进行合规培训有利于培养合规文化，提示行为边界，也是企业在受到政府机构调查时的一项正面的抗辩。目前中国市场上量身定做的合规培训很少，公司法务需要自行或是在外部专业机构的协助下设计并

① 蒋怡：《企业合规体系建设》，http://lawv3.wkinfo.com.cn/topic/61000000452/index.HTML，最后访问时间 2019 年 8 月 7 日。

开展适合自己的合规培训。

企业在制定合规培训制度前，首先需要了解合规培训的意义、目的，《合规管理体系　指南》指出“培训项目的目标是确保所有员工有能力以与组织合规文化和对合规的承诺一致的方式履行角色职责”，可以看出，合规培训主要实现两个目的：

第一，员工理解企业的合规目标，自觉遵循企业的合规要求。通过培训，员工了解企业的合规理念、合规价值观、合规目标，才能按照企业的对外承诺，遵守企业制定的员工手册和合规规范。而“自觉”的更高境界是，员工手册或合规规范可能无法对所有的合规义务或风险给出具体的行为指引时，员工根据企业的合规价值观、合规目标，发挥主观能动性，作出符合企业合规要求的判断。

第二，员工获得必需的技能和知识，具备履行合规职责的能力。合规管理人员需要具备一定的法律、经济学、管理学知识，具备一定的管理、宣教能力；重要岗位人员需要具备识别重大合规风险和采取有效防范措施的能力；海外人员需要加强对业务所在国关于劳工权利保护、环境保护、知识产权保护、反腐败、反贿赂、反垄断、贸易管制、财务税收等方面的法律法规和时事政策等信息的了解。

员工在充分理解企业合规目标，熟悉企业合规要求的基础上，发挥相应的工作能力，才能真正有效履行岗位职责。

具体企业合规培训的内容可以包含以下四个方面：

第一，企业合规理念的导入。合规意识在中国境内尚未被普遍认知、了解，要建立合规管理首先要培育合规的理念。政府通过培训向企业管理者宣传合规理念，企业的管理者也需要通过培训将企业的合规理念传导给全体员工，核心是向全体员工传达企业的合规价值观、合规规则、合规要求。通过企业合规理念的导入确保在合规管理中上下统一思想。

第二，企业合规管理架构的介绍、合规文件的解读。企业合规管理体系建设，需要建立专门的合规管理部门、制定配套的运行机制、合规规范等文件，以便于贯彻执行。企业合规承诺、员工手册、合规规范等文件，全体员工都应当熟悉掌握；合规管理部门的具体职责、合规运行机制等管理信息，决策层、高管人员以及合规管理部门人员应当充分了解。

第三，合规管理基本知识的教授。合规管理的基本知识包括法律、经济、管理、财务、时政等，尤其是合规管理部门的人员或企业高管人员，应当具备这些基本知识，在经营决策时，将合规风险纳入考量因素中，作出符合企业合规要求的判断。

第四，合规管理技能的掌握。如前文所述，合规管理工作还需要一定的岗位技能，比如法律部门人员，应当对新法律法规是否影响企业重大合规义务具备识别能力，合规监察部门人员，应当有内部调查、问责、搜集信息的技能；审计部门人员应当有配合合规管理部门审查财务问题的专业能力；部门管理者对下属应有业务合规宣教、违规行为管理或问责的能力。针对不同岗位需要掌握的合规履职技能，企业应当提供针对性的培训课程，并作为岗位技能进行考核。[①]

---

① 蔡丹:《企业如何开展合规培训》, http://lawv3.wkinfo.com.cn/document/showarticle?showType=&language=1&aid=NjAwMDAwNDk5ODg%3D&collection=article&format=&sysLang=en_US&free=0&searchKeys=&bid=，最后访问时间 2019 年 8 月 22 日。

第八章

当公司律师遇上人工智能

扩展阅读〉〉〉

文章标题	二维码
1.《人工智能浪潮下的法律人》	
2.《人工智能在法律服务领域应用盘点分析》	
3.《同方股份应邀参加阿里巴巴法律科技峰会》	
4.《同方受邀赴大成举办“人工智能对律师业的影响及趋势分析”》	
5.《未来，不懂得使用 AI 的律师或将被淘汰丨法佬汇会客厅第 26 期活动回顾》	
6.《同方受邀在清华大学就 AI 产品应用及社会风险做主题演讲》	

第一节

人工智能概述

一、人工智能的起源与发展

人工智能的英文表达是 Artificial Intelligence，可以简称为 AI。关于人工智能的定义，“百度百科”对人工智能的定义是“研究、开发用于模拟、延伸和扩展人的智能的理论、方法、技术及应用系统的一门新的技术科学”。“维基百科”的解释是：“由人工制造出来的系统所表现出来的智能。”美国斯坦福大学人工智能研究中心尼尔逊教授（Nilson）定义人工智能“是关于知识的学科——怎样表示知识以及怎样获得知识并使用知识的学科”。

根据华宇元典 CEO 邹邵坤的介绍，人工智能的最初起源可追溯至英国作家乔纳森·斯威夫特（Jonathan Swift）出版的小说《格列佛游记》①。斯威夫特在书中描述了一台名叫“Engine”的机器：“运用实际而机械的操作方法来改变人的思辨知识……最无知的人，只要适当付点学费，再出一点点体力，就可以不借助于任何天才或学力，写出关于哲学、诗歌、政治、法律、数学和神学的书来。”②“Engine”仅可以被看作人工智能机器的雏形，此时社会各界还未开始进行有关人工智能的探讨。

人类历史上第一次提到“人工智能”一词，是在 1956 年 8 月的达特茅斯

① 邹邵坤：《法律人工智能的真实当下与可能未来》，载《法治现代化研究》2019 年第 1 期，第 27 页。

② ［英］乔纳森·斯威夫特：《格列佛游记》，白马译，江西教育出版社 2015 年版，第 144 页。

会议（Dartmouth Conference）上。以约翰·麦卡锡（John McCarthy）、马文·闵斯基（Marvin Minsky）、克劳德·香农（Claude Shannon）、艾伦·纽厄尔（Allen Newell）、赫伯特·西蒙（Herbert Simon）等为首的年轻科学家，讨论和研究用机器来模仿人类学习以及其他方面的智能。本次会议虽然只是初步探讨，但却为会议讨论的内容起了一个名字，即“人工智能”。因此，1956 年也就成了人工智能元年，标志着“人工智能”这门新兴学科的正式诞生。

人工智能的最终目标是探讨智能形成的基本机理，研究利用机器模拟人的思维过程。而人工智能的近期目标是研究如何使计算机去做那些靠人的智力才能做的工作。

如今，随着互联网 +、大数据各种新兴技术的快速发展，人工智能已成为一种新时代发展的大趋势。在 AlphaGo 战胜围棋高手李世石、柯洁之后，人工智能进一步成为当下热议的话题。2017 年 12 月，人工智能入选“2017 年度中国媒体十大流行语”。

2018 年 6 月，首个能与人类进行复杂辩论的 AI 系统 Project Debater（美国 IBM 公司旗下的人工智能产品）在旧金山与人类辩论高手展开了两场公开辩论比赛。在事前对辩论主题没有任何准备的情况下，AI 系统不仅可以清晰表达自己观点，反驳对方论点，还一度比较准确地指出了对手所犯的事实错误。[①]

在辩论过程中，Project Debater 与以色列国家辩论冠军奥瓦迪亚和以色列国际辩论协会主席扎福瑞尔，分别就“政府是否应资助外层空间探索”和“人类是否应增加使用远程医疗”问题展开了两场辩论。Project Debater 通过云端技术收集报纸、学术论文等资料并将其转化为论述，同时分析对手的演讲并提出反驳。虽然 Project Debater 在第一场比赛中落败，但第二场辩论结果显示，机器人以九票优势领先人类辩手。

而 OpenAI 组建的电竞战队 OpenAI Five 于 2018 年就曾在 Dota 2 中击败了 5 组游戏战队。[②] 根据 2019 年 4 月的最新的新闻报道，Dota 2 世界冠军队

---

① 《AI 首次实现与人类辩论，IBM Project Debater 真正想突破的是什么？》，https://www.sohu.com/a/237735685_10065172，最后访问时间 2019 年 12 月 26 日。

② OpenAI 是埃隆·马斯克等科技名人投资组建的一个非营利研究实验室。

伍被 OpenAI 以 2∶0 的战绩秒杀，随后官方推出为期 3 天的全民可参与的竞技场模式，AI 以 99% 的胜率完胜人类。①

人工智能技术具体一般包括语音识别、计算机视觉、自然语言处理、信息检索、机器人学习理论、智能控制机器人、无人机、无人车等。实际上人工智能技术离我们并不遥远，搜索引擎、在线翻译、美颜相机等一系列常见的软件都是人工智能技术的应用。

二、中国与人工智能

1. 中国的人工智能顶层设计

国务院于 2017 年发布《新一代人工智能发展规划》（以下简称《规划》），旨在抢抓人工智能发展的重大战略机遇，构筑我国人工智能发展的先发优势，加快建设创新型国家和世界科技强国。《规划》正式确立三步走的战略目标：到 2020 年人工智能总体技术和应用与世界先进水平同步，人工智能产业成为新的重要经济增长点；到 2025 年人工智能基础理论实现重大突破，部分技术与应用达到世界领先水平，人工智能成为带动我国产业升级和经济转型的主要动力；到 2030 年人工智能理论、技术与应用总体达到世界领先水平，成为世界主要人工智能创新中心。

最高人民法院院长周强在 2018 年十三届全国人大会议报告中，提出加快智慧法院建设，促进审判体系和审判能力现代化，发挥司法大数据管理和服务平台作用，为群众诉讼提供服务，为科学决策提供参考；上线“类案智能推送”“法信智答版”等系统，建设智能语音云平台，为法官办案提供智能辅助；推进电子诉讼应用，逐步实现网上阅卷、证据交换、网上开庭和电子送达。

2018 年十三届全国人大一次会议记者会上，科技部部长万钢表示马上就要发布人工智能项目指南和细则，夯实人工智能发展的科学基础，加快实施新一代人工智能科学基础的关键技术系统集成研发，突破基础前沿理论关键

---

①《确认完虐人类，OpenAI Five 摆三天擂台，胜率达到 99%》，http://tech.ifeng.com/c/7m6EvJvDM2a，最后访问时间 2019 年 12 月 26 日。

部分的技术。

2019年3月，在十三届全国人大二次会议的新闻发布会上，大会发言人张业遂表示，已将与人工智能密切相关的立法项目列入立法规划。

2019年6月17日，国家新一代人工智能治理专业委员会发布《新一代人工智能治理原则——发展负责任的人工智能》（以下简称《治理原则》），提出了人工智能治理的框架和行动指南。《治理原则》旨在更好协调人工智能发展与治理的关系，确保人工智能安全可控可靠，推动经济、社会及生态可持续发展，共建人类命运共同体。《治理原则》突出了发展负责任的人工智能这一主题，强调了和谐友好、公正公平、包容共享、尊重隐私、安全可控、共担责任、开放协作、敏捷治理等八条原则。

2. 中国人工智能实践

世界知识产权组织于2019年1月31日公布的最新报告显示，中国、美国、日本三国在全球人工智能专利申请活动中处于领先地位。其中，美国IBM公司是全球人工智能专利申请量最大的企业，而中国的学术机构相关专利申请量在同类申请者中遥遥领先。

人工智能专利申请数量排名前二十的企业中，有两家来自中国，分别为百度和国家电网公司。此外，来自中国的人工智能专利申请数量从2013年到2016年以年均20%的速度增长，远高于其他国家。

人工智能在中国很多领域中都取得了重要成果，例如，自动驾驶汽车、智能机器人在制造业和物流快递业中的应用、人脸识别技术等。百度、阿里巴巴、腾讯（BAT）都在重点向人工智能领域发力，科技部也指定四家企业分别开发不同领域的AI全国创新平台，百度致力于自动驾驶，阿里巴巴致力于城市大脑智能交通，腾讯致力于医疗读片、医疗影像资料处理，科大讯飞致力于智能语音领域。模式识别方面的刷脸技术，也逐渐应用到了高铁、车站和机场。

3. 牛津学者《解密中国人工智能梦》

牛津大学的学者Jeffrey Ding曾于2018年发布了《解密中国人工智能梦》（Deciphering China’s AI Dream）研究报告，文章是以英国学者的视角来看待中国的人工智能发展情况，可以了解国外学者对我国人工智能发展的评价。

报告表示，中国的AI规划体现了国家对人工智能发展寄予高度期望。报告认为，中国AI的发展方法与过去在其他领域的科技创新引导工作之间的相似处有：强有力的国家支持和干预、国际技术和人才转移以及对基础设施的投入。显著的不同之处则是AI技术的“全方位使用”潜力意味着参与者的广度比其他技术强得多，国际化的民营科技企业和积极的创业公司是推动AI创新的领导者。

报告认为，中国政府正在采用长期、全社会动员的方法来推进AI技术发展，国务院AI计划中的指示不仅适用于各个政府部门，还指导大学、研究机构和民营企业的行动。而其他国家政府，受限于公权力以及政治地位的突然变化（取决于哪个政党执政），则倾向于实施短期的政府整体解决方案。

最后，报告研究了中国AI战略对AI安全和伦理道德、国家安全、经济发展和社会治理等问题的潜在影响。第一，中国日益关注AI安全和道德问题，并积极参与制定AI国际标准，AI可能是中国成功成为国际标准制定者的第一个技术领域。第二，由于AI的军事应用可以为国家安全提供决定性的战略优势，因此中国军事AI技术到了什么程度代表着军事改革成效，这是一个值得研究的重要问题。军民融合的水平将成为跟踪这个问题的关键因素。第三，经济利益是中国AI发展背后的首要直接推动力。根据多份报告，在全球所有经济体中，中国将从AI技术中获益最多，因为AI技术可以使中国提高生产力水平并实现GDP目标。第四，中国已将AI技术应用于社会治理。根据国务院的AI计划，AI将在维持社会稳定方面发挥“不可替代的作用”。需要关注的两个关键领域是对隐私的担忧以及私营企业参与各种社会信用体系的意愿。

此外，作者在对中国和美国的AI潜力指数评分中，选取一些衡量指标，包括硬件、数据、研究和算法、商业AI系统四方面。最终中国得分17分，约为美国得分33分的一半。说明中国目前的AI综合实力还与美国等发达国家存在一定差距，未来的中国人工智能还有更多发展道路要走。

第二节 人工智能与法律

关于人工智能与法律的关系，本文主要探讨两方面的问题：一是人工智能引发的法律问题，二是人工智能在法律领域的实践。

一、人工智能引发的法律问题

根据日本学者的研究，人工智能相关法律议题包括：人工智能与宪法（表达自由、隐私、法律下的平等、正当程序），人工智能与民法（知识产权、合同、不法行为——尤其是产品责任），人工智能与刑法（利用人工智能实施高科技犯罪：冒充、欺诈、金融犯罪、网络犯罪），人工智能与劳动法（雇佣环境的变化、通过人工智能进行雇佣管理与否），人工智能与国际法（安全保障、恐怖犯罪对策、人工智能武器）等。①

（一）人工智能的发展与人的隐私权

现有的商业模式高度依赖对消费者数据的分析，因此消费者通过让渡隐私权获取相应收益的行为会受到多方鼓励。随着人工智能技术的发展，这些主动提供的个人信息与不经意间暴露的个人信息以及被非法窃取的个人信息，都有可能被应用于牟利。

在人工智能普及之后，人类社会将步入一个透明的、没有隐私的时代。一般而言，除国家公务人员按照特别法律的规定给予必要的信息公示之外，我们的生命与健康、财产与身份、行踪轨迹都应成为个人的隐私，受到法律的保护。谷歌、苹果、脸书、阿里巴巴、腾讯、百度等互联网巨头，拥有海

① ［日］新保史生：《日本政府对人工智能的发展战略和法律应对框架》，储陈诚编译，http://www.zgfzxxh.com/gwdt/201710/t20171028_2087931.shtml，最后访问时间 2019 年 12 月 27 日。

量的用户信息，这些信息是否会被合理地收集和处理，是亟待关注的问题。因此，如何在人工智能的发展过程中加强对个人数据的管控和对个人隐私的保护，已成为必须予以关注的问题。

（二）法律主体问题

2018年通过的《民法总则》有两项基本的制度，即主体制度——人，以及客体制度——物。在已有的法律认知当中，主体和客体有不可逾越的界限。现在面临的问题是：机器人是机器还是人，其能否成为民事主体？

2016年欧盟议会法律事务委员会提出建议，授予高水平的智能机器人以电子人的主体资格，进行身份登记，注册财产账号，可以像人一样缴费、纳税、领取养老金。这就跟我们自然人拥有了同等的主体地位。

2018年，美国汉森研究的机器人索菲娅被沙特阿拉伯授予公民资格。一个拥有公民资格的索菲娅可以享有民事权利和义务，但是，它能不能拥有财产？能不能在沙特阿拉伯充当公务人员？这是现存理论难以回答的问题。但是，赋予这种智能机器人以某种特别的民事主体资格在未来有可能成为现实。

（三）责任承担问题

在人工智能时代，有两种侵权行为值得我们关注：侵权人采取黑客攻击、病毒传输或其他的非法手段控制机器人对人类社会造成危害所产生的侵权责任是由这个侵权人所承担的，这个应该不难理解。问题在于，人工智能直接对人实施侵害时如何归责，这是值得我们考量的问题。在日本，曾经发生过工业机器人在生产过程中直接将工人放入冲压机碾死这样惨痛的事例；21世纪美国手术机器人在治疗病人的过程当中造成创伤、死亡的病例高达87例。

这种情况下，我们就要分清责任事故从何而起，是设计人设计的漏洞，还是操作人的不当使用，还是智能机器人违反了操作规程？这类事故的原因和追责都是值得考虑的新问题。不亚于法律问题，伦理问题是摆在我们面前的又一难题。

关于人工智能引发的伦理风险的应对，可以参考阿西莫夫的机器人三定律理论。最早在1942年，阿西莫夫在短篇小说“*Runaround*”（《环舞》）中首次提出了三定律：第一定律是机器人不得伤害人类；第二定律是机器人必须服从人给予它的命令，当该命令与第一定律冲突时例外；第三定律是机器人在不违反第一、第二定律的情况下要尽可能保护自己的生存。

（四）人工智能的立法实践

1. 联合国的人工智能法律与伦理

联合国教科文组织（UNESCO）与世界科学知识与技术伦理委员会（COMEST）联合发布的报告（2016年），主要讨论了机器人的制造和使用促进人工智能的进步，以及这些进步所带来的社会、法律和伦理道德问题。报告呼吁在国际层面上加强立法控制：加强数据和隐私保护，创新关于机器人与机器人制造者之间的责任分担机制，建立预警机制，为应对自动机器人的广泛应用将给人类教育和就业带来的巨大影响而建立全新的保险制度。

2. 欧盟的立法建议

早在2015年1月，欧盟议会法律事务委员会（JURI）就决定成立一个工作小组，专门研究与机器人和人工智能发展相关的法律问题。2016年5月，法律事务委员会发布《就机器人民事法律规则向欧盟委员会提出立法建议的报告草案》，讨论欧洲首份管制机器人的建议立法草案，旨在为民用机器人的使用制定法律框架。报告对机器人可能引发的安全风险、道德问题、对人类造成的伤害等情况做出讨论。同年10月发布《欧盟机器人民事法律规则》。在此基础上，2017年2月16日，欧盟议会投票表决通过一份决议，包含了立法建议，并要求欧盟委员会就机器人和人工智能提出立法提案。

3. 美国的立法

2016年，美国弗吉尼亚州州长签署了一条关于送货机器人的法律，它将允许送货机器人合法在全州的人行道上行驶，它也是美国第一条关于送货机器人的立法。

2016年10月，美国政府发布《国家人工智能研究和发展战略计划》，旨在运用联邦基金的资助不断深化对AI的认识和研究，从而使该技术为社会提供更加积极的影响，减少其消极影响。

2019年4月，美国旧金山颁布法令禁止政府机构购买和使用人脸识别技术，旨在加强新技术的监管，并消除个人隐私泄露的隐患。这是全球第一个通过立法禁止人脸识别技术的城市。人脸识别系统在现实生活中的应用越来越广泛，这条法案的通过无疑将人脸识别技术的隐患再次展露在公众面前。一方面，科技企业在采集用户人脸数据时，有可能在用户不知情的情况下，侵犯了用户的知情权和隐私权。另一方面，业内一些专家指出，目前几乎没有哪个国家对人脸识别技术的应用作出了相关规定，而人脸识别技术存在着性别歧视、种族歧视等伦理问题，人们的权利无法受到保障。乔治城大学隐私与技术中心的负责人 Alvaro Bedoya 说，人脸识别是令人毛骨悚然的技术之一，它不像浏览器的 cookie，有一些关于这项技术的东西确实会让人们紧张。

4. 英国的监管与目标

英国下议院的科学和技术委员会在 2016 年发布的《机器人技术和人工智能》报告，侧重阐述了英国将如何规范机器人技术与人工智能系统的发展，以及如何应对其发展带来的伦理道德、法律及社会问题，报告认为应积极响应并且负责任地实施监管措施促成监管的介入和领导体制的建立。

二、人工智能在法律领域的实践

（一）法律人工智能研究机构

1987 年，在美国波士顿东北大学举办的首届国际人工智能与法律会议（ICAIL），旨在推动人工智能与法律这一跨学科领域的研究和应用，并最终促成了国际人工智能与法律协会（IAAIL）在 1991 年的成立。[①]2017 年 12 月，北京大学法律人工智能实验室正式成立，旨在建立国内外一流的法律与人工智能产学研一体化基地，致力于法律人工智能复合型人才的培养。

（二）国外法律人工智能应用现状

据 BBC 报道，一种名叫 Case Cruncher Alpha 的法律人工智能“机器律

① 曹建峰:《“人工智能 + 法律”十大趋势》，载《机器人产业》2017 年第 5 期。

师”与伦敦的100名律师就“基于数百个PPI（付款保护保险）错误销售案例事实来判断索赔与否”的法律问题展开比赛，结果“机器律师”法律AI以86.6%的准确度领先于律师的66.3%。[①]

美国芝加哥的伊利诺理工大学与南得克萨斯法学院利用1791年至2015年的美国最高法院数据库，合作开发了一种算法。该算法再现了从1816年到2015年美国最高法院法官的28000项决定和240000次投票，正确率分别达到70.2%和71.9%，这高于法学家们66%的预测准确率。[②]

2018年2月人工智能平台LawGeex与斯坦福大学、杜克大学法学院和南加州大学法学教授合作开展了一项人机实验，让20名有经验的律师与AI程序对保密协议中的条款进行识别，在给定法律概念和描述的前提下，由AI和律师分别在5份保密协议中甄别并摘录出相应条款。律师的平均准确率是85%，而AI以94%的准确率胜出，且用时66分钟也远远短于律师使用的平均时间。LawGeex在AI机器学习过程中，让AI创造一种新的“语言”模型——将AI算法置于大量的法律文本中，并标识出需要学习的法律概念，而不是仅仅识别出关键词。当AI能够识别法律概念时，也就意味着习得了法律思维的框架。[③]

英国律师事务所Berwin Leighton Paisner（英国博问律师事务所）也在特定的产权纠纷案件上使用了人工智能系统，该系统从英国土地注册局出具的官方所有权契约中提取数据并核查细节，从而在房地产案件中准确提供关于产权所有人的法律提示。[④]

加拿大科技公司开发的ROSS法律人工智能项目利用IBM Watson的平台进行技术开发与升级，能够识别用户自然语言问题，并给予精准、快速的回答。截至2016年4月，ROSS获得了超过20个客户，包括贝克豪斯和瑞生

---

① 左卫民：《关于法律人工智能在中国运用前景的若干思考》，《清华法学》2018年第2期。

② 左卫民：《热与冷：中国法律人工智能的再思考》，《环球法律评论》2019年第2期。

③ 葛翔：《司法实践中人工智能运用的现实与前瞻——以上海法院行政案件智能辅助办案系统为参照》，《华东政法大学学报》2018年第5期。

④ 左卫民：《关于法律人工智能在中国运用前景的若干思考》，《环球法律评论》2019年第2期。

等全球知名的律师事务所，并且开始向国际领域拓展。[①]

（三）智慧法院——中国法院系统人工智能应用

最高人民法院对“智慧法院”的概念表述为：智慧法院是人民法院充分利用先进信息化系统，支持全业务网上办理、全流程依法公开、全方位智能服务，实现公正司法、司法为民的组织、建设和运行形态。

智慧法院这一概念在 2015 年提出以来，最高人民法院一直高度重视其建设工作，已经连续 4 年被写入最高院人民法院工作报告。根据 2019 年 3 月 1 日发布的《法治蓝皮书 · 中国法院信息化发展报告（2019）》显示，以网络化、阳光化、智能化为特征的智慧法院建设已取得重大进展，智慧法院由初步形成向全面建设迈进。

法律人工智能在中国法院系统的应用主要涉及三个方面：

1. 智能审判。苏州中级人民法院率先探索了智慧审判新模式，以“电子卷宗随案同步生成及深度应用 + 庭审及办公语音识别系统”为核心，构建智慧审判一体化集成解决方案。具体包括：第一，电子卷宗随案生成；第二，材料流转云柜互联，构建数字化、便捷化的纸质文档智能电子管理平台；第三，庭审语音智能转换，实现语音向文字的同步智能转换；第四，电子质证随讲随翻；第五，文书制作左看右写，为法官配备宽屏显示器，左侧显示电子卷宗，右侧显示文书制作界面；第六，案例文献自动推送；第七，简易判决一键生成；第八，同案同判数据监测。[②]

杭州西湖区人民法院已经率先运用 AI 法官审判。在其中一起审判中，原告在家里，被告在 1200 多公里以外的律师事务所，靠智能法院在线审理，现场的书记员也是机器人，整个庭审现场系统就是运用人工智能技术而实现的。《后宫甄嬛传》作者诉网易公司侵权就是通过在线审判完成的。

---

① 左卫民：《关于法律人工智能在中国运用前景的若干思考》，《环球法律评论》2019 年第 2 期。

② 徐清宇：《智慧审判苏州模式的实践探索》，https://www.chinacourt.org/article/detail/2017/09/id/2995627.shtml，最后访问时间 2019 年 12 月 27 日。

2. 证据分析。2017 年上海市高级人民法院响应中央政法委要求，全面启动研发一套“推进以审判为中心的诉讼制度改革软件”。上海市高级人民法院随即与科大讯飞合作开发了基于人工智能技术应用的“上海刑事智能辅助办案系统”，简称 206 系统。206 系统是我国公检法系统使用的最为先进的人工智能辅助系统，已经全面覆盖上海市的公检法系统，具备证据查证、量刑参考、文书生成等一系列功能。206 系统从统一证据标准、制定证据规则、构建证据模型三方面入手，解决刑事案件办案中存在的证据标准适用不统一、办案程序不规范等问题。① 比如，如果一份证据证明被害人是被刀捅死的，而尸检报告说是钝器捅死，那么 206 系统就会发现这里有矛盾，会提醒办案人员注意。

2019 年 1 月 23 日，由上海市第二中级人民法院院长郭伟清担任审判长的 7 人合议庭公开开庭审理一起抢劫案件，这是全国法院首次运用 206 系统辅助庭审。本次庭审中，合议庭、公诉人、辩护人、被告人和旁听席均设有电子屏幕，屏幕上先后显示语音识别区、智能抓取区、庭审示证区，被告人的电子屏幕仅显示庭审示证区。语音识别区，即将语音即时高效准确地转换为庭审笔录；智能抓取区，即根据控辩审三方的发问，通过对语音信息的识别理解，自动抓取和展示相关证据材料；庭审示证区，则是集中展示 206 系统的庭审示证功能、证据校验功能、证据链审查判断功能、言词证据功能，对案件审理中显示的证据瑕疵、证据矛盾等进行重点审查。通过三个区域的即时联动，为庭审全过程提供智能服务。②

3. 裁判预测。自 2014 年最高人民法院要求各级人民法院将生效裁判文书在中国裁判文书网公开后，目前网站上公开的文书总量超过 6660 万篇。③ 可以预见，面对裁判文书网生成的大数据，人工智能系统能够通过对裁判文书的剖析识别，提取相似案件的基本信息，挖掘某一类相似案件中关于法律适用、裁判规则等数据规律，将这些规律按照主题进行存储，建立同案同判

---

① 严剑漪：《揭秘“206”：法院未来的人工智能图景》，载《上海人大》2017 年第 8 期。

② 严剑漪、梁宗：《上海刑事案件智能辅助办案系统首次用于庭审》，https://www.chinacourt.org/index.php/article/detail/2019/01/id/3713361.shtml，最后访问时间 2019 年 12 月 27 日。

③ 数据来自中国裁判文书网，http://wenshu.court.gov.cn/，最后访问时间 2019 年 4 月 25 日。

数据库对各类案件进行预测。

（四）智慧检务——检察系统人工智能应用

最高人民检察院高度重视科技强检工作，加强人工智能技术检察应用顶层设计，大力推进大数据、人工智能等现代科技在检察工作中的应用，打造“智慧检务”。

1. 检务智能语音系统。2016 年 3 月，最高检加强和科大讯飞等科技公司的战略合作，将安徽省人民检察院作为智能语音试点首家单位，建立第一家“智能语音与人工智能联合实验室”。具备了语音识别能力的人工智能系统能够自动、同步地将声音形态的信息转化为电子文本的形式，大大提升办案效率。

2. 辅助办案系统。2016 年以来，贵州省检察院逐步建立为司法办案提供智能服务的司法办案辅助系统、为案件监控提供数据分析的案件智能研判系统以及为管理决策提供“智库意见”的数据分析服务系统等 3 个大数据系统，实现了检察机关信息化转型升级。2017 年 6 月 10 日，贵州省锦屏县检察院公诉部检察官罗圆圆审查办结了杨某故意伤害案。进入司法办案辅助系统后，犯罪嫌疑人信息、犯罪事实、证据页码等卷宗信息被系统自动识别并录入，不再需要逐字敲打，还可以通过该系统的证据审查指引、类似案例推送、量刑建议自动计算等功能，提高案件审查质量。①

3. 案管机器人。2016年江苏省吴中区检察院推出机器人“吴小甪”。“吴小甪”主要从事检察院为民服务中心的接待工作，并兼职担任法治廉政教育中心的知识讲解员、青少年权益保护工作站的教育宣传员。“吴小甪”还承担起司法办案压力，提升了检察工作效率；而且司法办案全程留痕，提升了司法规范化水平和精准度；通过人工智能和大数据，为未来的检察工作提供决策参考素材；通过自动比对，适时对办案检察官发出期限预警、风险预警、权利保障提醒、办案活动出错提醒，提醒办案检察官及时履行相关义务，纠正不规范司法行为。②

---

① 李波、吴万相：《“贵州答卷”让人眼前一亮》，载《检察日报》2017 年 7 月 9 日。

② 《江苏“案管机器人”上线 检察服务更智能》，http://www.jsjc.gov.cn/xinwenfabu_34003/201708/t20170802_160408.shtml，最后访问时间 2019 年 12 月 27 日。

4. 人工智能与类审判系统

ODR（Online Dispute Resolution）模式只是依靠大数据分析梳理出纠纷发生的原因，并予以分类。而后以自动化纠纷处理流程为依托，形成对纠纷的自动处理机制；以结构化案件为基础，形成同案同判的预期结果。淘宝、京东这类电商平台已经开始引用ODR系统解决纠纷。

浙江省高级人民法院的“在线矛盾纠纷多元化平台”已于2017年开始在线运营。该平台是中央社会治安综合治理委员会赋予浙江省的创新项目试点，前期由杭州市西湖区人民法院承建，在西湖区试点后由浙江省高院负责后续开发推广。充分借鉴原有电子商务法庭经验，搭建面向公众的在线矛盾纠纷多元化解平台，已具备在线咨询、评估、调解、仲裁、诉讼等功能，并建立了《在线矛盾纠纷多元化解平台服务协议》《在线调解平台规则》等制度规范。根据平台信息显示，截至2019年6月28日，平台已受理512015例案件，注册用户858317人，调解成功率达90%。

第三节 公司律师与人工智能

一、律师AI应用

（一）智能咨询问答

在美国，律师事务所Dentons创建了自己的人工智能实验室Nextlaw Labs，与IBM公司的认知技术平台Waston，成立初创公司Ross Intelligence。历经了两年半时间，Ross Intelligence于2016年研发了法律人工智能产品Ross。该款产品建立在IBM Waston提供的机器学习技术的基础上，能自动检索法律文档数据库，找出与人类提出的问题相匹配的答案，而面对同样的任务，一个人类律师则要花上 10 个小时才能完成。[①] 它可以用人类语言和律师沟通，给人一种和准雇员共事的体验。

在英国，一款名叫 DoNotPay 的机器人律师可以帮助用户申诉交通罚单并准备所需的法律文件，现在已经扩大到了政府住房申请、难民申请等法律服务。2016 年 9 月，深圳国际仲裁院的微信公众号推出了“机器人助手”栏目，这个叫“3i”的法律机器人可以回答 500 个仲裁问题，还可以回答 1500 个与海事仲裁有关的问题，是目前国内外第一个，也是回答仲裁和海事仲裁有关问题最多的法律机器人。辽宁沈阳瀛沈律师事务所推出了一款实体法律机器人“瀛小沈”，除了基本的迎宾、指引作用外，在高度专业化方面，能通过智能化问答、输出咨询报告等方式，为有需求的人们提供智能法律咨询服务。[②]

（二）合同起草审核

2017 年，北京新橙有限公司推出了一款律师合同条款库，可以实现合同模板的生成。例如，制作一份股权转让合同需要从合同描述、定义、转让标的、转让价款、股权交割、经营安排、披露义务、声明与承诺等条款进行书写，该系统在众多条款后面有相对应的条款提供选择，律师可以根据自身的需要进行选择，同时可以通过合同分析的详情查询合同主体的相关信息，最后生成与受委托案例相关的合同文件。

美国的 Blackstone Discovery（“黑石发现”）公司研发了一款语音处理软件，专门用于法律文本的分析审查。在线法律服务网站 Legal Zoom 致力于为中小企业和个人提供法律文档服务。与直接去律师事务所委托律师相比，Legal Zoom 为客户提供了更便捷、廉价的方案。用户直接登录网站，通过一步步回答问题的方式将需求描述清楚，然后得到自己所需要的法律文书。

2017 年 7 月，美国律师事务所 Womble Carlyle 正式宣布将使用 Kira Systems 公司的人工智能文件审阅分析平台，该平台将首先被用于该所的公

---

① 邢琤：《变革与挑战：当法律服务邂逅人工智能》，载《上海信息化》2018 年第 2 期。

② 邢琤：《变革与挑战：当法律服务邂逅人工智能》，载《上海信息化》2018 年第 2 期。

司与证券业务。Womble Carlyle 表示，相对于传统的合同审核，使用 Kira 有助于节省 20% 到 60% 的时间，这就使律师能够更加专注于从事高价值的客户服务工作，而该所一贯的服务水准并不会受到影响。①

2017 年 8 月，美国律师事务所 Baker McKenzie 宣布其将使用 eBrevia 作为主要的人工智能工具辅助并购及其他交易业务，以更好地服务该所的全球客户。基于机器学习、自然语言处理等领先的人工智能技术，eBrevia 能够从合同中提取数据，协助律师以前所未有的准确性和速度进行合同分析、尽调等工作。②

（三）智能检索服务

智能检索系统指根据律师的不同要求，在法律信息库中快速分类检索到相关信息，从而为制作法律文书、分析合同文本、指定诉讼策略等方面提供信息支持。

人工智能在信息检索的应用上正在给出解决路径——以 APP、微信公众号等形式出现的专业法律信息检索平台应运而生。例如，我国法律数据查询类的 APP 应用就包括法律宝、新法规速度、法律家数据库、中国法治、中国法律全集等。

二、法律人工智能的影响

（一）律师行业的变革

诺贝尔经济学奖得主列昂季耶夫曾预测未来三四十年将有大量人工被智能取代，从而形成巨大的就业与转业问题，就像 20 世纪大量马匹被机械取代一样，只不过这些后果是发生在人的身上罢了，除非政府能够对这些新技术带来的红利进行再分配。

---

① 《在人工智能领域，国际律所比中国律所先跑了多少步？》，http://www.zhihe dongfang.com/42110.html，最后访问时间 2019 年 12 月 27 日。

② 《在人工智能领域，国际律所比中国律所先跑了多少步？》，http://www.zhihe dongfang.com/42110.html，最后访问时间 2019 年 12 月 27 日。

同时，根据牛津大学的研究显示，人工智能时代毫无疑问将会有很多的职业和岗位被机器人取代。数据显示，人类 60% 的职业，30% 的工作将会被人工智能取代。我们熟悉的秘书、客服、助理、翻译、律师、医生、会计，乃至证券交易所交易员、信贷员的工作都可能被取代。

早在 30 年前，英国著名法学学者 Susskind 在其著作《明天的律师：预见你的未来》中就提出，法律行业最大的变化将是引入人工智能应对各种问题与挑战。①

如上文所述，法律人工智能在国外律所已实现一定程度的场景应用。在中国，2016 年在杭州云栖大会上，无讼创始人蒋勇现场对其主持研发的法律机器人“法小淘”的功能演示惊艳了全场。北京蓝鲸互动科技发展有限公司推出法里平台，结合人工智能 + 大数据等领先技术提供法律服务。2017 年 9 月，法狗狗（深圳）科技有限公司完成千万级 Pre-A 轮融资，这也是继 2016 年无讼人工智能团队获得亿元融资后，法律 AI 再次得到了资本的肯定。法律人工智能发展浪潮之所以格外猛烈，除了大数据、云计算和机器深度学习能力的迅速发展外，司法公开力度的加大也为法律人工智能需要的海量信息资源提供了基础数据保障。

随着人工智能时代的到来，现在很多行业的工作将会受到颠覆性的影响。据预测，在 2015—2020 年期间，15 个主要发达和新兴经济体将会因为人工智能而丧失超过 510 万个工作岗位。人工智能正在以前所未有的方式改变甚至冲击着传统行业，法律行业也不例外。德勤一项研究表明，技术进步已导致法律行业减少了约 3.1 万个工作岗位（包括法务秘书），而且还有 39% 的工作岗位在未来 20 年将面临被机器淘汰的“高风险”。但是，人工智能产品对人类工作的替代幅度、范围、速度以及替代过程中可能面临的问题，并不能一概而论。显然，人工智能技术的发展会对法律职业产生很大的影响。但是，这种影响到底有多大，影响程度有多少，法律职业群体被人工智能产品取代的可能性有多大，法律人工智能的发展将面临什么样的客观问题，目

① 邢琤：《变革与挑战：当法律服务邂逅人工智能》，载《上海信息化》2018 年第 2 期。

前还没有明确的答案。[①] 智合 2019 年发布的《法律行业未来十大发展趋势》指出法律服务将加速迈进智能时代。

（二）法律科技公司与律所的商业模式

近年来律所与法律科技公司合作紧密，共同致力于法律人工智能的研发。越来越多的执业律师、法官、检察官也选择转行加入法律科技公司。由此产生了相关问题：在人工智能时代，律所与法律科技公司的关系是怎样的，即两者是相互竞争的关系，还是相辅相成的？

从目前国外律所的应用实践，可以看出法律科技公司与律所的相互合作模式趋多。当然，如果人工智能发展迅速，未来法律科技公司与律所是否会构成竞争关系，甚至是否会逐渐取代律所，现在还不得而知。

英国安理国际律师事务所 Allen & Overy 在其伦敦总部成立了名为 Fuse 的科技创新空间，孵化法律科技公司，促进技术研发。通过 Allen & Overy 筛选的法律科技企业可以入驻其优越、舒适的空间办公，还可获得 Allen & Overy 对其开放的律师、技术人员和客户资源，进而协作开发法律服务科技解决方案。

根据 Allen & Overy 的官网介绍，法律市场目前正在加快变革步伐，Fuse 是其与具有科技前瞻性公司的合作项目，旨在针对法律人工智能的变革为法律、监管和交易相关问题制定切实可行的解决方案。

（三）AI 与律师：助手还是替代

我国人工智能领域泰斗，清华大学人工智能学院院长张钹院士总结："目前的人工智能技术适合解决的问题，一般都要有充分的数据和知识储备，而且需要是确定性问题、完全信息、静态的、有限任务和特定领域。而法学作为社会学科的一种，包罗万象且具备一定的流动性与不确定性，这些特征使得人工智能技术难以适应这一学科。"

---

① 杨立民：《律师职业人工智能化的限度及其影响》，载《深圳大学学报（人文社会科学版）》2018 年第 2 期。

根据目前的人工智能发展，可以得出以下初步结论：第一，重复性、机械化法律事务性工作将被取代。第二，客观性、模式化法律工作将被压缩。

“法律 + 人工智能”的第一要务是辅助和服务法律从业者从事相关工作，而非取代法律职业。目前大部分法律人工智能主要关注如何将法律服务过程中机械性、重复性的工作“自动化”，暂时还达不到法律服务的“智能化”。但可以预见的是，AI 虽然还不能替代律师，但是使用 AI 的律师将会替代不使用 AI 的律师。

（四）教育领域的变革

在人工智能时代即将来临的背景之下，面对人工智能对法律行业的影响，以高等法学教育的法科人才培养为视角，对法律人工智能背景下高等法学教育的调整和变革提出建议。

根据国务院《新一代人工智能发展规划》，“在原有基础上拓宽人工智能专业教育内容”，在专业设置上增加一类“法律人工智能专业”，重视人工智能和法学专业教育的交叉融合，形成“人工智能 + 法律”复合专业培养新模式。

各大法学院系都非常关注人工智能的发展，设立了有关学科或研究中心。例如清华大学有“计算法学硕士项目”，中国人民大学成立了“未来法治研究院”，北京大学设有“法律人工智能实验室”，中国政法大学有“大数据和人工智能法律研究中心”，武汉大学建立了“法学实验教学中心”，西南政法大学建立了“人工智能法学院”，注重对法科生进行法律与人工智能交叉学科的培养。

三、律师的应对

律师作为传统行业，如何在信息科技时代寻求变革，保持自身的优势，值得研究和讨论。

（一）打造远程化服务能力

面对信息技术带来的挑战，传统律师首先应打造远程化服务能力。即能通过对互联网、虚拟现实等技术的运用，降低成本，提升服务体验。远程服务能力对于律师的现代化转型具有基础性的作用，将人工智能用于提供法律服务，都需要依托“云端”提供在线体验。

（二）构建智能辅助服务系统

应对新科技最有效的方式就是不断适应、学习，为己所用，而不是一味地抵制导致落后。智能辅助服务系统会降低法律服务的成本，也意味着完成同样的基础工作将消耗更短的时间，从而能够更加及时地提供服务。

（三）打造更加综合化的服务能力

由于技术的运用带来的知识透明，人工智能辅助系统将在一些简单服务领域带来冲击，律师不能不正视自己的优势。可以预见的是，人工智能在一些单一知识领域具有比较大的作用，但在应对复杂的知识体系或综合化的服务时，与专业律师相比，并不具有优势。

第九章

公司律师与外部律师的区别与合作

扩展阅读〉〉〉

文章标题	二维码
《公司律师 BEST 沟通法则》	

企业立足市场，面对来自方方面面的风险，如何从根本上防范这些风险，保障企业安全，需要企业决策层作出正确的判断以及管理层合法合规的执行，而这些决策得以执行和贯彻是以不违背法律、法规的规范为前提的。律师（包括公司律师与外部律师）是企业的“法律工具”，能够保障企业的正常运转和经营，使其远离纠纷，从而使企业在更大空间发挥其自身价值和社会价值。因此，认清公司律师与外部律师各自的价值，有效将两者协同运用，会使企业经营利益最大化。

第一节
公司律师的崛起

一、公司律师的快速发展

党的十八大以来，党中央不断推进依法治国的进程。在国家层面，党的十八届四中全会提出“全面推进依法治国”的重大决定；在企业层面，国务院国有资产监督管理委员会提出“全面推进法治央企建设”。中共中央办公厅、国务院办公厅于2016年印发了《关于推行法律顾问制度和公职律师公司律师制度的意见》，司法部于2018年12月发布了《公司律师管理办法》，结束了公司律师相关法律监管长期缺失的局面。由党中央、人民政府近年的一系列举措不难看出，公司律师的地位越来越受到国家的重视。

同时，近年来，我国企业开始频繁地“走出去”，拓宽海外市场，在《财富》杂志发布的2018年世界500强榜单中，中国企业入榜高达120家，仅次于冠军美国 126 家。残酷激烈的国际市场竞争以及“中兴事件”这样深刻的教训也“迫使”我国企业越发重视法律风险的防控。法务行业的崛起实际上是市场规律发展所致的必然结果。以前我国市场经济刚刚起步，部分企业家法律意识较为淡薄，往往在诉讼纠纷发生后才开始意识到法律的重要性，聘请律师进行事后救济。这样不仅不利于公司效率的提升，还会增加公司运营的成本。与其“亡羊补牢”，不如“未雨绸缪”。

基于以上原因的推动，法务行业近年发展迅速。我国很多大型企业集团已经形成了强大的法务部门。有些大型集团已形成矩形公司律师团队，人员多达千百人，在融资重组、争议解决等多个领域为企业提供全方位、高质量的法律支持。高质量的法律服务促使法务团队在企业内部战略地位的提升。法务部门逐渐成为公司中举足轻重的一个部门，不少法务总监成为公司核心决策层的一员，甚至有机会出任 CEO。在公司地位的提升随之而来的是法务薪水的上涨，有数据显示，美国公司法务的薪酬水平持续上涨，法务经理的平均薪酬已超过律师。虽然我国法务行业起步时间较晚，与美国还有一定的差距，但这也无疑反映了行业发展趋势。法务职业地位与行业薪资的上升吸引了越来越多的法律人才加入这个行业，不少法官、检察官、警官、公证员与律师职业转型来到公司担任法务，各大知名高校法学毕业生毕业后选择来到公司做法务的比例也开始攀升，进一步加强了公司法务的整体实力。根据北京大学法学院就业办统计，在 2018 年毕业的本科生中，有 42% 的同学就业方向为公司法务；研究生学历亦有 48% 的毕业生流向公司法务。吉林大学更是有 93% 的本科毕业生从事法务工作，有 60% 的研究生从事公司法务。可以说，我国法务行业如今正在蓬勃发展，成为法律职业共同体中最具发展潜力的行业之一。

公司法务的崛起无疑会对律师与法务的传统关系产生一定的挑战与冲击。我国公司法务是以法律顾问制度为肇始，目前仅有 20 多年的历史。因为没有强制性的准入规定和统一的监管部门，再加上部分企业家法律意识淡薄，致使与律师、法官等法律职业相比，公司法务的前景并不被看好，在公司也处于一个比较边缘化的地位。在该种情形下，很多企业的法律事务往往由外部律师主导，企业内部的法务岗人数较少，大部分中小企业甚至不设置法务岗。法务岗常常被人视作“闲职”，法务人员一般扮演的是律师与公司高级管理人员之间的“联络员”，或者再额外承担一些例如合同审核、行政管理等基础性工作。

而如今专业、强大的法务团队对于公司的日常性法律事务例如合同管理、知识产权管理甚至部分诉讼业务完全可以胜任，能够代替律师接手这些工作。更何况，公司法务与律师相较，公司法务只为公司服务，对公司了解更透彻，能够从业务的开端就介入项目，对法律风险进行把控，且贯穿始终。这些优势都是律师所无法比拟的。很多自身拥有专业法务部的公司也因此选择不再聘请常年法律顾问，仅就个别重大复杂案件向律师寻求专项法律服务。同时，如今企业选择律师的方式也更加科学与专业，大型企业会建立自己的律师数据库，通过对比研究机构的统计数据与榜单排名，对聘请律师进行筛选。这对律师与企业合作的粘黏性也有一定冲击，企业法律事务“一锅端”的情况已经不复存在。

综上所述，在法务崛起的新形势下，公司法务与律师之间由律师主导的传统关系已被打破，两者的关系需要依照自身职业特性作出一定的转变，否则部分律师会在公司法律业务竞争中面临淘汰。

二、公司律师的职业路径

如今企业法律意识上升，强调始终以合法合规的意识贯穿于日常经营管理。法务人员开始积极参加公司各类重大经营活动，使其成为公司战略决策的核心部门，法务部门扮演的角色由“消防员”向“预警员”转变，工作重心从事后补救向事先风险防控推进。

在美国，大型企业的法务部甚至会通过游说国会、参与政治来影响立法。例如，依照美国旧知识产权法，迪士尼所拥有的米老鼠版权本在 1984 年就已经到期。为了不失去这一极具盈利能力的版权，迪士尼法务部通过游说国会，两次成功延长了版权保护时间，影响了立法。

2018 年国务院国有资产管理委员会发布《中央企业合规管理指引（试行）》（以下简称《指引》），推动中央企业全面加强合规管理，构建法务、风险、合规、内控一体化管理平台。《指引》明确规定中央企业相关负责人或总法律顾问担任合规管理负责人，法律事务机构或其他相关机构为合规管理牵头部门，组织、协调和监督合规管理工作。因此公司律师也迎来了职业新机会，未来也可牵头负责企业合规管理工作，在打造法治企业的过程中处于重要地位。

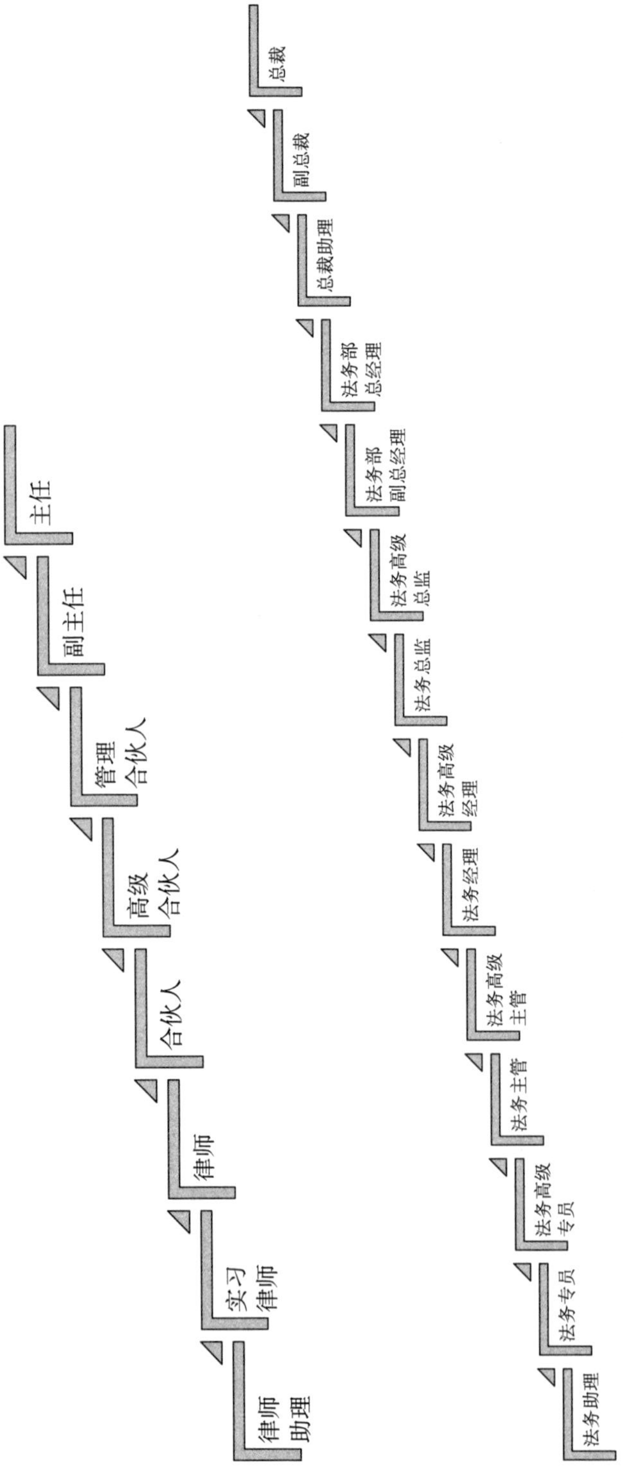

图 20　律师、公司律师职业发展道路对比

在公司律师在企业的地位提升的同时，公司律师的职业发展渠道与路径更加广泛。在律师事务所执业的律师大多以成为合伙人为职业奋斗目标，而对于公司律师而言，其职业选择更加广泛，公司律师的职业目标不仅是 CLO（首席法务官），还可以成为企业的管理者，如董事长、总裁、CEO 等。例如，肯尼斯·弗雷泽，原默克公司法律总顾问，在成功完成对召回止痛药万络（Vioxx）诉讼案的辩护后，于 2011 年晋升为默克公司 CEO。又如，2015 年 9 月，微软宣布公司法律总顾问布拉德·史密斯出任公司总裁职务并同时兼任首席法务官。

越来越多的律所执业律师、合伙人也会选择转型来到公司加入公司律师团队，例如 Timothy A.STEINERT（中文名：石义德）现任阿里巴巴集团总法律顾问，在加入阿里巴巴之前，石义德曾于富而德律师事务所（Freshfields Bruckhaus Deringer）担任高级合伙人。

三、《公司律师管理办法》的出台

（一）《公司律师管理办法》出台背景

2018 年 12 月，为了加强公司律师队伍建设，规范公司律师管理，发挥公司律师在全面依法治国中的职能作用，结合公司律师工作实际，司法部制定了《公司律师管理办法》（以下简称《办法》），自 2019 年 1 月 1 日起施行。公司律师是指与国有企业订立劳动合同，依法取得司法行政机关颁发的公司律师证书，在本企业从事法律事务工作的员工。可见目前《办法》主要针对在国有企业从事法律事务工作的公司律师，但最后也指出，“探索开展民营企业公司律师试点的，参照适用本办法有关规定”。

本次与《公司律师管理办法》一同颁发的还有《公职律师管理办法》，公职律师是指任职于党政机关或者人民团体，依法取得司法行政机关颁发的公职律师证书，在本单位从事法律事务工作的公职人员。2019 年 1 月，司法部律师工作局负责人就两个办法有关问题回答了记者提问，指出在党政机关和人民团体推行公职律师制度，在国有企业推行公司律师制度，是党中央从推进全面依法治国工作大局出发作出的重大战略部署。随着全面依法治国实践的不断深化，对党政机关、人民团体和企业依法执政、依法行政、依法经营、依法管理都提出了新的更高要求，客观上需要建立一支专门的法治工作队伍，为党政机关、人民团体和企业开展各项工作当好法律参谋和助手，切实提高决策管理法治化水平。

（二）公司律师的任职条件和程序

根据《办法》的规定，申请颁发公司律师证书，应当具备下列条件：拥护中华人民共和国宪法；依法取得法律职业资格或者律师资格；与国有企业依法订立劳动合同；从事法律事务工作 2 年以上，或者曾经担任法官、检察官、律师 1 年以上；品行良好；所在单位同意其担任公司律师。

申请公司律师证书也需要通过法律职业资格考试，因此公司律师的门槛高度也同律师一样。《办法》规定公司律师是有一定法律工作经验的人员，因此也就没有规定类似于律师实习的制度。司法部律师工作局负责人也指出，考虑到申请颁发公司律师证书的人员已经具有一定的法律实务经验，因此没有规定这些人员必须参加实习，但明确规定了探索实施公司律师职前培训制度。

至于任职程序，《办法》规定申请颁发公司律师证书，应当由申请人所在单位向司法行政机关提交相应材料。中央企业的员工，由所在单位审核同意后直接向司法部提出申请；中央企业在地方的各级分支机构和子企业的员工，也可以由所在单位审核同意后向当地省级司法行政机关提出申请；省属企业的员工，由所在单位审核同意后向当地省级司法行政机关提出申请；其他国有企业的员工，由所在单位审核同意后向当地设区的市级或者直辖市的区（县）司法行政机关提出申请，经设区的市级或者直辖市的区（县）司法行政机关进行初审后，再报省级司法行政机关审查决定是否向申请人颁发公司律师证书。

（三）公司律师的职能

根据《办法》的规定，公司律师可受所在单位委托或者指派从事下列法律事务：为企业改制重组、并购上市、产权转让、破产重整等重大经营决策提供法律意见；参与企业章程、董事会运行规则等企业重要规章制度的制定、修改；参与企业对外谈判、磋商，起草、审核企业对外签署的合同、协议、法律文书；组织开展合规管理、风险管理、知识产权管理、法治宣传教育培训、法律咨询等工作；办理各类诉讼和调解、仲裁等法律事务；所在单位委托或者指派的其他法律事务。

同时，公司律师依法享有会见、阅卷、调查取证和发问、质证、辩论、辩护等权利，有权获得与履行职责相关的信息、文件、资料和其他必需的工作职权、条件。

公司律师所在单位应当建立健全决策合法性审查机制，将公司律师参与决策过程、提出法律意见作为依法决策的重要程序。公司律师所在单位讨论、决定企业经营管理重大事项之前，应当听取公司律师的法律意见。依照有关规定应当听取公司律师的法律意见而未听取的事项，或者公司律师认为不合法的事项，不得提交讨论、作出决定。公司律师所在单位制定、修改企业章程、董事会运行规则等规章制度，对外签署合同、协议，处理涉及本企业的诉讼、仲裁、调解等法律事务，应当安排公司律师参加或审核。

《办法》还指出，公司律师应当加入律师协会，享有会员权利，履行会员义务。律师协会也是公司律师的行业自律组织。

第二节
公司律师与外部律师的区别

一、公司律师与社会律师的关系

根据《办法》的规定，担任公司律师满 3 年并且最后一次公司律师年度考核被评定为称职的人员，脱离原单位后申请社会律师执业的，可以经律师协会考核合格后直接向设区的市级或者直辖市的区（县）司法行政机关申请颁发社会律师执业证书，其担任公司律师的经历计入社会律师执业年限。这就为公司律师转为社会律师提供了具体途径。

根据司法部律师工作局负责人在记者会上所述，公司律师与社会律师之间可以相互转换，有利于畅通不同部门、不同岗位法律服务人才之间的交流渠道。同时，公司律师和社会律师都是中国特色社会主义法治工作队伍的重要组成部分，二者执业范围各有侧重、优势互补。公司律师熟悉本单位、本行业的政策法规和实际情况，能够结合本职工作提出更具针对性的法律意见和建议，更有效地防范和化解本单位法律风险。由于公司律师不向社会提供有偿法律服务，能够与社会律师实现功能互补。

二、公司律师的优势及局限

法务部作为大型企业内部设置的从事法律事务的职能部门，公司律师的优势在于比外部律师更为熟悉企业的内部运作和业务模式，更为理解企业管理层的思路和意图，更容易与企业的负责人和其他工作人员沟通。公司律师讲求“法务与商务的融合”，讲求提前介入，注重全过程的参与和防范，能够对整个经营流程施加影响，从制度甚至文化层面防范风险、完善内部控制、减少企业损失，是保障企业健康稳定发展不可或缺的重要力量。

公司律师在日常工作中会面临方方面面的诉讼、非诉法律事务。以清华同方为例，产业涉及 10 大业务领域，还涉及境外大型复杂诉讼等多法域的法律事务，公司律师很少能对各个领域都做到面面俱到、处处精专。

另外，公司律师不仅仅要参与公司法律事务的处理，更重要的是关注企业风险防控体系的建立，把握企业发展战略，为公司重大经营决策提供法律意见。因而在工作主次的把握上和时间的分配上与外部律师不同，不可能每个诉讼案件都亲力亲为，需要借助外部律师的力量来更高效地完成各项工作。

三、外部律师的优势及局限

成熟的外部律师具有更丰富的实战经验和诉讼经验，能够提供更专业的法律服务，而且在某地域或某专业领域往往拥有较为强大的人脉资源，从而有助于实现法律风险最小化和企业利益最大化。此外，外部律师有利于充分发挥第三方优势，取得最佳效果。在企业合作与投资过程中，对外谈判在所难免。当合作谈判出现分歧甚至处于僵持不下时，外部律师顾问适时以第三方的身份介入，往往能够取得出乎意料的结果，促使谈判继续进行，实现双赢。

但外部律师在为企业提供法律服务时也存在一定局限。首先，外部律师缺乏对企业的了解。外部律师大多不懂企业，扮演得更多的是判官和顾问的角色，而很少会从商业模式和公司经营的角度考虑问题。其次，外部律师往往局限于风险的分析而非决策。比如，对于一个大项目的可行性，如果咨询外部律师，其往往会出具法律的相关规定和法律风险分析，至于公司是否能承担该风险是公司自己的事。但如果让公司律师出具意见，公司的要求就会更高，不仅希望公司律师熟悉法律，出具法律分析意见，还希望公司律师结合公司现状，从商业可行性和项目整体风险把控上出具最终意见，不仅要告诉公司风险所在，还要告诉公司能否承受得起此项风险。这不仅考验公司律师的专业程度，更考验公司律师对项目和公司的熟悉程度，因为一个再资深的专业律师如果不熟悉公司所处的行业的现状，如果不熟悉自己所参与的重大项目的背景，也很难出具有针对性的意见。

第三节
公司律师与外部律师的合作

一、合作模式现状

公司律师与外部律师都是必不可少的法律服务团队的组成部分，如何审视两者之间的关系，对于企业来讲至关重要。首先，在企业遇到法律问题时，应该交由内部法律部门解决还是交给外部律师？这个问题应该视企业内部法律部门的构建而存在差异。外部律师与公司内部法律人员的合作机制大致可以分为三种：

（一）外聘主导型

外聘主导型指主要聘请外部律师进行法务管理，企业内部设立法务岗位，但人数相对少，有的企业甚至不设立法务岗位。这种模式下的公司律师仅是作为外部律师与企业管理层、决策层间的联络和沟通员，岗位职能多以合同管理为主，同时还要承担行政工作。

（二）内设主导型

企业内部设立专门的法务机构，具有一定的独立性，并配有一定规模的专职人员，这种是以内设的法务人员为主导，有时会根据需要将外部律师作为辅助的管理手段。

（三）公司律师型

企业成立公司律师法律部，部门成员都需要通过法律职业资格考试，并通过公司申领公司律师证，接受律协和司法部的统一管理。公司律师除了执业范围和执业领域有限制外，其他与社会律师基本一致。此种模式也符合《公司律师管理办法》规定的公司律师的职能作用。

二、公司律师与外部律师的新型关系

在为企业进行法律服务的过程中，公司律师与外部律师两者该如何有效互动，共同为企业发展护航？

在法务崛起之前，外部律师往往处于主导地位，而如今公司律师与外部律师的关系则需要一定的转变。公司法务与律师二者实际上是各有所长。公司自身的法务部门虽然在公司战略规划、风控合规上更具优势，但是再强大的法务部门，面对重大诉讼或复杂交易时，仍然需要律师的帮助，丰富的实践经验与长期累积的人脉资源使得律师在处理这些问题时更加游刃有余。依照社会分工理论，公司法务与律师二者并非竞争关系，只是分工不同。正所谓“闻道有先后，术业有专攻”，外部律师精业务而有见识，公司法务擅管理且通商业，二者应该取长补短各司其职，成为合作互补的伙伴关系，共同努力，一起实现企业利益的最大化。

传统法律服务行业中，一个操作性强、执行成本低、工作效能高的全面法律风险管理体系，应该由企业内部法务与外部律师两部分服务体系组成。公司内部律师负责公司日常的法律咨询、流程管理、风险控制、合同审核、策略制定、常见诉讼等。鉴于成熟的外部律师在专题项目上能提供专业性法律服务，对新的法律问题和法律领域也有较深入的研究，在某地域或某专业领域往往拥有较为强大的人脉资源，所以对于一些重大、疑难诉讼、仲裁，上市、并购等项目，因个案所花时间较多，且需要特别的经验和技能，可以考虑交给外部律师来做。企业内部律师与外部律师只有发挥各自优势，取长补短，才能为企业的发展保驾护航，保证企业在风险最小的情况下实现利润最大化。

在企业对法律工作越来越重视的情形下，公司律师团队越来越完备。那么，是否企业的公司律师部门足够完备，就将不再需要外部律师的介入？外部律师应如何应对这种情形？

如上文所述，一方面，公司律师不仅要懂法律，还要懂商业，对服务的公司行业要有深度理解。一般公司律师人员的招聘会考虑是否有在本公司同行业的从业经历。公司法务人员要每天花大量时间处理行政类业务，包括各种会议，进行跨部门、跨公司的交流等非法律类工作。另一方面，未来随着公司律师的发展，过去简单的法律事务不必要由外部律师完成，包括简单合同、劳动仲裁、法律文书、法律咨询与法律意见等。具备一定规模的公司和配置了专业律师团队的公司，以上事项已不需要外部律师处理。

因此，随着企业内部法律团队的壮大，可以预见这也会对外部律师的法律执业生涯产生一定影响。但这并不意味着公司法律事务不再需要外部律师的配合。一些常规性的公司法律事务可由内部公司律师解决，对于疑难复杂诉讼，耗时较多的投资并购项目，涉外的多语言、多法域的诉讼和仲裁，还是应由外部律师介入。

随着企业内部律师的完善配备，律师的传统“常年法律顾问”业务比例正在逐年下降。外部律师要继续有效地为企业提供有价值的法律服务，应具备如下业务能力：第一，外部律师要具备更高的思维视角，可站在行业高度，看待整个行业发展，并且从行业普遍发生的高概率法律事件推出律师产品，例如数据合规如何做，企业如何应对美国长臂管辖，如何在欧洲开展数据合规业务，中资企业如何走出去应对外国公司的诉讼等。第二，律师要有处理复杂交易、复杂诉讼的综合解决能力，例如跨国、跨境并购，跨多国、使用不同法律、多国被告诉讼的解决方案。第三，从学识角度，公司律师及外部律师打破单一知识体系，须有多元化知识储备，要学习中外不同的法律体系，要有比较好的多语言交流能力，跨文化理解能力，要用包容心态尽量表达自己的观点，让对方理解。

三、公司律师崛起背景下外部律师的应对

为了更好地相互协作，在公司律师崛起的背景下，外部律师可从如下方面对自己的工作作出一定的改进：

（一）开拓法律服务国际市场，与企业一起“走出去”

随着国家“一带一路”伟大倡议的启动，中国企业实现国际化的进程迎来了新的发展阶段。中国的海外资本，尤其是大型央企，为了确保能源供应、扩张市场和利用海外技术，往往选择投资电信、能源以及油气矿行业。但是，正是因为投资高度集中于基础设施和自然资源，这类投资在海外政治和公众中敏感度较高。比如，2005 年中海油试图收购美国加州的优尼科，但因为美国政府和民众反对而败北。近年来此类案例屡见不鲜。为了防止中国企业在参与国际竞争中再次出现此类“水土不服”的问题，中国企业需要有律所为其提供法律环境咨询、争议解决以及协调中国企业与外国企业、政府进行商业沟通等一系列海外法律服务。再强大的法务团队也难以独自解决全球各地的法律问题，此时企业需要律所提供专业服务。2016 年由中央全面深化改革领导小组讨论通过，并由司法部、外交部、商务部、原国务院法制办联合发布的《关于发展涉外法律服务业的意见》也反映了这一需求，希望中资律所能够与中国企业一起携手“走出去”，为中

国企业的国际竞争保驾护航。虽然我国现在已经有不少律所采用投资或合并的方式在全球各地成立了办公室，然而，中资律所在海外能够为中国企业提供的实质服务还相对有限，很多时候中国企业还是得求助于国外的律师事务所。为了培养储备一批通晓国际规则、具有世界眼光和国际视野的高素质涉外律师人才，2018 年 4 月，司法部还发布了《司法部办公厅关于建立涉外律师人才库的通知》，如今全国已有千名律师入选该律师人才库。由此可见，国家十分重视涉外法律服务队伍的建设。因此，面对法务崛起对自身业务的冲击，律所完全可以考虑开拓海外市场，将发展涉外法律服务业摆在更加突出的位置。

（二）进一步精尖自身的业务能力

如果说法务崛起前，公司遭遇诉讼的第一时间会求助于律师，那么现在公司只会将自身法务部门无法处理的重大疑难案件交予律师承办。在经济全球化的今天，公司往往聘请律师协助处理跨境复杂案件。这些案件要求律师不仅具备深厚的法学功底，还需要精通一门外语，了解国际局势，紧跟世界发展趋势。例如，为了给“一带一路”政策提供支撑，打造内地与港澳深度合作示范区，党中央提出了推进粤港澳大湾区建设的国家战略，力求将粤港澳大湾区打造成比肩纽约长岛、日本东京湾的世界成熟湾区。这一战略的提出意味着内地与港澳两地的交易会更加频繁，而其中的交易纠纷将会涉及英美法系与大陆法系，需要中资所与外资所进行业务联动，提供一体化的解决方案。这无疑是对律师业务能力的一个挑战。因此，我国律师可以考虑借此机会提升业务能力，推出有自身特色的专精法律服务，进行差异化竞争。业务精尖的律师从来不会失去展示自己的舞台，能够永远在公司法律业务市场中拥有自己的一席之地。

相应地，为了更好地相互协作，法务人员也需要提升自己的专业水平。律师长期奋斗在司法实践的第一线，专注于法律事务，这样的职业特性决定了律师往往广泛通晓各类法律规定与司法判例。而公司法务作为公司的一员，除了处理法律事务还会涉及部分商业事务。职业特性的差异致使律师在专业知识与司法经验的储备上与公司法务相较具备一定的优势。这也是公司在面对复杂、重大的法律问题时还会额外聘请律师而非交给法务部全权处理的原因，律师在法律领域出色的专业能力能够为企业提供强有力的后盾。但这不意味着公司法务不需要进一步提升自己的专业水平，具备良好专业水平的法务能够更清晰地表达法律观点，与律师就具体法律问题进行更深入的讨论和协作，律师也会更清晰地理解自己的工作范围和内容，取得客户满意的效果。

（三）拓宽自身工作的范围

如果说提升自身的业务能力是在提升律师业务的高度，那么进行业务创新就是拓宽律师业务的广度。在新形势下，日常的公司法律业务被法务慢慢接手后，律师还可以考虑开发一些新型业务。例如，在我国部分中小企业自身建设的法务团队可能才刚刚起步，能力不强且相关经验较为欠缺，所以律师除了帮助其解决具体的法律问题以外，可以尝试帮助中小企业建立法律风险防控的规范化制度，完善公司法律风险防控体系。

而对于法务来说，公司即便聘请了律师处理法律问题，也不意味着公司法务可以做“甩手掌柜”。一些基础性、辅助性的工作需要由公司法务完成。例如，法务人员借助对公司更加了解的优势可以负责完成委托事项相关资料的收集与整理工作，又如替代律师参与公司会议以及与公司高管进行日常沟通，避免律师参加一些冗长且不必要的会议。企业法律目标的达成离不开双方最大价值的发挥，法务与律师任何一方的努力都是不可或缺的。

（四）携手提升公司律师在公司中的地位

外部律师除了完成公司的委托事项以外，还应该携手法务提升公司的法律意识，促进法务部门在公司地位的提高。在新形势下，律师需要意识到公司法务部门不再是自己与公司高层的“传声筒”，而是自己的服务对象。二者相互协作最终维护公司的利益。在当今法务地位越发强势的情形下，有些律师存在“危机感”，对公司法务不够尊重，“越级”直接向公司高层汇报工作，这样无疑会制造不必要的矛盾。律师实际上应该毫无保留地帮助法务部，提升其在公司的地位和话语权，为公司发展创造更多的价值。公司法务部门地位的提高对于律师来说有百利而无一害。法务部门的工作得到公司高层的认可与信赖，部门战略地位提升，法务部门聘请律师的预算也会增加，律师不仅能够赚取更多报酬还可以获得公司更多的业务资源，最终达成双赢的结局。

第十章

公司律师职业展望

——以清华同方的法律工作实践为例

扩展阅读 〉〉〉

文章标题	二维码
1.《【人物专访】同方威视法务部部长徐叶红：法务与企业共同成长》	
2.《致同方各产业本部、产业单位的一封法律风险提示书》	
3.《总法开药方丨疫情下公司做好这几件事情就对了》	
4.《大国博弈——中美贸易摩擦背景下中资企业应对之道》	
5.《中国企业“走出去”70年嬗变》	
6.《人大律师学院专题讲座：同方，同行——公司法务职业展望》	
7.《同方股份法务部总经理苏云鹏：法务应站在管理层和商业角度看待公司发展》	
8.《专访苏云鹏：在清华同方做法总是一种什么样的体验》	

本章谈及的公司律师职业展望主要以同方股份有限公司（原名清华同方股份有限公司，下文简称清华同方）的法律工作实践为例，进行深入探讨。清华同方是由清华大学出资成立的高科技上市公司，也是教育部作为实际控制人企业的第一家上市公司。坚持走产学研结合之路，紧密依托清华大学的科研实力与人才平台，定位于多元化综合性科技实业孵化器，致力于中国高科技成果的转化和产业化。沿着“技术＋实业、金融＋资本”的产融互兴的发展战略，清华同方形成了“以科技产业为主导，以创新体系和金融体系为两翼，创新研究院和金融平台建设支持促进科技产业发展”的“一主两翼”战略格局，通过融合产业运营、科技孵化和金融资源，实现共享、共创、共赢的科创融生态圈。

第一节

清华同方法务工作概述

清华同方法务团队旨在建立全球一体化的各产业密切联动的法务及知识产权体系，在各项重大交易、诉讼纠纷和知识产权工作方面取得了较好的成绩，较好地助力了清华同方产业全球业务发展。2018 年，清华同方法务团队获得了汤森路透“2018 ALB China 十五佳公司法务团队”大奖，该奖项是外部法律专家对清华同方法务团队工作的肯定和鼓励，也体现了法务团队为公司发展保驾护航的专有价值。下面从体系建设、职能建设、制度建设三个维度对清华同方法务工作作一简要介绍。

一、体系建设

清华同方集团法务体系分为三级，一级为总部法务，二级为产业本部法务，三级为产业单位法务。从这三级管理体系建设的关系来看，总部法务部作为管理中心，负责制度建设、标准制定、资源统筹与调节；产业本部法务作为技术中心，建立与总部法务部各职能相衔接的法务组织框架，与总部协同开展业务；产业单位法务开展一般性日常经营法律事务，并与产业本部协同。

总部及产业本部、产业单位法务人员有丰富的交流和指导体系建设，包括法务年会，法务沟通会，法务主题座谈会及论坛，产业本部、产业单位法务人员面试选聘指导，产业本部、产业单位新招聘法务人员培训，法务人员荣誉评选等。

二、职能建设

法务部工作从职能上分为法律事务和涉诉事务两大类。其中法律事务包括合同管理、知识产权管理、印鉴管理、外部律师管理、投融资法律管理、合规管理、日常行政管理、对外事务。涉诉事务包括争议纠纷解决机制、流程，建立争议纠纷台账、档案，诉讼、仲裁、行政复议，参与听证，公证事务处理，协助、配合行政及司法机关调查。

三、制度建设

法务工作涉及的部门、事项众多，为高效高质开展法务工作，遵循一定的管理规范，公司制定了相关法务管理制度，譬如《诉讼事务管理制度》《合同管理内部控制制度》《商标管理内部控制制度》《商号授权管理规定》《授权委托管理办法》《印鉴管理规定》等数十个管理制度性文件。

第二节 引领型公司律师概述

一、引领型公司律师的内涵

公司律师英文表述为 in-house counsel，指在公司内部专门负责处理法律事务的工作人员。而本文所述的引领型公司律师是指在公司中从事法律事务、有较好的业务素养、法律知识以及丰富实践经验的公司法务，在法律从业中有较强的影响力和良好形象，有意愿推动公司法务行业的发展，并在实际工作中起到一定带头作用。

近年来大家开始意识到法商结合思维在法务工作中的重要性。引领型公司律师即倡导法务在帮助公司解决一些事后问题的同时，可以起到引领的另一种角色，推动公司的发展。在行业内还没有通行的法律规范时，公司律师要从当前经济形势出发，积极调研，引导产业合法、合规、有序发展。在商业项目中，公司律师可以服务于每一位业务人员，提前深入项目，在他们遇到合作争议、合同设计、支付方式等方面的问题时，公司律师可以通过提供专业、高效的法律服务，帮助其完成复杂交易结构的设计，从项目前期就开始助推项目直到顺利完成。

作为法律人，只是学法、谈法是不够的，要有引领产业发展的思维结构，以更宽的视角去做法务工作。立足于法务工作，又不限于法务工作，抱着服务的心态服务于公司的发展。站在法律和商务的角度去完成工作，从多元化的视角探寻，去达成一个更好的商业结果。

二、倡导引领型公司律师的原因

自我国改革开放以来，经济腾飞，民营企业发展犹如雨后春笋，也因此诞生了许多出色的企业家。企业家虽然对商机有着十分敏感的嗅觉，但是对于法律风险的防控意识较为淡薄，有些甚至还抱有侥幸心理。较为遗憾的是，即便在企业家“摇篮”的商学院里，也几乎不开设与法律相关的课程。这就使得我国大多企业家对法律了解不深，对如何使用、管理法务部也没有形成一个清晰的概念。而中国法学院未开设公司法务课程，未能引导学生了解公司法务工作职能职责，所以绝大多数毕业生在进入公司从事法务工作的初期会比较迷茫。

也正因如此，在大部分企业家的眼里，法务部门与人力资源、财务部门一样，说好听点是公司的管理部门、职能部门；中性一点就是支持部门、服务部门。服务部门在公司中一般扮演的是辅助角色，是“配角”。法务部门就是配合其他部门开展经营活动提供相关法律服务的部门。传统的法务部门在公司可能处于一个比较边缘化的位置，日常承担一些例如合同审核、行政管理等基础性工作。相信很多法务同行都有着这样的无奈，项目都发展到合同签署甚至是出现纠纷了，法务部门才开始知晓这个项目。认真出具了相关的法律意见，其他部门对此除了产生“太长不看”“不明觉厉”的感想，也不加以重视。而公司涉及重大交易或者纠纷时又由外部律师主导法律工作的开展，公司法务在这种情况下依旧扮演的是辅助角色。很多人认为小小的法务部门又不能给公司直接创造价值，被定位成一个辅助部门、服务部门是很正常的事情。

这样的部门定位意味着法务部会经常面临公司其他部门对自身的各种评价。这是服务部门的特点，就像在银行办理业务结束后，客户会被要求对相关工作人员的服务进行打分，类似于“如果满意，请按A键”。在这样的情况下，公司很多活动的开展是其他部门“唱主角”，而法务部进行辅助，一直处于一个比较被动的地位。甚至夸张一点说，法务部门需要看其他部门的“脸色”行事，被其他部门“牵着走”。

法务部被公司定位成服务部门在极大程度上浪费了法务部的价值，既不利于法务部门自身的发展也不利于公司的发展。法务部门如果从一开始就能够参与公司的商业战略，参与项目推进，就能够杜绝很多法律风险的发生。同时，很多外部律师负责的法律项目，法务部门完全能够主导，能够为公司节省成本。因此，法务部门拒绝心甘情愿地做一个配角，不满足于在公司中仅充当一个服务部门、辅助部门。法务部可能规模不如公司业务部门庞大，但仍然渴望并且也能够发挥与业务部门同样的巨大价值，站在未来世界舞台的中央，和其他部门一样扮演主导角色。为了改变这种情况，应尝试对传统法务的职能做出一定的改变，做引领型法务。引领型法务在定位自身角色时，不再仅仅只把自己当成一个服务部门，停留在被动被别人评价的程度，而是尝试去引领他人，引领公司业务部门，引领其他职能部门，甚至引领公司高层开展工作。同时，将这种理念融入工作形态与内容中，主动深挖公司高层、其他部门的需求，自主找寻工作的目标与方向，帮助公司实现商业目标。

从清华同方法务团队的角度来看，提倡引领型公司律师也与清华大学及清华同方的战略宗旨相契合。清华同方是依托于清华大学科研成果的校办企业，清华大学的宗旨是“创建世界一流大学”，清华同方的企业愿景也是“创建世界一流高科技企业”。因此，作为清华同方企业内部的公司律师团队，也要加强自我要求，创建全球一流的法务及知识产权团队，助力企业的发展。

三、引领型公司律师的特征

第一，引领型公司律师具备强烈的成功欲望，目标明确且有自驱动力。古人云：“天行健，君子以自强不息。”公司律师亦当如此。引领型公司律师拒绝平庸，追求卓越，不断提升自身业务能力，拓宽业务广度，力求为公司创造更多的价值。

第二，引领型公司律师永不满足于现状，不断创新，开拓进取。在我看来，“小富即安”的思想是法务工作中的大忌。乔布斯说：“Stay hungry. Stay foolish.”孟子亦说：“生于忧患死于安乐。”实际上，陌生、担忧、疑惑、不安、痛苦等情绪是比快乐更重要的心灵感受，这些强烈的感受往往会驱动自我不断创新、开拓进取，以至于取得巨大的成就。公司律师人员不应当满足于仅仅在公司中扮演一个配角，而是应当起到带头作用，主动挖掘其他部门的需求，并积极为其解决。

第三，引领型公司律师应当是说干就干，勇于探索，不惧怕失败的高素质人才。当引领型公司律师有了渴望成功、不安于现状的想法后，下一步就应该落实行动，不惜代价地奋力争取。很多人是“思想上的巨人，行动上的矮子”，因为惧怕失败，他们甚至拒绝开始，始终没有勇气迈出第一步。行动力的欠缺使人难以逃离平庸，当公司律师有了引领、创新意识后，他应该将这些理念迅速融入工作之中，调整自己的工作内容。

第四，引领型公司律师擅长“死磕”，坚持到底，拥有不达到目标不罢休的毅力和决心。“死磕”似乎不是一个好词，具有贬义。但是，在崎岖不平的人生路上前行确实需要“死磕”精神。马云曾说：“今天很残酷，明天更残酷。后天很美好，但是绝大部分人，都死在明天晚上，看不见后天的太阳。”当我们确立好目标，踏出第一步后难免会遇到失败，但是，我们不用惧怕失败，只需要笃行信道，自强不息，向着某个目标不懈努力，成功并不遥远。

第五，做引领型公司律师还需要不断交叉、跨界融合的深度学习。很多大学生毕业时欢呼庆祝“再也不用学习啦！”，纵然这只是一句玩笑话，但是这也说出了很多人内心真实的想法。离开学校不代表学习的结束，而是另一段学习的开始。回归至公司律师行业，公司律师作为公司的一员，只是学法、谈法是不够的。一个不知晓业务，不理解公司商业战略布局的公司律师，只能为其他部门提供干巴巴的法律意见。这样的公司律师注定会在公司被边缘化。因此，公司律师人员需要懂商业、懂业务，能够站在法律和商务的角度去完成工作，从多元化的视角探寻，去达成一个更好的商业结果。这些目标的实现自然离不开跨界融合的深度学习。

这些精神具体到公司事务上，公司律师可以挖掘出不少传统法务不具备的新价值。以清华同方法务团队为例：主动参与到公司战略规划当中，让公司法务部成为公司战略决策的核心部门。行业内还没有通行的法律规范时，公司律师可以尝试从当前经济形势出发，积极调研，引导产业合法、合规、有序发展。在商业项目中，公司律师服务于每一位业务人员，提前深入项目，在他们遇到合作争议、合同设计、支付方式等方面的问题时，公司律师可以通过提供专业、高效的法律服务，帮助其完成复杂交易结构的设计，能够从项目前期就开始助推项目直到顺利完成。当公司律师认为某项事情具有重大风险，要提前“踩刹车”，从源头上帮公司杜绝法律风险。当然，公司律师不做只会否决却提不出任何解决方案的“不先生”，在喊 NO 的同时要提出一个替代解决方案。清华同方如今展开的重大经营活动，例如投资并购、跨境交易，均可以看到法务部活跃的身影。以上讲述的几个方面是从传统法务部门的一些职能延伸出来的内容，主要将以前交给外部律师处理的事项变为公司自身的法务部来处理。

综上所述，引领型公司律师的内涵是不满足于只做一个辅助角色，而是让自己成为公司经营活动的主导者之一。参与公司战略规划，提前深入项目，从项目前期就开始助推项目直到顺利完成，实现自身角色从“消防员”到“预警员”的转变。除了参与主导公司投资并购、复杂诉讼等重大经营活动外，还要进一步挖掘自身附加价值，不光埋头苦干，还要抬头看路，积极参加大型外事交流及业务推介活动。

第三节

展望：倡导践行引领型公司律师团队

一、清华同方开展引领型公司律师的背景

第一，清华同方法务团队提倡构建引领型法务是为了契合清华大学及清华同方的战略宗旨。清华同方是依托于清华大学科研成果的校办企业，清华大学的宗旨是“创建世界一流大学”，清华同方的企业愿景也是“创建世界一流高科技企业”。因此，作为清华同方企业内部的法务团队，也要加强自我要求，创建全球一流的法务及知识产权团队，助力企业的发展。

第二，引领型法务也是基于当下“互联网 +”等各种新经济形势的背景提出的，新的经济形态快速发展，带来了各种机遇，同时也对法律人提出了更高的要求。“互联网 +”是互联网行业与传统行业融合发展的新的经济形态，在中国正在快速蓬勃发展。李克强总理在 2018 年政府工作报告中提出要“深入开展‘互联网 +’行动”，进一步推动“大数据、云计算、物联网广泛应用，新兴产业蓬勃发展，传统产业深刻重塑，实施‘中国制造 2025’”。清华同方作为国内领先的高科技企业，近年来也致力于人工智能、大数据、云计算、

高端智能制造、绿色制造等“互联网 +”产业领域的发展。

法律是上层建筑的一部分，采用何种法律、法律体系如何发展，势必会受到一个时期经济基础的影响。互联网产业更新换代的速度极快，已远超以往的经济形态，虽然政府在监管方面付出了大量努力，但立法程序复杂，使得法律具有一定的滞后性。企业实务中经常会出现业务先行、法律滞后的现象。在法律相对滞后的情形下，法律人增强相关行业法律的前瞻性、预见性尤为重要。因此，清华同方法务团队旨在企业实际发展过程中倡导“法律先行，引领业务”的理念。

二、清华同方开展引领型公司律师的探索

（一）对内引领

若想有效践行引领型公司律师，首先要在公司内部起到引领作用，即对内引领。对内引领又可分为向上管理和平行管理。

1. 向上管理

向上管理是指要对公司管理层输入引领型法务的理念。由于公司董事长、总裁、CEO 可能不是法学背景出身，我们不能寄希望于高层领导懂得如何规划、管理和动用法务团队，因此法务部门应该主动向公司高层提出本部门的战略目标、计划以及理由，对领导层的预期目标作出一定的引导，让公司高层知道我们能做什么，并主动承担相关工作，而不是被动地等待分配工作。

因此，想要做到对内引领，首先要与管理层及时汇报沟通，参与公司战略规划。

法务部是清华同方的重要职能部门之一。清华同方党委书记、董事长周立业教授在受清华大学委派、担任产业集团高管以来，第一件事就是着手创建法务部，并在日常工作中始终把合法合规的观念意识贯穿于日常经营管理中，敦促法务人员积极参加公司各重大经营活动，从事后补救向事先风险防控推进，鼓励法务人员用创新的思考方式为集团业务发展出谋划策，出具法律意见，助力集团业务成长。

党的十九大报告要求“打造共建共治共享的社会治理格局……提高社会

治理社会化、法治化、智能化、专业化水平”，在社会治理体系日益完善的形势下，公司法务应该主动参与到公司的战略规划进程中，让公司法务部成为公司战略决策的核心部门。但是，这也并不意味着公司法务只会否决却提不出任何解决方案，法务人员如果认为某项事情具有重大风险，在喊 NO 的同时要提出一个替代解决方案，这样才能使公司管理层看到法务人员参与的必要和价值。

在重大法律或经济形势变更时，法务提前介入，及时与管理层汇报沟通，针对当下重大的法律或经济形势进行调研，及时作出提示，引导集团产业提前应对。例如，2018 年年初，中美贸易战初显征兆，法务部及时对集团中美贸易产业情况进行调研，商讨中美贸易摩擦背景下中国企业的应对之道。从国际商事争议解决、合规审查、自贸区规则等角度出发，为企业产业布局建言献策。

2. 平行管理

平行管理是指在与公司其他部门共事时，法律部门要扮演引领型角色。公司重大经营项目往往需要多部门进行多维度的深度合作。因此，法务部与业务部门、财务部门等同级平行部门开展合作是常态。面对这种情况，法务部门应该积极提出策划方案，引领整个项目的推进。同时，还可以主动挖掘其他部门的需求，积极为其解决问题。否则法务部门容易在公司被边缘化，等项目出现纠纷、诉讼后才会想起法务部，此时法务部又只能扮演一个“消防员”甚至“背锅侠”的角色。清华同方法务团队在平行管理这一点上做得很好，例如，公司律师正在牵头主导与海外多家子公司一起应对多国跨法系的集团诉讼，还牵头在一起重大投资项目中提出专业分析意见，获得了公司领导和平行部门的认同，赢得了他们的尊重和肯定。

要想引领产业发展，法律人员要熟悉公司业务，提前参与重大项目。法务想要引导产业，就要熟悉公司的所有业务，从商业创意的开始法务就要介入，服务于商业过程中的每个环节。法务部在实务中注重详细了解业务模式，用创意的思维去思考商业实践的问题。法务部是业务顺利开展的保障。清华同方集团在世界 170 多个国家和地区都有广泛的业务布局，在国外开展业务一定要设置代理处、子公司等分支机构，从对一国的法律政治环境的调研到分支机构设立后的维护、公司运营治理，法务部都发挥了重大作用，是业务顺利发展的保障，为集团海外业务保驾护航。

清华同方法务团队也会直接负责公司重大外事活动，将法务的价值从中台、后台向前台推动。例如，法务部牵头组织中关村管委会的企业调研活动，牵头组织公司参加上海经济合作组织的“中国与中亚国家产能合作研讨会”，牵头负责中共中央对外联络部领导带队阿尔及利亚民族解放阵线党干部考察团来访清华同方的外事活动。在以上这些活动中，都是由清华同方法务团队牵头，让公司产业单位代表共同参与进来，一方面可以进行业务交流，促进商业合作，另一方面如果在交流中遇到疑问，法务可以在了解业务的基础上，给出专业解答意见，有助于项目的推进和合作。从法商思维的角度可以清晰地看到，法务在助推商业合作中的重要作用，不管我们站在台前或台后，都能发挥自己的价值，为公司提供展示的平台和商业合作交流的机会。

（二）对外引领

1. 积极主办学术研讨会，加深对政策法律的研究

为了提升团队专业素养，我们积极主办学术研讨会，邀请国内外著名律师、学者来清华同方交流，加深法务团队对政策法律的理解。例如，法务部曾主办知名法学专家研讨会，6 位来自北京大学、清华大学、中国人民大学、中国政法大学、中国社会科学院大学的知名法学教授来到清华同方进行交流及业务指导。为契合国务院国有资产监督管理委员会发布的《中央企业合规管理指引（试行）》，与会专家分别从公司法、经济法、证券法、税法等各自的专业领域角度，对清华同方合规管理体系建设提出专业指导意见。

再如，清华同方法务部与中国人民大学法学院联合举办商事争议纠纷解决研讨会，20 多位仲裁员、法学教授、律师、公司法务负责人参与了本次会议。会上嘉宾就“公司选择仲裁或诉讼的区别与利弊分析”“公司法务如何选聘外部律师”“律师希望公司法务如何配合其工作”“如何平衡律师能力经验与收费标准”“案件中如何选择仲裁员”等议题进行了交流分享，引起与会嘉宾的热烈讨论，有效地探索了商事争议纠纷中遇到的一些问题。

2019 年 3 月，清华大学与日本东京大学举办中日公司法治高峰论坛，会

议地点在清华同方大厦，清华同方法务部作为协办单位吸取中日在公司法治方向探索的经验，推动公司法治建设。清华同方法务部一直致力于为公司律师群体发声，也非常欢迎法律界有识之士参与公司法务的研究与推广，共同探索发展引领型公司律师。

2. 参加外部社会活动，为行业建言献策

在积极主办法律研讨会以外，我们还参加了很多外部社会活动，有幸接受了检察日报、汤森路透《亚洲法律杂志》（ALB）、法制日报、公司法务联盟的专访，为行业建言献策的同时也力求形成同方法务部的品牌效应。

例如，清华同方法务部曾受邀参加清华大学2018中国社会风险治理高层论坛，并就“人工智能产品应用中的社会风险挑战思考”发表主题演讲。本次发言受到了与会专家高度的评价与赞赏，多位司法机关领导及知名高校教授对演讲的内容十分感兴趣，希望能对清华同方产品有进一步的了解，洽谈进一步的合作，在社会风险与国家安全治理方面进行更深入的探讨与研究。未来清华同方作为高科技企业将持续关注当下技术热点，在人工智能、云计算、大数据等方面深化理论研究，积极参与国家立法及政策制定。

3. 创立“同方法律评论”（原“清华同方法律人”）官方微信公众号，加强法律人对外的宣传

2018年4月28日，在清华大学107周年校庆之际，在周立业董事长的支持下，清华同方法务部成立了官方微信公众号——“清华同方法律人”。成立目的有三点：第一，继续发扬清华大学“自强不息，厚德载物”的校训精神，不忘初心，砥砺前进；第二，凝聚志同道合者，结合同方法律人的力量，为同方贡献价值；第三，清华同方法律人作为一个专业化群体，就法学理论、业务讨论及政策研究均有自己之心得，成立的公众号也将成为发布清华同方“法+讲坛”的会议、讲座、合作项目等活动及政策法律研究的最新学术成果的平台。

“清华同方法律人”自成立以来的一年时间，发布了原创文章40多篇，总计文章字数近5万字，策划了人物专访系列，并已成功采访了同方威视法务部部长、同方知网法务总监，未来还会邀请更多在清华同方系辛勤耕耘的法务同事进行人物专访，积极展现清华同方法务部的专业形象。希望能在将来把每个法务身上的闪光点和感悟进行挖掘和分享，如参加的重大交易并购，为公司作出的贡献，自己的成长收获等。这是清华同方法务部对外展示的窗口，也是未来凝聚法律人的一个圈子。

4. 拓展与知名法学院的校企合作，助力产业发展

清华同方法务部与国内知名高校的法学院建立了紧密的联系，如北京大学法学院、清华大学法学院、中国人民大学法学院、中国政法大学法学院等，在重大疑难法律问题上，寻求法律专家的帮助，有效解决集团的经营、法律问题，将同方系十大产业的各类复杂法律案例导入法学院，作为法学院的课堂案例。

5. 加强对外部律师管理，与律所全面合作

清华同方法务部注重律师库的收集与更新。在与大量的律师团队沟通中会发现，有时与高级合伙人签订了协议，但在办理案件时经常会分给律师助理去做。所以会在签订的合同中，明确指明办案律师，若办案律师是合伙人级别，则会按照合伙人的标准支付费用。如果公司与律所建立了合作关系，就把合作律师加入法务部的律师数据库，只要是在库律师，就可以优先选用。

此外，为了加强对律师的深入了解，法务部经常会举办与各大律所的交流会。在交流会上，双方之间会对彼此形成更加透彻的认知，为建立紧密协同合作打下良好的基础。鉴于清华同方法务部在世界 170 余个国家及地区均有业务拓展，形成了全球化的业务布局，清华同方法务及知识产权团队也积极与中国一流律所及国际大所建立沟通机制，未来会不断丰富集团律师库，逐步形成具有全球化法律能力的专家律师团队，在投融资、争议解决等业务领域广泛地协助集团产业发展。

法务部在与英国安理国际律师事务所（Allen & Overy）的交流过程中，深入了解其英国伦敦总部成立的科技创新空间，与法律科技企业协作开发法律服务科技解决方案，在人工智能领域做了积极的前期投入和开发，积极主动地应对科技变革。并在并购业务、银行业务、法律检索等方面引入人工智能产品帮助律师进行办公自动化、大数据提取分析、拟定标准化的法律文书以减少律师工作负担，提高办公效率。英国安理律师事务所欢迎清华同方法务团队到英国进行调研，就法律科技方面进行更深一步的交流与合作。

6. 开展“公司律师研究”，代表行业发声

清华同方法务团队未来拟开展“公司律师研究”。公司律师与法官、检察官、外部律师、公证员等法律从业人员的工作思路有所不同，且公司律师在法律人才就业方面已经占到了第二大就业群体（仅次于外部律师），远超司法机关的就业人数。随着习近平总书记提倡“全面建设社会主义法治国家”，中国法治建设不断深化，企业不断加强在合法合规方面的投入，公司律师也在企业日常经营中扮演了重要的角色，在防范公司经营风险的同时，助力产业的快速、稳定、健康发展，未来势必将进一步发挥更重要的作用，创造更高的价值。

未来，清华同方法务部会继续在公司律师业务的职能职责创新、人才培养机制等方面进行探索和研究，致力于为公司律师群体发声。

三、结语

随着社会整体的法治观念不断提升，公司也越来越重视法务工作，对公司律师有了更高的要求。公司律师不仅是被动地起草审核合同、承办诉讼案件等，还应更加主动开展法务工作，要有引领产业发展的思维，清晰地知晓公司的战略布局，推动公司的发展。

清华同方公司律师团队力求突破传统法务业务的限制，倡导构建引领型公司律师，不断探索创新，将法务工作变被动为主动、变事后应急为事前预防，提前参与公司重大项目，知晓公司战略目的、业绩要求，积极地运用创新精神应对法务工作。

综上，引领型公司律师的内涵是要不满足只做一个辅助角色，而是让自己成为公司经营活动的主导者之一。参与公司战略规划，提前深入项目，从项目前期就开始助推项目直到顺利完成，实现自身角色从“消防员”到“预警员”的转变。除了参与主导公司投资并购、复杂诉讼等重大经营活动外，还要进一步挖掘自身附加价值，不光埋头苦干，还要抬头看路，积极参与大型外事交流及业务推介活动，开展“公司律师研究”，代表行业发声，共谋行业发展之道。

读者福利

购买本书可享有如下福利：

1. 购买本书的读者，有机会获得中国知网《中国法律知识资源总库》100 元电子充值卡（仅限前 1000 位读者）。

2. 购书读者可加入"公司律师读者交流微信群"，与本书作者、行业大咖及同行在群内直接交流。入群者还将有机会受邀加入中国人民大学律师学院公职律师与公司律师研究中心参与行业发展研究及讨论。

入群及领取方法：添加微信号"zhongguofazhicbs"，申请验证时注明《公司律师》读者。验证通过后，发送购买图书订单截图或图书实拍图，受邀入群。我们将在群内发放中国知网电子充值卡，每名读者限领一份。